KB188858

The Great Dechurching

탈기독교시대 교회

탈기독교시대 교회

지은이 | 짐 데이비스, 마이클 그레이엄, 라이언 버지
옮긴이 | 정성묵
초판 발행 | 2023. 12.20.
등록번호 | 제1988-000080호
등록된 곳 | 서울특별시 용산구 서빙고로65길 38
발행처 | 사단법인 두란노서원
영업부 | 02) 2078-3333 FAX | 080-749-3705
출판부 | 02) 2078-3330

책값은 뒤표지에 있습니다.
ISBN 978-89-531-4759-1 03230

독자의 의견을 기다립니다.
tpress@duranno.com www.duranno.com

두란노서원은 바울 사도가 3차 전도 여행 때 에베소에서 성령 받은 제자들을 따로 세워 하나님의 말씀으로 양육하던 장소입니다. 사도행전 19장 8-20절의 정신에 따라 첫째 목회자를 돕는 사역과 평신도를 훈련시키는 사역, 둘째 세계선교TIM와 문서선교단행본·잡지 사역, 셋째 예수문화 및 경배와 찬양 사역, 그리고 가정·상담 사역 등을 감당하고 있습니다. 1980년 12월 22일에 창립된 두란노서원은 주님 오실 때까지 이 사역들을 계속할 것입니다.

THE GREAT DE CHURCH ING

왜 교회를 떠나는가, 어떻게 다시 오게 할 것인가

탈기독교시대 교회

짐 데이비스, 마이클 그레이엄, 라이언 버지 지음
정성묵 옮김

두란노

추천의 글

《탈기독교시대 교회》는 우리가 고민할 필요가 없었으면 하는 주제에 관한 책이다. 하지만 우리는 어떤 일이 벌어지고 있는지 분석해 줄 책임감 있는 목소리가 필요하다. 그런 의미에서 탈교회 문제를 다루어 준 이 저자들에게 감사한다. 이 책은 경종을 울린다. 하지만 희망이나 조언 없이 경종만 울리지는 않는다. 이런 프로젝트에서 흔히 볼 수 있는 실용적인 조언만 제시하는 것이 아니라, 올바른 교회론과 함께 신학적이고 교리적인 문제 그리고 신앙고백까지 다루는 귀한 책이다.

독자들은 이 책의 내용을 각자의 상황에 맞게 적용하는 힘든 작업을 거쳐야 하지만 이 책이 촉발할 고민과 행동의 결과는 실로 엄청날 것이다. 하나님은 이런 상황에서 항상 뭔가 계획을 갖고 계신다. 우리는 하나님의 선한 목적에 도구로 사용되도록 지혜와 충성으로 반응해야 한다.

리곤 덩컨
리폼드신학교 총장

우리는 모두 정기적인 건강검진이 중요하다는 것을 안다. 하지만 많은 사람이 이를 무척 귀찮아한다. 하지만 수년 동안 건강검진을 미루지만 않았다면 얼마든지 고칠 수 있었던 병 때문에 시한부 인생을 살게 된 가까운 친구나 가족과 이야기를 나누고 나면 갑자기 건강검진이 전혀 귀찮게 여겨지지 않는다.

지금 교회는 건강검진이 절실히 필요하다. 이 책에서 짐 데이비스와 마이클 그레이엄이 사회과학자인 라이언 버지와 함께 그 작업을 해냈다. 그들이 진단한 결과는 대체로 좋지 못하다. 하지만 이 책은 진단 결과만 제시하지 않는다. 이 책은 교회에 새 생명을 불어넣고, 교회를 떠난 이들이 돌아오게 하며, 세상에서 복음의 영향력을 더 크게 발휘할 수 있는 방안까지 제시한다.

에드 스테처

탈봇신학교 학장

많은 크리스천 평론가와 지도자가 미국 교회의 트렌드에 관해 언급했다. 하지만 그들도 생각지 못했던 뭔가를 이 책에서 발견할 것이다. 이 책의 매력은 제시된 데이터에만 있지 않다. 데이터도 귀하지만, 저자들은 그 데이터를 날카롭게 분석하여 그것이 미국 교회에 무엇을 의미하는지에 대해 깊은 통찰을 제시한다. 탁월한 분석과 통찰로 탄생한 이 책은 기독교 운동의 다음 단계가 지금보다 얼마나 더 좋아질 수 있는지에 대한 비전을 예수님의 제자인 우리에게 던진다.

제이크 미도

〈미어 오소독시〉(*Mere Orthodoxy*) 편집장

친구들이 교회를 떠나는 모습을 지켜보는 것보다 가슴을 아프게 하는 일은 없다. 이 책은 나쁜 소식으로 시작한다. 그런 마음 아픈 일을 겪는 사람이 나 말고도 많다는 것이다. 지금 미국은 역사상 가장 규모가 크고 속도가 빠른 종교적 변화의 한복판에 있다. 4천만 명이 교회를 떠났다. 하지만 아직 희망은 있다. 교회를 떠난 많은 미국인이 교회로 돌아가는 문제에 마음을 열어 놓고 있다. 이 책에서 얻은 통찰을 활용한 덕분에 수백 명의 탈교회 신자가 우리 교회로 돌아왔다. 이제 그들은 예수님을 만나고 인생이 변화되는 인간관계를 맺고 있다.

패트릭 밀러

〈트루스 오버 트라이브〉(Truth over Tribe) 진행자

예전에는 교회에 다녔던 누군가를 알고 있다면, 이 책은 바로 당신을 위한 책이다. 저자들은 시의적절하고 꼭 필요하며 지극히 유익한 책을 써냈다. 이 책을 읽고 나면 교회를 떠난 이들에게 다가가기 위한 열정과 도구를 얻게 될 것이다. 이 책은 확실한 연구 결과를 바탕으로 실질적인 희망과 진정한 도움을 제시한다. 아마 당신의 평생에 중요한 책이 될 것이다. 하나님이 이 책을 사용하셔서 많은 이들을 그분이 사랑하시는 신부인 교회로 돌아오게 하시기를 간절히 기도한다.

코트니 닥터

〈가스펠 코얼리션〉(TGC) 여성 프로그램 책임자

교회 지도자라면, 누가 교회를 왜 떠나고 있으며 어떻게 해야 그들이 돌아올 수 있는지를 이해하기 위해 이 책을 읽어야 한다. 이 책은 탈교회라는 심각한 현실에 관한 실천적인 지혜로 가득하다. 이 책에는 최고 수준의 데이터도 있지만 이 책의 핵심은 우리가 알고 있고 사랑하는 사람들에 관한 것이다. 내가 섬기고 있는 지역에서 목회자들에게 이 책을 나눠 주고, 내가 가르치는 신학교 강의에서도 이 책을 사용할 것이다.

저스틴 S. 홀컴
성공회 플로리다 중부 교구 주교

Contents

Part 1

탈기독교시대, 교회를 읽다

— 흔들리는 교회, 기댈 곳 없는 영혼들

Part 2

왜 교회를 떠나는가

— 교회와 멀어지는 이들의 마음 알기

Part 3

어떻게 돌아오게 할 것인가

— 작은 일에서부터 한 걸음씩 다가가기

Part 4

세상이 기다리는 교회, 세상이 신뢰하는 교회로

— '처음 교회'에서 길을 찾다

서문

세속적인 시대에 필요한 교회

우리는 미국 역사상 가장 크고 빠른 종교적 변화의 한복판에 있다. 이 변화를 짐 데이비스와 마이클 그레이엄은 '대규모 탈교회'라고 부른다. 사회과학자인 라이언 버지의 도움으로 저자들은 지난 25년 사이에 교회를 떠난 무려 4천만 명의 미국인에 관한 연구를 진행했다. 이 책에서 우리는 가족과 친구와 이웃들이 교회를 떠난 종합적이고도 상세한 이유를 발견할 수 있다.

하지만 저자들은 교회 지도자들을 절망 속에 버려두지 않는다. 그들은 3백만 명이 교회로 돌아올 수 있는 이유를 제시한다. 그들은 이 세속적인 시대에 어떤 교회들이 성장할 수 있는지를 목회적인 관점에서 제시한다. 무엇보다도 그들은 수천 년 동안 하나님의 백성을 지탱해 준 성경적·신학적 원칙을 바탕으로 조언을 제시한다.

교회가 서구 전역에서 정치적·문화적 힘을 잃어 가고 있는 현 상황에서도 두려워할 이유는 없다. 무엇보다도 성경을 읽어 보라. 다니엘서 1장 12-13절에서 주인공인 용감한 청년 다니엘은 머나먼 외국 땅에 끌려왔음에도 자신의 승리가 기정사실이라는 사실을 알고 있었다. 그는 게임을 시작하기도 전에 최종 점수를 아는 사람처럼 행동했다. "당신네는 당신네 식으로 식사를 하십시오. 우리는 우리 식으로 먹겠습니다." 그는 무례하지 않되 확신 있는 어조로 말했다. 그는 왜 흔들리지 않았을까? 그가 어디에 살든 그의 마음은 하나님께 속해 있었기 때문이다. 그는 불안에 떨지 않았다. 바벨론은 일시적인 거처일 뿐이었다. 비록 그는 그 나라를 섬겼지만, 그의 마음은 처음이자 끝이요 알파와 오메가이며 바벨론과 예루살렘의 주인이신 하나님께 속해 있었다.

나그네로 살지만, 좋은 이웃인 교회

반면, 오늘날 많은 미국 교인은 고향을 잃은 것처럼 불안에 떨고 있다. 물론 그들이 집과 땅과 교회에서 끌려 나온 것은 아니다. 하지만 그들의 나라나 주(州), 도시는 더 이상 그들에게 고향처럼 느껴지지 않는다.

불안하고 두려울 때 우리는 화가 난다. 그리고 누구도 화난 이웃을 좋아하지 않는다. 하지만 다니엘은 정말 훌륭한 이웃이었다. 다니엘서 1장 17절에서 우리는 다니엘이 바벨론과 그곳의 느부갓네살 왕에게 얼마나 큰 유익을 끼쳤는지 확인할 수 있다. 다니엘은 자신이 살았던 곳인 바벨론을 잘 알았다. 우리는 어디에 사는가? 내 고향 도시 버밍엄은 바벨론이다. 내 고향 앨라배마주는 바벨론이다. 내 나라 미국은 바벨론이다.

신약의 여러 구절은 예수님이 돌아오셔서 우리를 본향으로 데려가시기 전까지 신자로서 우리의 지위가 이 땅의 나그네라고 말한다. 그중 하나는 히브리서 11장 13-16절이다. 그 구절은 크리스천들에게 구약 성도들이 보여 준 믿음의 본을 따르라고 촉구한다.

> 이 사람들은 다 믿음을 따라 죽었으며 약속을 받지 못하였으되 그것들을 멀리서 보고 환영하며 또 땅에서는 외국인과 나그네임을 증언하였으니 그들이 이같이 말하는 것은 자기들이 본향 찾는 자임을 나타냄이라 그들이 나온 바 본향을 생각하였더라면 돌아갈 기회가 있었으려니와 그들이 이제는 더 나은 본향을 사모하니 곧 하늘에 있는 것이라 이러므로 하나님이 그들의 하나님이라 일컬음받으심을 부끄러워하지 아니하시고 그들을 위하여 한 성을 예비하셨느니라

다니엘은 구세주의 오심을 고대했던 구약의 영웅들, 믿음의 전당에 속해 있다. 하나님의 아들이신 예수 그리스도는 고향에서 아버지의 우편에 앉아 계시다가 발버둥을 치고 비명을 지르면서 이 땅으로 끌려오시지 않았다. 예수님은 자발적으로 바벨론으로 오셨다! 우리를 구하기 위해, 죄를 회개하고 그분을 믿는 모든 이가 고향으로 갈 수 있도록 그분은 나그네 생활을 감내하셨다.

지금 우리는 바벨론에서 살고 있을지 모르지만, 그리스도 덕분에 언젠가 새 예루살렘에서 살게 될 것이다. 지금 우리는 나그네 신세다. 하지만 곧 본향으로 돌아갈 것이다.

그때까지 바벨론에서 믿음으로 살도록 이 책이 도와줄 것이다.

콜린 핸슨

겔러문화변증학센터 대표

머리말

교회를 떠나는 사람들,
그러나 아직 소망은 있다

기독교의 메카 올랜도의 변화

우리 교회가 있는 플로리다주 올랜도의 영적 전경은 30년 전에는 상상도 못 했을 모습으로 변해 버렸다. 1990년대와 2000년대 초만 해도 올랜도는 기독교의 새로운 메카처럼 보였다. 올랜도의 제일장로교회는 미국에서 두 번째로 큰 주류 교회였다. 제일침례교회는 급성장을 이루었고, 그 교회의 목사는 남침례회연맹 회장이었다. 조엘 헌터가 담임하는 노스랜드 교회는 2만 명 이상으로 성장했다. 헌터는 미국 대통령의 영적 자문으로 섬겼으며, 지금은 미국 복음주의사협회 이사회에서 섬기고 있다.[1] 그의 아들 아이작은 도심에 교회를 개척해서 수많은 밀레니얼 세대를 섬기고 있다. 드와이트 하워드 같은 NBA 선수들도 그 교회에 다니고 있다.

리폼드신학교는 올랜도 지역으로 확장했고, 곧이어 세계 최대의 기독교 사역 단체인 CCC가 이곳으로 본부를 옮겼다. R. C. 스프라울이 세운 리고니어(Ligonier), 위클리프, 파이어니어스(Pioneers)를 비롯한 여러 기독교 사역 단체들도 속속 이곳으로 모여들었다. 베니 힌과 폴라 화이트도 이곳에서 목회하면서 올랜도에서 신학적 스펙트럼의 다양한 측면이 큰 부흥을 이룬 것으로 보였다. 하지만 현재 올랜도의 복음주의자 비율은 뉴욕 및 시애틀과 비슷하다.[2] 우리 도심 지역에서 42%[3](약 2백만 명)가 교회를 그만 다니게 된 탓이다. 우리는 그들을 '이탈 교인'이라 부른다.

이곳에서 벌어진 상황은 현재 전국에서 재현되고 있다. 나(짐)는 전국에서 많은 사람이 참석한 어느 글로벌 사역 단체를 위한 기부 행사에서 간단하게 메시지를 전했는데, 그때 이 현상이 전국적이라는 사실을 실감했다. 나는 약 10분 동안 탈교회 현상에 관해서 강연했고, 이어서 전국적으로 유명한 목사가 일반적인 복음 중심의 내용을 다룬 훌륭한 기조연설을 했다.

저녁 모임이 끝나고 나서, 사람들이 내 앞에 줄을 서서 질문을 던지고, 명함을 건네고, 우리 사역을 돕겠다는 제안을 했다. 비현실처럼 느껴지는 그 순간, 나는 혼자서 커피를 마시는 다른 강연자를 보았다. 그는 나보다 더 많은 팬을 보유한 훨씬 더 뛰어난 강연자였다. 하지만 탈교회에 관한 이야기는 곧 이 청중의 친구와 자녀와 손주들에 관한 이야기였다. 그들은 사랑하는 사람들이 그들에게 가장 필요한 기관인 교회에서 떠나가는 모습을 안타깝게 지켜보았다. 이탈 교인들은 단순히 통계상의 숫자가 아니다. 그들은 우리가 알고 사랑하는 사람들이다.

우리 교회를 위해서 〈애즈 인 헤븐〉(As in Heaven)이라는 팟캐스트로 시작한 일이 대규모 조사 프로젝트를 거쳐 결국 이 책의 탄생으로까지 이어졌다. 올랜도의 이탈 교인들에게 효과적으로 다가가고 더 이상의 탈교회를 막고자 시작했던 일이 전국적인 규모로 확대된 것이다. 그 전에도 이탈 교인들에 대한 관찰 사실과 경험담은 찾을 수 있었지만, 딱 거기까지였다. 데이터가 충분히 많지 않았다. 그나마 있는 데이터도 예전 것이었으며, 학자들의 검토를 거치지 않은 것들이었다. 사람들이 왜 교회를 떠나고, 어디로 가고, 그들을 다시 불러오기 위해 무엇을 할 수 있는지에 관해서 종합적으로 판단할 수 있는 최신 데이터는 찾을 수가 없었다.

주변에서 영적 환경이 급변하는 것을 보기는 어렵지 않았다. 하지만 우리는 단순한 경험적 관점 이상의 것을 원했다. 과학을 바탕으로 한 믿을 만한 데이터가 필요했다. 우리는 라이언 버지 박사와 폴 주페 박사 같은 사회과학자들의 도움으로, 탈교회 현상에 관한 질문들에 답하기 위해 전국적인 양적 연구를 실시했고 이는 학자들로 구성된 검토 위원회의 검증을 거쳤다.

라이언 버지 박사는 이스턴일리노이대학교의 정치학자다. 그는 대학원 코디네이터이기도 하다. 그는 미국 안에서의 종교와 정치적 행동 사이의 상호작용을 주로 연구한다. 또한 신앙의 사회적 참여를 장려하는 비영리 초교파 조직인 페이스 카운츠(Faith Counts)의 연구 책임자이기도 하다.

폴 주페 박사는 데니슨대학교에서 〈정치 연구를 위한 데이터〉를 담당하고 종교와 정치, 사회연결망, 성(gender)과 정치, 정치적 행동을 전공하는 정치학자다. 그는 〈공적 종교 연구소〉(Public Religion Research Institute) 소속 학자이다. 그는 종교와 정치에 초점을 맞춘 여덟 권의 책을 저술하거나 편집했다.

연구 결과는 기본적으로 우리의 예감과 맞아떨어졌을 뿐 아니라 우리가 예상했던 것보다 훨씬 더 충격적이었다. 미국 내 탈교회의 규모와 속도, 범위는 '대규모 탈교회' 외에 다른 표현은 어울리지 않을 만큼 유례를 찾아보기 힘든 수준이었다.

유례없는 교인 이탈 현상 연구

버지와 주페의 연구는 세 단계로 진행되었다. 각 단계에서 연구팀은 설문 조사 응답자들을 찾고 각 참여자의 학문적 신뢰성을 확보하기 위해 업계를 선도하는 여론조사 기관인 퀄트릭스(Qualtrics)와 계약을 맺었다.[4] 각 단계에서 데니슨대학교 IRB(Institutional Review Board, 기관 감사 위원회)의 승인을 받았다. IRB 과정의 목표는 연구에 참여한 사람들이 피해를 보지 않도록 그들의 프라이버시와 익명성을 보장하는 것이다. 세 가지 단계에서 IRB는 아무런 문제 없이 설문 조사 과정을 승인했다.

문제가 얼마나 심각한가

우리는 연구의 목적을 이루기 위해 이탈 교인을 '적어도 한 달에 한 번씩은 교회에 갔으나, 지금은 1년에 한 번도 안 가는 사람'으로 정의했다. 연구의 첫 번째 단계는 간단했다. 우리는 다음과 같은 명제를 증명하거나 반증하고자 했다. "현재 우리는 미국 역사상 가장 광범위하고도 빠른 종교적 변화의 한복판에 있다." 이 단계의 모집단 규모는 1,043명의 미국 성인이었다.

우리가 수집한 데이터는 우리의 명제를 강하게 뒷받침했다. 이전에 미국에서 일어난 가장 큰 규모의 출석 교인 수 변화는 남북전쟁 이후 25년간 일어났다.[5] 1870년부터 1895년 사이, 사람들이 전쟁 이후 삶을 재개하면서 출석 교인 수는 두 배 이상 증가했다.[6] 그런데 이런 종교적 변화는 오늘날 우리가 목도하고 있는 변화에 비하면 아무것도 아니다. 단, 지금은 사람들이 교회로 돌아가는 것이 아니라 교회를 떠나고 있다. 오늘날 미국 성인의 약 15%(약 4천만 명)는 교회 출석을 사실상 그만두었으며, 이 탈교회 현상의 대부분은 지난 25년 동안에 일어났다.

여기서 주목해야 할 점은 이 프로젝트의 1단계에서만 미국 인구에 대응하는 일반적인 표본을 수집하는 데 초점을 맞추었다는 것이다. 2단계와 3단계에서는 퀄트릭스에 미국인 이탈 교인들과 복음주의자 이탈 교인들의 하위 표본 할당량을 넣었다. 이는 1단계에서 수집한 데이터만 미국 전체의 탈교회 비율을 측정하는 데 사용할 수 있다는 뜻이다.

누가, 왜, 교회를 떠나고 있는가

2단계의 목표는 모든 교단에서 교회에 다니는 사람들과 교회를 떠난 사람들 사이의 차이점과 유사점을 비교하는 것이었다. 이 단계의 모집단은 교회를 떠난 미국 성인 4,099명이었다. 2단계와 3단계에서 데이터 수집의 주된 목표는 기계 학습 알고리즘(machine-learning algorithm)으로 여러 유형의 이탈 교인들의 프로필을 만들 수 있을 만큼 충분한 크기의 데이터 세트를 얻는 것이었다. 이 두 단계에 참여한 사람들은 다 이탈 교인들이다.

단, 우리의 표본 규모가 크기는 하지만 우리 표본에서 특정 프로필의 비율이 미국 전체 이탈 교인들 중 해당 프로필의 실제 비율과 정확히 일치한다고 볼 수는 없다. 2단계와 3단계의 목표는 이탈 교인들의 무작위적인 표본을 얻는 것이 아니라 통계적으로 정밀한 분석이 가능할 만큼 충분히 많은 숫자의 이탈 교인을 설문조사하는 것이었다.

2단계 조사 결과, 미국 내에서 교단, 연령, 인종, 정치적 성향, 교육 수준, 지리적 장소, 소득과 상관없이 모든 집단에서 탈교회 현상이 나타난 것으로 드러났다. 이 단계에서 우리는 주류 교회 이탈 교인들과 로마가톨릭 이탈 교인들의 모델을 도출할 수 있었다. 우리는 모든 집단에서 사람들이 교회를 떠나고 있다는 사실을 발견할 수 있었다. 물론 개중에는 교회를 떠나는 속도가 더 빠른 집단도 있고, 더 이른 나이에 교회를 떠나는 경우가 많은 집단도 있다. 하지만 모든 집단이 역사적으로 유례없는 수준의 탈교회를 경험하고 있었다.

복음주의 진영에서 어떤 일이 벌어지고 있는가

우리 연구의 세 번째 단계에서는 특별히 복음주의 교회에서 나온 사람들에게 초점을 맞추었다. 이 단계의 모집단 규모는 2,043명의 미국 성인 이탈 교인들이었다. 복음주의 교회의 지도자로서 우리는 특히 이 그룹에 관심이 있었다. 알고리즘을 사용해 많은 양의 데이터를 해석하는 인공지능(AI)과 컴퓨터 공학의 도움으로, 교회를 떠난 복음주의자들을 네 개의 그룹으로 규명할 수 있었다. 각 그룹은 매우 다른 이유로 교회를 떠났다. 따라서 그들이 다시 교회로 돌아오기 위한 방법 또한 각각 다르다. 네 그룹의 주요 특징은 각각 다음과 같다: 명목상(문화적) 크리스천, 교회와 멀어진 복음주의자들, 교회에서 피해를 당한 사람들, 유색인종.

이 책은 대규모 탈교회 현상을 더 잘 이해하고 다루기 위해 우리의 연구 결과를 편집하고 목회적인 관점에서 실천적으로 적용한 결과물이다. 한 가지 알아야 할 점은 우리가 학자가 아니라 목사라는 사실이다. 아무쪼록 학계와 교회가 힘을 합친 이 결과물이 여러 교회에 믿을 만하고 유용하고 실천할 수 있는 길을 제시하기를 바란다. 또한 여러 분야의 학자들이 각자의 독특한 기술과 경험을 바탕으로 이 대화를 발전시켜 나가기를 바란다. 우리의 연구 결과, 오늘날 미국 내 교회 출석 상태에 관한 암담한 가정이 현실로 드러났다. 하지만 이 연구는 여러 면에서 큰 희망을 비춰 주기도 한다. 모든 것을 잃지는 않았다. 사실, 우리는 미국 교회의 가장 위대한 사역이 과거가 아니라 미래에 있다고 믿는다.

Part 1

탈기독교시대, 교회를 읽다

— 흔들리는 교회, 기댈 곳 없는 영혼들

THE GREAT DE CHURCH ING

1.

늘어 가는 빈자리, 경고장이 날아들다

현재 미국은 역사상 가장 크고도 빠른 종교적 변화를 경험하고 있다. 전국적으로, 교회에 열심히 다니던 크리스천 수천만 명이 더 이상 교회에 가지 않기로 했다. 이들을 우리는 '이탈 교인'이라고 부른다. 현재 미국에서 과거에 교회에 다녔지만 더 이상 다니지 않는 성인들이 약 4천만 명이다. 이는 미국 성인 전체 인구의 약 16%를 차지한다.[1] 갤럽에서 미국 출석 교인 수를 추적해 온 80년 기간 중 처음으로 교회에 다니지 않는 성인이 교회에 다니는 성인보다 많아졌다.[2] 이것은 점진적인 변화가 아니라 급격한 변화다.

역사적인 배경

미국에서 출석 교인 수가 급격히 성장한 기간은 약 세 번이다. 제1차 대각성 운동(1730년대-1740년대), 제2차 대각성 운동(1790-1840), 남북전쟁 이후 약 40년(1870-1906)이 그 기간들이다.[3] 1700년에서 1776년, 미국의 출석 교인 수의 비율은 10%에서 17%로 성장했다. 흥미롭게도, 그리고 일반적인 생각과 달리, "미국 종교를 연구하는 역사학자들은 식민지 시대에 모든 사람이 기독교를 믿지는 않았다는 점을 오래전부터 지적해 왔다. 식민지 시대에 실제로 교회에 속했던 사람들은 10-20%를 넘지 않았다는 것이 정설이다."[4] 미국 사회학자인 로저 핑크와 로드니 스타크의 연구에 따르면, 1776년 미국의 종교적 입장을 고수한 비율이 17%이고, 3,228개 교회와 약 242,100명 교인이 있었던 것으로 추정한다.[5]

1776년에서 1850년 사이 출석 교인 수의 비율은 17%에서 34%로 크게 상승했다. 그것은 주로 1790년에서 1840년까지 약 50년간 진행된 제2차 대각성 운동 덕분이다.[6] 이런 급성장에도 불구하고 출석 교인 수가 가장 빠르게 성장한 기간은 남북전쟁 이후 25년간의 기간이었다.[7]

1870년부터 1895년 사이, 출석 교인 수는 1,350만 명에서 3,270만 명까지 두 배 이상 증가했다.[8] 그것은 전체 인구가 3,860만 명[9]에서 6,960만 명[10]으로 늘어난 덕분이기도 하다. 최종 결과는 교인 수가 12% 증가했다는 것이다.[11] 이 성장은 불과 25년이라는 짧은 기간 안에 일어난 것이기 때문에 현재까지 미국 역사상 가장 큰 종교적 변화다. 그런데 지난 25년 사이에 일어난 일은 이보다 약 1.25배 큰 종교적 변화다. 단지 방향만 다를 뿐이다. 이 기간에 약 4천만 명이 교회 출석을 그만두었다. 제1차 대각성 운동, 제2차 대각성 운동, 빌리 그레이엄의 십자군 운동을 통해 새로 교인이 된 사람들의 숫자를 '합친' 것[12]보다도 많은 사람이 지난 25년 사이에 교회를 떠났다. 더 걱정스러운 사실은 이 현상이 1990년대 중반 이후로 급격히 가속화되었다는 것이다.

1990년대는 미국의 교회 출석 상황이 급격히 변한 시기다. 라이언 버지는 이렇게 썼다. "1990년대 초는 미국 종교의 변곡점이었다. 1970년대 초와 1990년대 사이에는 종교가 없는 미국인들의 비율이 2%만 증가했다. 하지만 1990년대 초부터 30년 동안, 그들의 비율은 '매년' 1-2%씩 증가했다."[13]

무슨 일이 일어난 것일까? 1990년대 탈교회의 가속화에는 여러 가지 요인이 있겠지만 그중에서도 세 가지 요인을 간과해서는 안 된다. 첫째, 냉전 당시 미국적인 삶의 방식에 존재론적인 위협을 가했던 국가와의 싸움 속에서 '미국인'과 '크리스천'은 자주 동의어처럼 사용되었다. 로널드 레이건 대통령은 소련을 "악의 제국"이라 불렀다. 이 기간에 우리는 미국 화폐에 "우리가 믿는 하나님 안에서"(In God We Trust)라는 문구를 더하고 국기에 대한 맹세에 "하나님 아래서"(under God)라는 문구를 더했다. 소련이 무너지고 그 싸움이 종식되자 미국인이면서도 비기독교인이 되는 것이 문화적으로 쉽게 용인되었다.

둘째, 점점 극단적으로 치달은 종교적 우파로 인한 악영향이 있었다. 제리 폴웰의 도덕적 다수(Moral Majority), 팻 로버트슨이 공화당 조지 부시에게 도전한 일, 뉴트 깅그리치가 하원을 완벽히 장악한 일로 인해, 중도층은 기독교를 극단적 우파 운동에만 결부시키고 기독교를 버리기 시작했다. 종교적인 중도층이 새롭게 부상하는 무교인들의 대열에 합

류하기 시작했던 것이다.

셋째, 인터넷이 미국의 탈교회 가속화에 미친 영향은 아무리 강조해도 지나치지 않다. 물론 예전에는 인터넷이 느렸다. 그리고 인구 조사국에 따르면[14], 1997년 당시 미국 가정의 20%에만 인터넷이 설치되어 있었지만, 학생들은 학교에서 인터넷에 접속할 수 있었다. 1994년 인터넷 카페가 탄생했고, 공공 도서관에서 처음으로 인터넷 연결이 가능해졌다. 그로 인해 역사상 처음으로 사람들은 자신의 의견과 전혀 다른 다

〈표 1-1〉
18-35세의 종교 유무

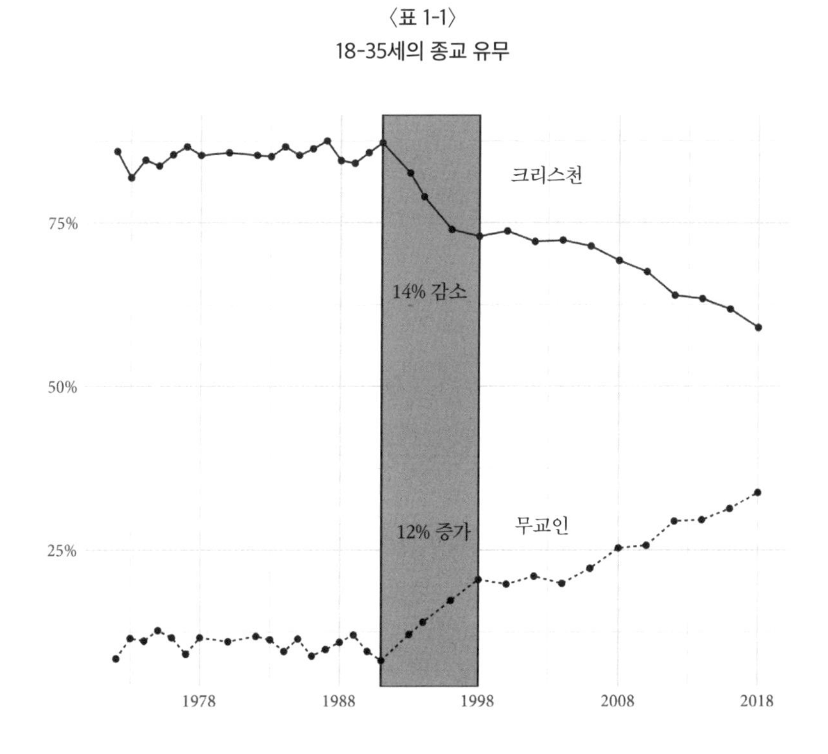

양한 종류의 세계관을 쉽고도 주기적으로 접할 수 있게 되었다. 그리고 이제 사람들은 자신의 신앙에 의문을 제기하는 사람들과 협력해도 사회와 가족의 반대에 부딪히지 않게 되었다.

미국에서 이 탈교회의 규모와 범위는 유례없는 수준이었다. 탈교회는 유행병이며, 우리가 살아 있는 동안 국가 기관들과 사회 구조 자체에 큰 영향을 미칠 것이다. 종교적 믿음과 교회 출석에 관한 이 엄청난 변화, 우리가 '대규모 탈교회'라고 부르는 이 변화는 미국 역사의 새로운 시대를 열었다.

우리 연구의 중요한 목표 한 가지는 사람들이 1년에 한 번 이상 교회 가기를 그만둔 때를 확인하는 것이었다(표 1-2). 이유가 무엇이든(뒤에서 이 이유를 깊이 탐구할 것이다) 지난 25년 사이 탈교회 수치는 엄청났다. 우리는 탈교회의 대부분이 지난 25년 사이에 이루어졌고 그 속도는 계속해서 빨라지고 있다는 사실을 발견했다. 물론 어느 시점에서는 탈교회 속도가 느려질 것이다. 하지만 그것은 이면의 원인이 사라지기 때문이 아니라 교회를 떠날 사람들 자체가 없어지기 때문일 것이다. 이탈 교인들의 숫자가 애초에 교회에 다닌 적이 없는 비교인들보다 적어질 것이다.

탈교회의 광범위한 영향

4천만 명의 종교적 기초가 허물어진 현상은 광범위한 여파를 미칠 것이다. 이와 같은 탈교회의 영향은 크게 세 범주로 나뉜다. 탈교회는 관계적, 종교적, 문화적인 영향을 미친다. 관계적인 측면에서는 탈교회가 가족과 친구 관계에 미치는 악영향을 살펴볼 것이다. 그런 다음에는

〈표 1-2〉

교회 나가기를 그만둔 해

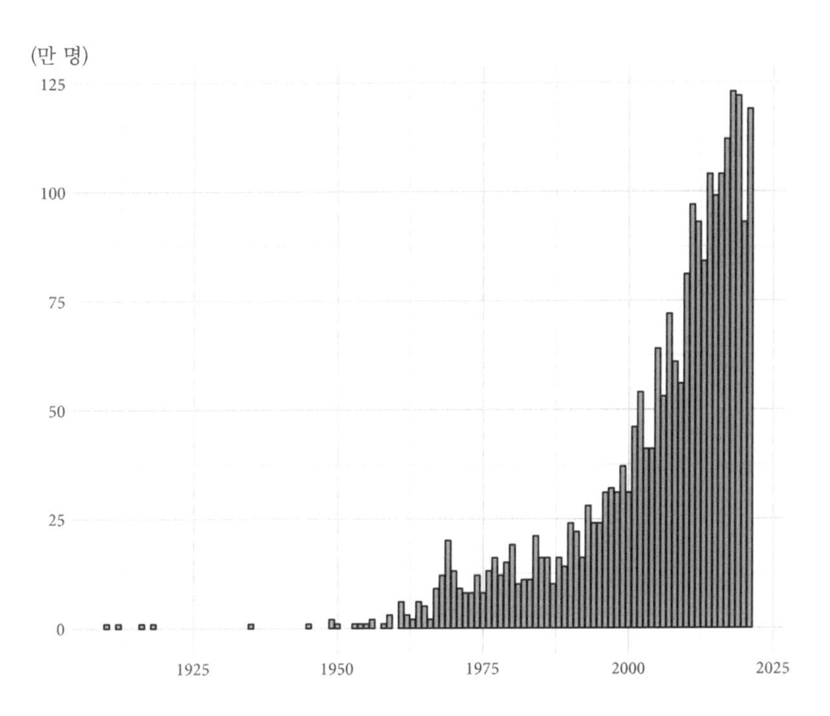

종교적으로 탈교회가 교회, 교단, 사역 기관에 미치는 영향을 살펴볼 것이다. 마지막으로, 문화적인 측면에서 탈교회가 지역 사회, 문화, 국가에 미치는 영향을 살펴볼 것이다.

관계에 미치는 영향

탈교회 현상은 많은 이에게 가족 차원에서 막대한 고통을 안겨 주고 있다. 나(마이클)는 최근 장성한 네 자녀를 둔 한 여성과 이야기를 나눈 적이 있다. 네 자녀는 모두 어릴 적부터 교회에 다녔고 학교도 기독교 학교만 다녔다. 이 여성은 참 친절하고 경건하고 신실한 사람이다. 그녀는 훌륭한 엄마이다. 하지만 그의 네 자녀 중 세 명은 교회에 다니지 않는다. 그 자녀들은 기독교에 완전히 등을 돌렸다. 그러니 그녀의 고통이 얼마나 심할지 상상해 보라.

우리는 교회를 떠난 가족으로 인해 고통스러워하는 수많은 부모, 조부모와 이야기하고 기도하고 함께 슬퍼했다. 특히 50세 이상인 사람들이 이런 상황에 자주 처해 있는 것으로 보인다. 그들의 사연에는 중독, 파괴적인 행동, 성적 혼란, 심지어 자살까지 포함되어 있다. 개인적으로 우리가 아는 거의 모든 50세 이상인 사람들에게는 교회를 떠난 성인 자녀가 최소한 한 명은 있다. 그들 중 많은 사람이 자녀나 손주가 신앙을 회복하고 좋은 교회로 돌아오기를 위해서 오랫동안 기도하고 있다. 우리는 교회를 떠난 자녀로 인해 힘들어하는 몇몇 부모와 함께 거의 20년 동안 기도해 왔다. 그들의 고통과 고뇌, 슬픔은 이루 말할 수 없을 정도다.

다른 한편으로, 부모와의 관계적인 갈등이 자녀가 교회를 떠나는 원인이 되는 경우가 많다. 우리의 연구 결과, 교회를 떠난 복음주의자 중 68%는 그 결정에 부모와의 갈등이 큰 역할을 했다고 말했다(〈표 1-3〉 참조).

10장 '젊은 세대에게 영적 멘토가 되어 주라'에서는 우리가 이탈 교인들, 그리고 그들과 부모들 사이의 관계에 관해서 발견한 사실들을 설명하는 데 할애할 것이다. 하지만 일단 여기서는 응답자들이 내놓은 다섯 가지 주된 이유를 보자.

1. 항상 문화 전쟁(culture war)*을 되풀이해서 강조하는 부모(14%)

2. 사랑, 기쁨, 온유, 친절, 후하게 베풂이 부족한 부모(14%)

3. 경청하지 않는 부모(14%)

4. 다른 관점을 받아들이지 않는 부모(13%)

5. 인종에 관한 부모의 태도나 행동(13%)

〈표 1-3〉

교회를 떠날 때 부모의 영향을 얼마나 받았는가?

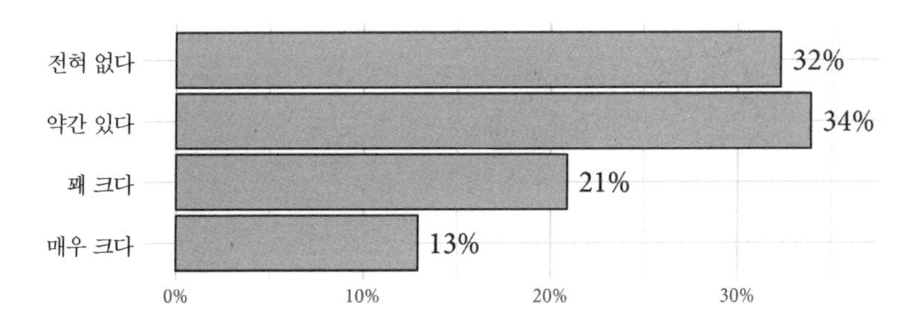

탈교회 현상은 여러 세대의 가족 사이에 분열을 낳았다. 탈교회 현상은 부모들(그리고 조부모들)과 성인 자녀 사이에 쌍방향의 관계적 갈등을 낳았다. 이에 대한 쉬운 해법은 없다. 교회를 떠난 복음주의자들 중 약 3분의 2는 교회를 떠나는 데 부모의 복음주의적 신앙이 한몫했다고 말했다. 이 갈등은 주로 정치적 입장이나 문화와 사회에 대한 정서적 태

* 보수주의적 가치관과 자유주의적 가치관 사이의 충돌을 말한다. 1990년에 미국에서 시작된 문화 전쟁은 미국 공립학교의 과학과 역사 교육 과정뿐만 아니라 여러 주제에 대한 논쟁에 영향을 주었다. - 편집자 주

도의 차이에서 비롯한다. 세대 간 틈이 더 벌어진 그룹들이 있다. 하지만 관계 회복에 관한 연구가 이루어지면서 많은 희망이 생겼다. 어떤 상황이 벌어지고 있는지, 그리고 이 갈등을 줄이기 위한 방법이 있는지를 뒤에 가서 살펴보도록 하자.

우리 연구에서 복음주의자들을 보면 여전히 교회에 열심히 다니는 사람들(62%)보다 교회를 떠난 사람들(77%)의 결혼 비율이 더 높다. 또한 교회를 떠난 복음주의자들의 이혼율(8%)이 아직 교회에 다니는 복음주의자들(13%)보다 낮다. 예상과 정반대다. 이어지는 장들에서 이탈 교인들에 관한 그룹별 분석을 읽어 보면 여러 그룹에 꽤 많은 복잡성이 있다는 사실을 보게 될 것이다. 좋은 연구는 기존의 가정을 뒤엎는 결과들을 내놓기 마련이다. 그런 식으로 좋은 연구는 눈앞의 현상에 관해서 더 깊이 생각하게 만든다.

탈교회는 여러 세대의 가족들에게만 영향을 미치지 않는다. 탈교회는 친구 관계에도 영향을 미친다. 개인적으로, 내가 어릴 적에 함께 교회를 다니며 자란 친구 중 최소한 절반은 더 이상 교회에 다니지 않는다. 최근에도, 함께 교회를 다니던 지인들이 교회에 발길을 끊은 일이 있었다. 이는 슬프고도 실망스러운 일이다. 이런 상황에서 우리는 복잡한 감정을 느낀다. 우리는 이들을 몹시 그리워한다. 나아가서, 이들의 부재는 교회, 교단, 사역 기관 전체에 영향을 미치고 있다.

종교적으로 미치는 영향

80년에 달하는 갤럽 조사 역사상 처음으로, 2020년 미국 교인 수는 50% 이하로 떨어졌다.[15] 제2차 세계대전 당시부터 1990년대 중반까지는 성인들의 교인 수가 줄곧 70%를 웃돌았다. 그러다 모든 교단에서 급격한 쇠락이 나타나기 시작했다. 앞서 말했듯 1990년대 중반부터 교인 수의 쇠락 속도가 빨라지기 시작한 것이다. 지난 25년 사이 모든 교단에서 교인 수는 거의 3분의 1이 줄었다. 그로 인해 많은 교회가 문을 닫았고, 새로운 교회를 개척하기는 더 어려운 환경이 되었다.

라이프웨이 리서치(Lifeway Research)에 따르면, 2019년 미국에서 약 3천 개의 개신교 교회가 세워졌다. 하지만 같은 기간에 4,500개의 개신교 교회가 문을 닫았다.[16] 불과 5년 전인 2014년, 같은 라이프웨이 리서치의 조사에서는 3,700개 교회가 문을 닫고 4,000개 교회가 문을 열었다. 보다시피 현재에는 교회를 개척하는 속도는 느려지고, 문을 닫는 속도는 빨라졌다. 탈교회 현상은 이런 변화에서 매우 큰 요인일 가능성이 높다.

2020년 FACT(Faith Communities Today) 연구에 따르면, 모든 종류의 신앙 공동체에서 "미국 교회의 대다수가 작은 규모다. 이 신앙 공동체 중 70%는 매주 출석 교인 수가 100명 이하다. 겨우 10%만 매주 출석 교인 수가 250명 이상이다. 그런데 작은 교회보다 이런 큰 교회에 다니는 사람들(모든 교회 출석자의 약 70%)이 훨씬 많다."[17] 100명 이하 교회들이 전체 교회 개수의 약 69%를 차지하고 있다. 하지만 미국 출석 교인 전체의 70%는 교인 수가 250명 이상인 교회에 다니고 있다.[18] 즉 작은 교회들이 훨씬 더 많지만, 교인들은 큰 교회에 훨씬 많이 다니고 있다. 탈교회 현상은 작은 교회들에 상대적으로 더 큰 타격을 입히고 있는 것으로 보인다. 우리가 보기에는, 결국 작은 교회들은 점점 더 중대형 교회에 통합될 것 같다.

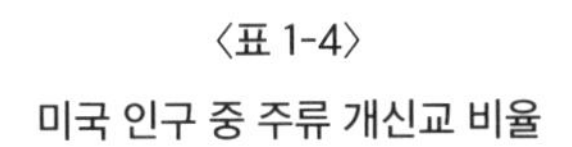
〈표 1-4〉
미국 인구 중 주류 개신교 비율

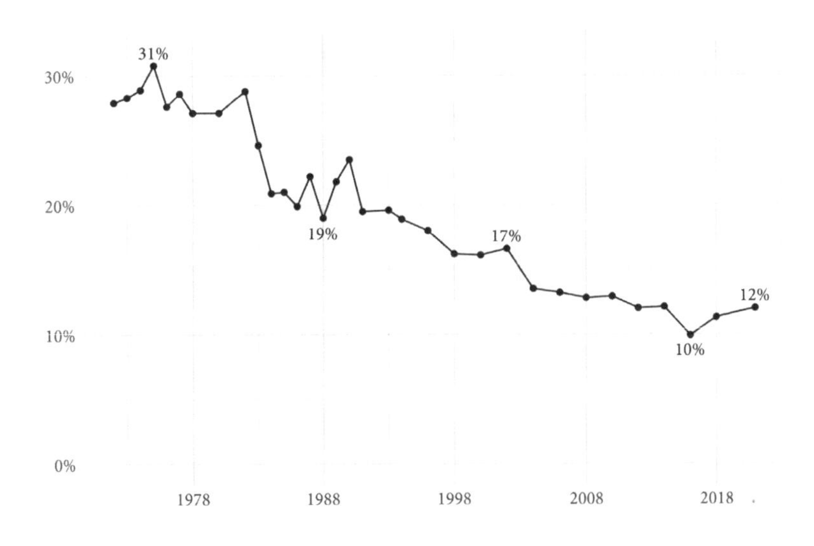

교회 폐문과 개척의 패턴이 2019년과 동일하게 유지되면 미국 개신교 교회의 총 숫자는 계속해서 줄어들 것이다. 그리고 교회들의 숫자가 줄어들면 그 교회들이 속한 교단과 사역 기관의 헌금 액수도 줄어들 가능성이 높다. 그렇게 되면 교단이 힘들어진다. 교단의 글로벌 선교 사역, 국내 사역, 학술과 신학 기관들이 어려움을 겪게 된다.

예배의 집을 떠난 4천만 명의 미국인의 연간 수입은 총 1조 4천만 달러다.[19] 논프로피츠 소스(Nonprofits Source)에 따르면, 미국인들은 평균적으로 수입의 2.5%를 헌금으로 낸다.[20] 미국인 중 70%는 스스로를 기독교 전통을 유지하는 사람으로 여긴다.[21] 이는 연간 247억 달러가 교회들에서 빠져나갔을 가능성이 있다는 뜻이다. 이런 경제적 손실을 과 소평가해서는 안 된다. 이 손실은 단순한 개별 교회의 차원을 넘어 교회 전체에 영향을 미친다.

탈교회는 세속 우파와 바이블 벨트(Bible Belt) 같은 뜻밖의 곳에서 특히 두드러지게 나타났다. 우리 연구뿐 아니라 미국에서 가장 규모가 크고 장기적인 종교 데이터 연구인 일반 사회 조사(General Social Survey, GSS)에서도 이 현상을 볼 수 있었다. 역사학자 다니엘 윌리엄스의 GSS 분석[22]에 따르면, 부상하고 있는 이 세속 우파의 특징에는 초개인주의, 법질서 중시, 인종에 대한 몰이해한 태도[23], 제도에 대한 냉소주의, 낙태 반대, 성(性)에 대한 엄격한 기준이 있다. 윌리엄스는 다음과 같은 결론을 내렸다.

> 수십 년 동안 많은 전문가는 교회와 정치의 경계를 허물려고 하는 남부 기독교 우파의 정치적 위험을 경고해 왔다. 하지만 그 위험이 무엇이든 간에, 지금 남부에서 민주주의에 대한 더 큰 위협은 교회를 떠난 포퓰리즘적인 우파다. 그들은 인종적 불의를 바로잡으려는 노력에 관해 기독교 우파만큼이나 적대적이며 훨씬 더 개인주의적이다.
> '복음주의자'로 부르든, 단순히 '남부 포퓰리스트'로 부르든, 교회를 떠난 이 남부 개신교 우파는 없어지지 않을 것이다. 남침례회연맹은 회원을 잃으려고 하지 않기 때문이다. 이 우파는 오히려 전보다 더 강해질 가능성이 높다.[24]

이렇게 세속 우파에서 탈교회가 증가하는 현상은 남침례회연맹뿐만 아니라 모든 교단, 특히 복음주의 상황을 바꿔 놓을 것이다. 이 역학은 교회, 교단, 사역 기관에 영향을 미칠 뿐 아니라 지역 사회, 문화, 국가를 계속해서 변화시킬 것이다.

사회학적 분석

교단별로 살펴본 교인 현황

인구통계학자들이 종교의 쇠락을 추적하기 위해 사용하는 주된 방법은 교단 기록을 보는 것이다. 대부분의 큰 교단들은 성장이나 쇠퇴를 파악하기 위해 몇 십 년간의 총 교인 수를 기록해 왔다. 하지만 교회 행정에 잠시라도 관여해 본 사람이라면 교인 수에 관한 기록이 전혀 정확하지 않다는 것을 알고 있다. 교회들은 교인 명부에서 이름을 지우기를 원하지 않는다. 그 교인들이 언제라도 교회에 돌아와서 자신의 이름이 공식 명부에서 지워진 것을 보고 기분 나빠할 가능성이 있기 때문이다. 하지만 이런 단점에도 교단의 기록은 미국 종교의 성쇠를 판단하기 위한 좋은 자료 중 하나다.

이런 기록이 보여 주는 그림은 그리 밝지 못하다. 예를 들어, 1990년 미국복음주의루터교는 교인 수를 525만 명으로 보고했다. 그런데 2020년 총 등록 교인 수는 300만 명이 살짝 넘었다. 무려 41%나 감소한 것이다. 미국장로교의 교인 수는 같은 기간에 58%가 감소했다. 연합그리스도교 교인 수가 52% 감소했고, 연합감리회는 31% 감소했다. 미국에서 영향력 높은 교단 중 하나였던 성공회는 주일에 평균 50만 명이 출석하며, 총 교인 수는 150만 명에 불과하다.

이 트렌드는 주류 교단에서만 나타나고 있지 않다. 미국 최대 복음주의 교단인 남침례교 총회(SBC)도 최근 교인 수가 심각하게 감소했다. 2006년에는 1,620만 명이 남침례교에 속했다. 하지만 지금은 그 숫자가 1,370만 명으로 내려앉았다. 2020년과 2021년 사이 남침례교는 거의 41만 명의 교인을 잃었다. 이것은 남침례교 총회 170년 역사를 통틀어 한 해에 나타난 교인 감소 최대치 숫자다.

이 와중에 교인 수가 늘어난 두 교단이 있다. 오순절파와 연관이 있는 복음주의 교단인 하나님의성회 교인 수는 지난 30년 사이에 50% 넘게 증가했다. 또한 다른 오순절파들에서는 여전히 백인 교인이 압도적으로 많지만, 이 교단은 높은 수준의 인종적 다양성을 보인다. 긍정적인 성장이 나타나고 있는 또 다른 교회는 초교파적인 개신교 기독교다. 이런 유형 교회들의 교인 수 통계를 수집하기는 불가능하지만, 침례교, 감리교, 루터교 같은 다른 교단들은 다 쇠퇴했지만 지난 10년 동안 자신을 초교파적인 크리스천으로 여기는 미국인들의 숫자는 늘어났다는 조사 결과들이 있다.

- 라이언 버지

문화적으로 미치는 영향

건강한 공동체는 대체로 그 공동체의 모든 일원에게 유익한 경제, 법, 조직, 제도를 갖추고 있다. 그런데 소셜 미디어를 잠깐 스크롤 하거나 일부 동네 마당에서 강한 정치적 표현을 담은 푯말들을 보기만 해도 분명한 사실 하나가 드러난다. 미국의 문화와 사회는 극심한 분열을 겪고 있다.[25] 우리는 온갖 종류의 시위, 지독한 악성 댓글, 음모론적 발언, 한 사건에 대한 극심한 의견 분열을 목격해 왔다. 이런 분열이 국가적인 차원에서 나타난 사건 하나가 2021년 1월 6일에 벌어졌다. 당시 많은 미국인은 국가 권력의 심장부를 습격해서 2위 권력자의 생명을 위협한 국내 테러리스트들을 보며 충격에 휩싸였다. 그러나 다른 많은 미국인은 그 테러리스트들을 헌법을 옹호하는 애국주의자로 여겼다. 이런 분열을 보면 이 나라가 심각한 문제를 안고 있다는 결론을 내릴 수밖에 없다.

이 나라는 정치적으로 점점 분열되어 가고 있다. 예전에는 중도 민주당 지지자들과 중도 공화당 지지자들이 이념적·정치적으로 이렇게까지 상충하지 않았다. 하지만 두 집단 사이의 틈이 눈에 띄게 벌어졌다. 이제 중도층은 거의 무너졌다고 봐도 과언이 아니다.[26] 이런 분열은 복잡한 원인에서 비롯했지만, 그로 인해 제도에 대한 불신이 깊어진 것은 분명하다. 더구나 이제 미국인의 25%만이 다른 미국인들을 믿는다.[27]

주변만 보아도 지난 몇 년 사이에 친구를 잃은 적 없는 사람이 없다. 오프라인에서든 온라인에서든 이제 친구 관계를 유지하기 위해서는 과거에는 없던 새로운 문제에 관한 의견이 일치해야 하는 것으로 보인다. 이 새로운 기준에는 적절한 것들도 있지만 어떤 것들은 적절하지 못하다. 예를 들어, 누군가가 온라인 혹은 실제 삶에서 인종차별적이거나 잔인한 발언을 한다면 그를 멀리하는 것이 현명할 수 있다. 하지만 기후 변화나 총기 규제 같은 문제에 관한 시각 차이만으로 관계를 끝내는 것은 최선책이 아닐 수 있다.

미국 문화와 사회의 분열과 그로 인한 제도에 대한 불신은 교회 안까지 스며들었다. 〈크리스채너티 투데이〉 CEO인 팀 달림플은 다음과 같이 말했다.

> 미국 복음주의 운동 내에서, 일반적인 지역적, 교단적, 인종적, 정치적 선을 따라 형성된 것이 아닌 새로운 분열들이 일어나고 있다. 한때 그리스도께 헌신함으로 연합했던 부부, 가족, 친구, 교인들이 양립할 수 없을 것처럼 보이는 세계관들로 분열된 것이다. 사실, 그들은 단순히 분열된 것이 아니라 서로에게 점점 더 이해 불가한 존재들이 되어 가고 있다.[28]

문화적, 사회학적, 신학적, 경험적 요인들이 미국의 문화와 사회를 깊이, 급속도로 분열시키고 있다. 도널드 트럼프, 1월 6일, 조지 플로이드, 흑인의 목숨도 소중하다(Black Lives Matter), 코로나19, 총기 규제, #ChurchToo, #MeToo에 관해 주변 사람들의 의견이 얼마나 다양한지 생각해 보라.

〈크리스채너티 투데이〉 편집장 러셀 무어는 다음과 같이 말했다.

> (전에는 종교적이었던) 이런 많은 곳에서 반항적인 사람이 아닌 어른다운 사람이라는 것은 곧 교회를 다닌다는 뜻이었다. 하지만 전에도 말

> 했듯이 그런 문화적 이유로 교회에 갈 필요가 점점 사라져 갔다. 내가 고려하지 못했던 것은 문화적인 기독교가 델타 변이에 감염되어 다른 뭔가로 변형될 것이라는 점이었다. 지금 우리가 보고 있는 문화적 기독교는 종교 자체만 빼고 종교적 우파의 모든 면을 갖추고 있다. 이 사람들은 주일학교에 가지 않지만, 페이스북에 성경 구절을 올린다.[29]

공직에 출마하는 이들도 마찬가지다. 공화당을 지지하는 지역에서 당선되려면 점점 복음의 종교보다는 시민 종교에 가까워지는 새로운 종교적 우파의 표심을 얻어야 한다. 예전에는, 특히 개신교의 영향력이 큰 바이블 벨트에서는 교회에 가는 것이 긍정적인 사회자본을 제공했다. 하지만 점점 자신이 속한 지역과 온라인 공동체의 정치적 시민 종교를 그대로 받아들이는 것이 긍정적인 사회자본을 얻기 위한 길이 되고 있다. 정치적으로 양쪽 진영 모두에서 그렇다. 민주당을 지지하는 도시나 주(州), 온라인 공동체 안에 있다면 사회적 유대를 유지하기 위해 특정한 것만 말해야 한다. 현재 상황에서는 정치나 정책, 성(gender), 성적 성향, 인종에 관한 특정한 관점을 표명해야 한다. 이는 국가가 점점 분열되어 갈 때 나타나는 당연한 결과다.[30]

현재 가정, 친구 관계, 지역 사회에서 벌어지는 상황을 보면 국가의 궤적을 판단하기가 전혀 어렵지 않다. 이 국가는 계속해서 문화적 분열, 민영화, 제도 붕괴, 대중의 신뢰 상실, 약해진 공동체 쪽을 향해 가고 있다. 심지어 신앙 없는 사람의 입장에서도 탈교회가 자신과 자신의 공동체와 국가에 부정적인 영향을 미치고 있는 것을 분명히 볼 수 있다.

미국의 거의 모든 병원과 보육원이 문화와 사회의 안녕을 증진하기 위해 종교인들의 손에 설립되었다는 사실을 생각해 보라. 미국 초기의 대학과 여타 교육 기관들도 마찬가지다. 한 연구에 따르면, 기독교 비영리 기관들은 미국 사회 안전망의 40%를 차지한다.[31]

탈교회는 가난한 사람들, 선거권이 없는 사람들, 아픈 사람들, 고통에 신음하는 사람들, 그 외에 온갖 이유로 힘들게 살아가는 사람들에 대한 구호와 돌봄과 지원이 줄어드는 결과를 낳을 수밖에 없다. 나아가서, 사회적으로 고립되거나 방문을 걸어 잠그고 컴퓨터만 하는 사람들의 증가도 사회 조직에 충격을 가하고 있다.

무려 4천만 명의 성인이 예배의 장소를 떠나고도 전국의 공동체들이 영향을 받지 않는 것은 불가능하다. 어떤 이들은 장구한 역사를 자랑하는 교회가 문을 닫은 것에 영향을 받을 것이다. 어떤 이들은 교회들이 선행을 할 능력이 줄어든 것에 영향을 받을 것이다. 교회가 구심점이 되어 결합시키는 역할을 점점 제대로 하지 못하면 이런 공동체 조직들이 갈수록 약해질 것이다. 강한 믿음의 공동체들이 전체 사회에 막대한 영향을 미친다는 사실은 많은 연구를 통해 증명되었다.[32]

탈교회는 인간의 복된 삶, 관계, 연합, 전체의 샬롬을 약화한다.

그래도 희망을 가질 수 있는 이유

상황이 암담하기는 하지만 희망을 품을 이유는 많다. 우리는 친구, 가족, 동네 사람들이 교회로 돌아와 강한 복음으로 더 좋은 도시를 세워가기를 원한다. 목표는 기독교 국가를 만드는 것이 아니라 크리스천들이 세상 문화에 영향을 끼치는 모습을 보는 것이다. 대규모 탈교회를 다룰 열쇠는 교인들이 불신자와 이탈 교인을 이해하기를 추구하고, 지혜롭게 관계를 맺고, 더 건강한 기관들을 세우고, 우리의 나그네 정체성을 받아들이고, 참되고 선하고 아름다운 복음을 추구하는 것이다. 다음 장에서는 우리 연구에서 확인된 이탈 교인들이 어떤 사람들인지 살펴보고 그것이 목회에 의미하는 바에 관해 이야기해 보려 한다.

2.

이대로 방관하면 교회의 미래는 없다

대규모 탈교회 문제를 적절히 다루기 위해서는 우선 누가 왜 교회를 떠나고 있는지를 알아야 한다. 어떤 이들은 지난 10-15년 사이에 많은 사회적 영역에서 자연스럽게 일어난 현상이 최근의 정치적, 인종적, 팬데믹 혼란으로 가속화된 것이라고 주장했다. 2020년 〈워싱턴 포스트〉에서 칼로스 로자다는 이렇게 말했다. "바이러스는 우리를 변화시키고 있지 않다. 이미 진행되고 있는 변화를 가속할 뿐이다."[1]

우리 문화가 기독교 신앙을 점점 적게 수용하고 심지어 기독교 신앙에 적대적으로 변하면서, 단지 진짜 신앙인이 분명히 드러나고 교회가 일종의 정화 작업을 거치는 것이라고 주장한 이들도 있다. 미드웨스턴 침례교 신학대학원의 연구 교수인 토머스 키드는 이렇게 썼다. "우리는 '단순' 교인들이 아니라 '거듭난' 교인들에게 관심이 있다."[2]

그런가 하면 우리가 자멸하고 있다고 주장하는 이들도 있다. 잡지 〈디 애틀랜틱〉에는 이런 글이 올라왔다. "세속적인 미국과 40년간 전쟁을 벌여 온 운동이 이제 자기 자신과 전쟁을 벌이고 있다."[3] 그 결과는 미국 교회의 분열이다.[4] 누구의 말이 옳은가? 우리가 조사한 데이터를 보면 이 모든 주장에 일리가 있다.

탈교회는 모든 곳에서 일어나고 있다

모든 집단이 대규모 탈교회에서 자유롭지 못하다. 탈교회는 남성과 여성에게서 거의 똑같은 비율로 나타나고 있다(각각 52%와 48%). 우리 연구에 따르면 로마가톨릭, 개신교, '기타 크리스천'으로 분류되는 부류의 이탈 교인 수치는 모두 32%다.

개신교에서는 장로교회가 가장 큰 탈교회 수치를 보인다. 지난 25년간 교인들의 약 40%가 교회를 떠났다. 이 수치 중 상당 부분은 미국장로교(PCUSA)의 이탈 교인들이 차지한다. 감리교는 37%로 그 뒤를 따른다. 침례교는 29%, 오순절파는 26%다.

세대별로는, 베이비부머(1946-1964년 사이에 태어난 이들)가 대규모로 교회를 떠나고 있다. 현재 살아 있는 베이비부머 세대의 35% 이상이 교회에 다니기를 그만두었다. 이 수치는 밀레니얼 세대(17-25%)의 약 두 배다. 애초에 베이비부머 세대에서 교회에 다니던 사람이 더 많았기 때문에 이는 놀라운 사실이 아니다. 교회에 다니던 사람이 많았기 때문에 교회를 그만 다니게 된 사람이 많을 수밖에 없다. 흑인 미국인들과 백인 미국인들의 탈교회 수치는 서로 비슷하다(각각 26%와 27%). 히스패닉 계통의 미국인들의 탈교회 수치는 가장 적은 14%다. 좀 특이한 사실은 아시아계 미국인 34%가 교회를 떠났다는 것이다.[5]

당연히 성적 성향은 교회 출석에 큰 영향을 미치는 요인이다. 2020년 하버드대학교의 〈협동 선거 조사〉에 따르면, 이성애자 남성이 최소한 한 해에 한 번 교회에 갈 가능성은 동성애자 남성보다 거의 세 배나 높다. 이성애자 여성이 최소한 한 해에 한 번 교회에 갈 가능성은 동성애자나 양성애자 여성보다 1.5배 높다. 우리는 성소수자 이탈 교인들에게 초점을 맞추지는 않았지만, 연구 대상에는 포함했다. 그 결과, 최소한 우리는 그들이 다양한 이유로 교회를 떠났다는 사실을 알 수 있었다. 어떤 이들은 교회가 자신의 성적 자유를 너무 제한한다고 여겨 교회를 떠났다. 환영을 받지 못한다고 느껴서 교회를 떠난 이들도 있다. 대개 그것은 교회가 그들의 성적 문제를 적절하게 다루지 못했거나 가혹하고 배려 없는 방식으로 다룬 탓이었다.

정치 좌파도 우파도 오늘날의 종교적 변화에서 자유롭지 못하다. 공화당 지지자의 21%, 무소속의 23%, 민주당 지지자의 29%가 교회에 그만 다니게 되었다고 응답했다. 모든 소득 수준과 모든 교육 수준, 모든 지역에서 많은 미국인이 주일 아침에 다른 활동을 하기 위해 교회에 그만 가기로 결심하고 있다.

〈표 2-1〉

성적 성향별 교회 출석률

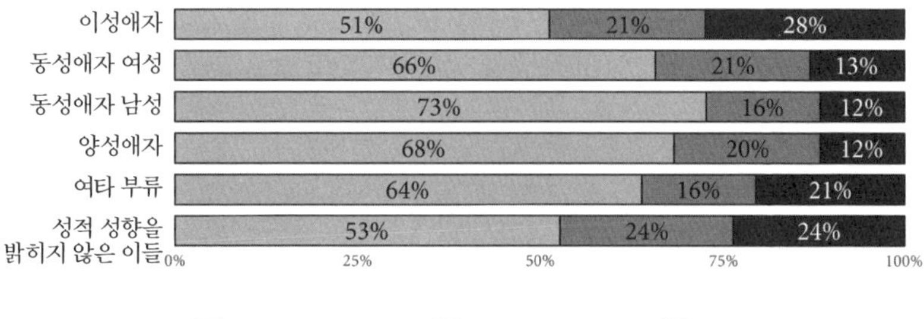

모든 사람이 같은 이유로 교회를 떠나지는 않는다

모든 이탈 교인들이 교회를 그만 다니게 된 이유를 하나의 범주로 뭉뚱그릴 수는 없다는 사실이 곧바로 드러났다. 한 집단은 처음에는 전혀 교회를 떠날 생각이 없다가 떠나게 되었다. 어떤 집단은 새로운 도시로 이사를 해, 그곳에서 교회를 찾을 생각이었는데 어쩌다 보니 교회를 찾지 못했다. 사회생활을 중심으로 하는 개인적인 인맥을 더 중시하다 보니 교회로부터 자연스럽게 멀어진 젊은 직장인도 많았다. 자녀의 스포츠 경기와 같은 활동이 자꾸만 주일에 이루어지다 보니 교회와 멀어진 가족들도 적지 않았다. 어떤 이들은 코로나19 기간에 교회에 발길을 끊게 되었다. 주일에 하던 일과가 바뀌었고, 이제 주일 아침 예배를 드리기보다 다른 활동 하기를 더 좋아한다. 우리는 이런 그룹을 의도가 없었던 이탈 교인들이라 부른다.

하지만 깊은 고통을 겪고서 교회 기관이나 기독교 신앙 자체에 환멸을 느끼게 된 이들도 있었다. 트라우마와 좌절감 목록은 끝없이 길었지만 몇 가지만 소개해 보면 교회 안에서의 영적·육체적 학대, 교인들과 교회 지도자들의 위선, 성 윤리, 정치적 혼합주의, 정치적 의견 차이, 고난, 인종주의, 편협한 신앙, 세상과 동떨어진 모습, 세상 문제에 대한 진정한 해법 부재 등이 있다. 이 집단에는 그릇된 목회의 피해자들이 있다. 그런가 하면 세상과 육신의 유혹에 굴복한 이들도 있다. 우리는 이 집단을 탈교회한 사상자(피해자)들이라 부른다.[6]

교육과 소득 수준에 관한 가정이 틀렸다

모든 교단에서 교육 수준이 높을수록 교회를 떠나지 않을 가능성이 높은 것으로 나타났다. 이는 높은 교육 수준이 탈교회를 부추기는 요인이라는 흔한 가정을 뒤엎는 결과다. 많은 기독교 대학은 세속의 대학들과 고등 교육 기관들이 젊은 크리스천들을 신앙에서 멀어지게 만든다는 가정에 따라 설립되었다. 예를 들어, 초교파 복음주의 밥존스대학교 창립자는 이렇게 말했다. "밥존스대학교는 … 좁은 길을 추구한다. 우리는 넓은 길을 추구하지 않는다. 우리는 대부분의 교육 기관들이 추구하는 것을 추구하지 않는다."[7] 기독교의 가치와 세속의 고등 교육을 비교 분석하는 것은 이 책에서 다룰 수 없을 만큼 복잡한 주제이지만, 세속의 고등 교육이 기독교 신앙에 부정적인 영향을 미친다는 관념은 많은 사람이 생각하는 것만큼 충분한 근거가 없을지도 모른다. 아니, 정반대가 사실일지도 모른다.

라이언 버지는 〈월스트리트 저널〉에서 이 현상을 지적했다.

> 내가 가르치는 학생들에게 많은 영향을 미치지 못한다고 말하기가 고통스럽다. 하지만 그렇다고 해서 대학이 그들을 변화시키지 못한다는 뜻은 아니다. 대학 경험 전체로 보면 학생들은 졸업 후에 종교적인 믿음을 더 확신하게 될 수 있다. 이것은 심리학자들에게 '면역 효과'로 알려진 현상이다. 자신의 믿음에 대해 약한 공격을 받으면 큰 공격이 찾아올 때 그 믿음을 더 잘 옹호할 수 있게 된다. 이것이 백신의 기본적인 작용 방식이다. 백신은 약한 형태의 바이러스를 주입하는 것이다. 그래서 몸에 진짜 바이러스가 들어오면 면역체계가 이를 쉽게 물리칠 수 있게 된다. 이와 비슷하게 대학 같은 열린 환경에서 젊은이들에게 자신의 신앙을 옹호해 보라고 자극한다면, 그들은 나중에 삶 속에서 자신의 신앙을 더 굳게 부여잡을 수 있도록 준비할 수 있다.[8]

또한 우리의 데이터를 보면 교육 수준이 높을수록 종교의 사회적 가치를 알고, 제도를 신뢰하고, 남들에 대한 신뢰 수준이 높은 경우가 많은 것으로 보인다.[9]

우리 연구를 보면 기독교가 가난한 사람들에게 더 매력적으로 다가간다는 현대 사회학적 관념과는 정반대로, 소득 수준이 낮은 미국인들이 소득 수준이 높은 사람들보다 교회를 떠날 가능성이 높다. 이유가 무엇일까? 미국이란 나라는 대체로 특정한 유형의 사람들에게 유리하게 형성되어 있다. 당신이 대학 졸업자, 결혼 후 자녀를 둔 부부의 부류에 속해 있다면 미국의 제도들이 대체로 당신에게 유리하게 작용할 것이다. 이 범주에서 벗어나면 당신에게 미국은 잘살기 힘든 곳이다. 〈미국 기업 연구소〉에서 '성공의 순서'라고 부르는 것을 따르면 밀레니얼 세대 미국인의 97%는 빈곤선 이상으로 살 수 있다.[10] 이 순서는 세 가지인데, 고등학교를 졸업하고, 정규직 직장에 취업하고, 결혼해서 자녀를 가지는 것이다. 이 성공의 순서에서 벗어날수록 제도와의 마찰이 심해진다. 교회도 예외는 아니다. 교회에서도 계급, 인종, 교육, 혼인 여부, 고용 형태, 가족 형태에 따라 매우 큰 난관에 부딪힐 수 있다.

미국 교회, 특히 복음주의 교회는 주로 핵가족에 유리한 구조로 되어 있다. 먹고살기 위해 투잡 쓰리잡을 하는 젊은 한부모들은 교회 생활을 제대로 하기 위한 여유 시간을 내기가 힘들다. 그리고 핵가족에 적합한 프로그램을 만드는 교회 문화 속에서 우울함, 심지어 수치심을 경험할 가능성이 더 높다.

초대교회 시절에는 가난한 사람들을 기쁘게 환영해 주었던 교회가 지금은 그들을 교회 가족으로 온전히 받아들이지 않고 거리를 두고 자선 프로그램을 통해서만 그들을 섬기는 경우가 많다. 현대 미국 교회들은 재정적인 이유로 부유한 사람들을 겨냥하고 그들이 편안해하는 환경을 조성하려는 경향이 있다. 하지만 성경적인 환대는 문제가 있는 곳에 돈을 던져주는 것이 아니다. 안타깝게도 보통 미국 교회들은 열악한 환경에 있는 이들을 진정으로 대접하지 않고 있다. 그로 인해 그들은 교회 안에서 외지인이 된 기분을 느끼고 있다.

교회를 떠난 복음주의자들도 여전히 정통 교리를 믿고 있다

교회를 떠난 복음주의자들에 관한 우리 연구에서 가장 뜻밖이면서도 큰 희망을 주는 사실들이 드러났다. 교회를 떠난 복음주의자들이 여전히 정통 교리를 유지하고 있다는 것이다. 기독교의 주요 교리들과 관련해서, 우리가 조사했던 복음주의자들의 68%는 여전히 삼위일체를 믿고, 64%는 예수님의 신성을 믿고, 65%는 예수님이 그분을 믿는 자들의 죄를 위해 십자가에서 죽으심으로 죗값을 치르셨다고 믿고, 67%는 부활을 믿고, 62%는 예수님이 하나님께로 가는 유일한 길이라고 믿고, 61%는 성경이 믿음과 삶의 모든 문제에 관한 믿을 만한 문서라고 믿는다. 종합하면, 우리 연구에서 교회를 떠난 복음주의자들의 전반적인 정통 교리 점수는 주류 개신교나 로마가톨릭의 이탈 교인들보다 훨씬 높다. 그들이 교회는 떠났지만, 그들의 답변을 보면 신앙은 버리지 않았을지도 모른다는 점을 시사한다.

이 그룹이 왜 교회를 떠났으며 어떤 경우에 돌아올 수 있다고 생각하는지에 초점을 맞추면 답은 간단하다. 답은 바로 '소속'이다. 사회학자들은 오래전부터 종교사회학을 믿음, 소속, 행위의 범주로 나누었다(이 범주들은 나중에 자세히 살펴보자). 그들의 탈교회와 복귀 가능성에서 핵심적인 요인들은 주로 소속의 범주에 들어간다. 예배의 장에 더 이상 나오지 않는 이유를 묻는 말에 19%는 이사를 해서 새로운 신앙 공동체를 찾지 않았다고 대답했다. 14%는 신앙 공동체에서 많은 사랑을 경험하지 못했기 때문이라고 대답했다. 14%는 교회에서 적응하기 힘들었다고 대답했다. 13%는 코로나19로 교회에 가지 않는 것에 익숙해졌다고 대답했다. 12%는 함께 교회에 가는 친구들이 없기 때문이라고 대답했다. 13%는 이혼이나 재혼 같은 가족 내의 변화로 교회가 불편해졌다고 대답했다.

교회로 돌아갈 용의가 있느냐는 질문에 51%는 어느 정도 용의가 있거나 매우 용의가 있다고 대답했다. 무려 51%다! 그들이 말한 복귀 조건들은 예상한 대로였다. 교회를 떠난 복음주의자들은 새로운 친구를 사귀면(28%), 이사를 해서 새로운 친구를 사귀고 싶으면(18%), 외로워져서 새로운 친구를 사귀고 싶으면(20%), 아이들이 가고 싶다고 하면(16%), 배우자가 가고 싶다고 하면(18%), 친구가 초대하면(17%), 좋은 목사가 있다면(18%), 좋은 공동체를 찾으면(17%), 교회 공동체가 그리워지면(20%), 그저 마음에 드는 교회를 찾으면(14%) 교회로 돌아갈 수 있다고 대답했다. 복귀의 다른 조건들에서는 이 그룹의 높은 정통 교리 점수를 확인할 수 있다. 즉 그들은 하나님과 거리가 멀어졌다고 느끼면(20%) 혹은 하나님이 교회로 돌아가라고 강하게 말씀하시면(18%) 교회로 돌아갈 수 있다고 대답했다.

여기서 요지는 교회로 초대해 줄 친구만 있으면 교회로 돌아갈 복음주의자 이탈 교인들이 많다는 것이다. 교회를 떠난 수십만 명의 복음주의 크리스천들이 좋은 교회 공동체로 초대해 주는 사람만 있으면 교회로 돌아올 것이다. 우리는 미주리주 컬럼비아에 있는 더 크로싱(The Crossing)이라는 장로교회에 초기 조사 자료를 건넸다. 그 교회는 자료를 바탕으로 복음주의자 그룹에 다가가기 위한 프로그램을 시작했다. 개중에는 온라인 프로그램도 있었고, 인간관계적인 프로그램도 있었다. 그 교회는 소속과 관련된 이유로 교회를 떠난 복음주의자들을 찾아냈다. 그 결과, 불과 몇 달 만에 이탈 교인 120명이 그 교회에서 함께 예배를 드리게 되었다. 대규모 탈교회 현상은 뒤집힐 수 있다. 이 나라의 신앙 공동체들이 대규모 탈교회를 하릴없이 지켜만 보고 있을 필요가 없다.

교회 출석이 정신 건강에도 좋다

우리 연구의 3단계에서는 교회를 떠난 복음주의자들의 정신 건강 상태를 조사했다. 그 결과, 그들 중 많은 이들에게서 불안과 우울증, 외로움, 자살 충동이 심각하게 나타났다. 우리는 그들에게 이런 영역에서 0에서 100까지 점수를 매겨 보게 했다. 0은 매우 부정적이고 매우 건강하지 못한 것이고 100은 매우 긍정적이고 건강한 것이다. 그 결과, 불안은 39점, 우울증은 34점, 외로움은 35섬, 자살 충동은 25점이 나왔다.

교회 출석과 육체적·정신적 건강 사이의 상관관계를 강하게 뒷받침해 주는 과학적 증거가 있다. 하버드대학교 역학생물통계학부에서 역학을 가르치는 타일러 밴더윌 교수는 하버드대학교 〈인간 번영 프로그램〉에서 동료들과 함께 교회 출석의 역할에 관한 가장 큰 규모의 연구를 진행했다. 밴더윌의 팀은 이런 결론을 내렸다. "교회 예배에 참석하지 않는 사람들에 비해 일주일에 최소한 한 번 예배에 참석하는 사람들은 모든 종류의 사망 위험이 26%, 폭음 비율이 34%, 흡연 비율이 29% 낮았다."[11] 이 팀은 계속해서 이렇게 보고했다. "또한 예배 출석은 많은 심리적 문제(예를 들어, 우울증, 불안, 절망감, 외로움)와 반비례 관계에 있었고, 심리적 행복(예를 들어, 긍정적인 영향, 삶의 만족, 사회 통합, 삶의 목적)과는 정비례 관계에 있었다. 그러나 고혈압, 뇌졸중, 심장질환 같은 질병과는 대체로 상관이 없었다."

〈인간 번영 프로그램〉에서 2016년 74,534명의 여성을 대상으로 진행한 연구에서는 이런 결론이 도출되었다. "여성들의 경우, 잦은 예배 출석은 심장질환과 암 사망률을 비롯한 모든 종류의 위험을 현저히 낮춰 주는 것으로 나타났다. 종교와 영성은 의사들이 그동안 주목하지 않았지만, 적극적으로 탐구해야 할 치료 수단인지도 모른다."[12]

정신 건강과 관련해서 우리 연구에서 드러난 사실들은 교회를 떠난 이들에게는 안타까운 소식이다. 교회에 출석하는 이들의 불안, 우울증, 외로움, 자살 충동 수치는 그토록 낮으니까 말이다. 물론 이런 수치의 원인이 다양하고 복잡한 것은 분명하다. 하지만 과학적인 증거로 볼 때 교회 출석, 특히 매주 정기적인 교회 출석이 정신적 건강과 육체적 건강에 좋은 것은 분명해 보인다.

정치적 견해 차이로 인한 탈교회

세속주의는 오늘날 대부분의 미국인에게 새로운 개념이 아니다. 수 세기 동안 서방 세계는 성경의 영원하고 초자연적인 주장들이 아닌, 우리가 일시적인 삶 속에서 보고 만질 수 있는 것에 따라 인생의 큰 결정을 내리는 쪽으로 변해 왔다. 세속 좌파는 대부분의 미국 크리스천이 탈교회를 예상할 법한 그룹이다. 세속 좌파는 기독교에 반대하는 목소리를 높이는 경향이 있고, 이 그룹의 탈교회는 수십 년 전부터 시작되었기 때문이다. 하지만 세속주의의 영향은 정치 좌파와 우파 모두에서 발견된다. 출석 교인 수가 줄어드는 현상에 대해 '좌파'와 '자유주의', '진보' 이념의 탓으로만 돌리는 사람들이 많다. 물론 세속 좌파가 교회 붕괴의

한 원인인 것은 사실이지만 국가주의, 개인주의, 법질서 중시, 이민자들에 대한 두려움, 우익 포퓰리즘에 강하게 초점을 맞추는 새로운 세속 우파가 부상하고 있다.[13]

특히 복음주의자들의 경우, 좌파보다 우파에서 탈교회가 나타날 가능성이 더 높다. 우리 연구의 2단계에서 정치 우파에서 교회를 떠나는 복음주의자들이 정치 좌파에서 교회를 떠나는 복음주의자들보다 두 배나 많았다. 우파의 탈교회 비율은 좌파의 탈교회 비율을 거의 따라잡아 가고 있다. 세속 좌파와 우파 모두 대규모 탈교회에서 자유롭지 못하다. 이 역학은 2008-2021년 〈협동 의회 선거 조사〉(Cooperative Congressional Election Study) 같은 대규모 연구에서도 확인되었다. 이 〈협동 의회 선거 조사〉 결과, 스스로 공화당을 지지하는 복음주의자라고 밝힌 응답자 중 교회를 거의 혹은 전혀 가지 않는다고 답변한 응답자들의 비율은 불과 13년 만에 12%에서 27%로 증가한 것으로 드러났다.[14]

우리 연구에서 교회를 떠난 복음주의자들의 12%는 목사와의 정치적 견해 차이가 교회를 떠난 요인이었다고 대답했다. 또 다른 12%는 교회 전체와의 정치적 견해 차이가 교회를 떠나는 결정에 일조했다고 대답했다. 특히 그들은 정치가 단순히 한 요인이 아니라 중요한 요인이었다고 대답했다. 정치가 교회를 떠나는 데 얼마나 큰 영향을 미쳤는지를 0에서 100까지의 점수로 답하라는 질문에서 위의 두 부류는 각각 53점과 64점으로 응답했다.

이런 혼합주의는 두 가지 종류의 문제가 있다. 하나는 우파 정치와 지나치게 결합된 교회에 환멸을 느끼는 사람들이다. 다른 하나는 우파 정치와 충분히 결합되지 않은 교회에 환멸을 느끼는 사람들이다. 우리 연구에서 두 가지 문제를 확인할 수 있었다. 즉 우리 연구에서, 교회를 떠난 복음주의자들의 28%는 미국이 기독교 국가임을 선언해야 하고 미국의 성공이 세상을 향한 하나님 계획의 일부라고 믿는다. 잠시 생각해 보자. 우리 조사에서 교회를 떠난 복음주의자들 중 4분의 1 이상이 미국이 기독교 국가임을 선언해야 한다고 믿으면서도 더 이상 교회에 다니지 않는다. 이 그룹은 미국이 구약 시대의 이스라엘과 비슷하게 하나님의 특별한 은혜를 누리고 있다고 믿는다. 그들 중 많은 이는 헌법이 성경처럼 하나님의 영감으로 된 것이라고 믿는다. 2021년 퓨 리서치(Pew

〈표 2-2〉

교회에 출석하지 않는 사람들 중 공화당원임을 밝힌 사람[15]

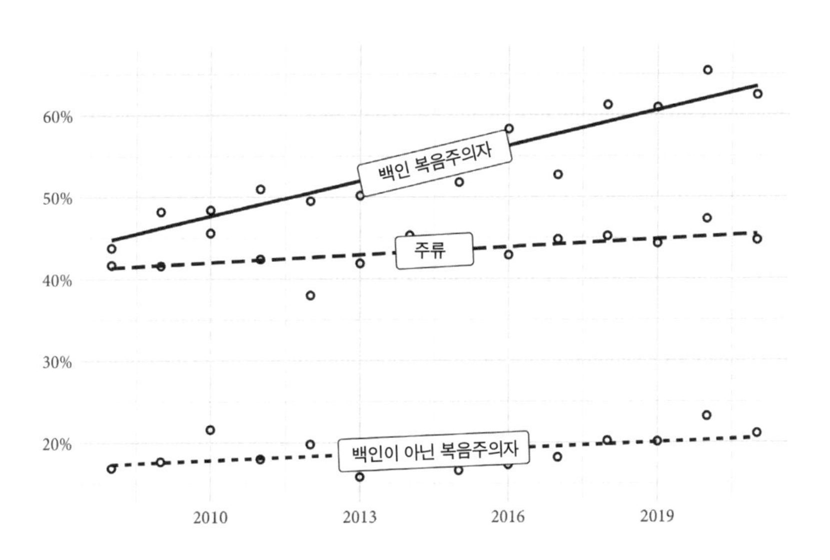

Research)의 한 연구에 따르면[16] 거의 다섯 명 중 한 명의 미국인만이 헌법이 하나님의 영감으로 된 문서라고 믿는다. 이 그룹은 교회에서의 하나님 일보다 정치적 영역에서의 하나님 일에 더 헌신한다고 보아도 전혀 비약이 아닌 것처럼 보인다.

미국이 큰 복을 누리고 있는 것은 사실이지만 교회로서 우리는 정치적 견해와 국적을 초월한 더 중요한 시민권을 받아들이고 표현해야 한다. 눈앞에 있는 문제는 제자화에 관한 문제다. 미국은 변하고 있고, 모든 변화는 손실을 수반하기 때문에 많은 이가 두려워하고 있다. 사람들이 사회에서 보는 손실을 바로잡기 위해 의식적으로 혹은 무의식적으로 세속 우파에 궁극적으로 소망을 두는 것은 전혀 뜻밖의 일이 아니다. 교회 지도자로서 우리의 소명은 어떤 식으로든 손실을 경험하고 있는 사람들에게, 이생과 내세에서 유일하고 확실한 소망인 예수님을 가리켜 보여 주는 것이다.

상황이 시급하다

탈교회는 규모 면에서 큰 문제일 뿐 아니라 시급한 문제다. 불과 한 세대만 지나면 교회를 떠난 이들의 자녀는 교회를 전혀 다녀 본 적이 없는 사람이 될 것이다. 그러면 미국의 영적 본질은 크게 변할 것이다. 파인탑스 재단은 이렇게 전망한다. "가장 낙관적인 시나리오로 봐도 미국의 등록 교인 수는 급격히 줄어들 것이다. 낮게 잡아도, 현재 명목상으로라도 교회에 속한 젊은이들이 향후 30년간 매년 백만 명 이상씩 교회를 떠날 것이다. 자신을 크리스천으로 여기는 가정에서 자란 3,500만 명의 젊은이들이 2050년에는 자신이 크리스천이 아니라고 말할 것이다."[17]

'탈교회'라는 단어가 학술계에서는 최소한 1990년부터 사용되었지만, 일반 대중 사이에서 이 문화적 변화에 대한 인식은 매우 적은 편이다. 우리가 이 책을 쓰는 지금, 구글 독스나 MS 워드는 '이탈 교인'(dechurched)이라는 단어를 인식하지 못하고 '비교인'(unchurched)이란 단어를 추천한다. 미국의 대다수 교회는 교회를 떠난 사람들에게 다가가거나 그나마 아직 교회를 다니고 있는 사람들을 지켜 낼 준비가 되어 있지 않다.

교회 지도자로서 우리는 영원한 영혼을 지닌 이들에 관해 고민하기 때문에 대규모 탈교회 문제가 중요하다고 믿는다. 다음 다섯 장에 걸쳐서 교회를 떠난 복음주의자 네 부류에 관한 우리의 데이터를 제시하고, 아울러 교회를 떠난 주류 개신교 교인들과 로마가톨릭 교인들을 함께 다룰 것이다. 각 장에서는 해당 부류에 속하는 가상 인물의 이야기도 소개할 것이다. 다음 다섯 장의 목표는 각 이탈 교인들이 어떤 부류들인지 이해하기 위한 범주를 제공하는 것이다. 각 부류를 이해해야 하는 것은 부류마다 교회를 떠난 이유와 교회로 돌아올 방법이 다르기 때문이다. 다섯 장에 걸쳐서 이들이 누구인지를 이해하고, 교회를 떠난 이들의 대다수가 아직 영적인 것들에 관심이 있고 얼마든지 돌아올 의향이 있다는 사실을 발견하게 될 것이다.

교회 출석률이 절반으로 떨어지다

오늘날 교회 출석과 관련해서 미국인들의 행동이 50년 전과 얼마나 다른지를 온전히 파악하기는 어렵다. 〈일반 사회 조사〉(General Social Survey, GSS)는 미국 내 종교적 변화를 측정하기 위한 좋은 기준이 된다. 〈일반 사회 조사〉는 1972년부터 똑같은 질문과 선택 답변을 사용해 왔다. 첫 〈일반 사회 조사〉에서는 응답자의 9%만이 교회 예배에 전혀 참석하지 않는다고 대답했다. 8%는 교회 예배에 1년에 한 번 이하로 참석한다고 대답했다. 이에 비해 2021년에는 미국인들의 31%가 교회 예배에 '전혀' 참석하지 않는다고 대답했고, 1년에 한 번 이하로 참석한다고 대답한 사람들은 15%였다. 1972년에는 17%가 교회 예배에 1년에 한 번 이하로 참석했지만 현재는 그 숫자가 거의 두 배로 늘어났다.

1972년에 거의 매주 혹은 그 이상으로 교회 예배에 참석한다고 응답한 사람들은 41%였다. 하지만 2021년에 그 수치가 24%로 떨어졌다. 생각해 보라. 2021년에는 응답자가 교회 예배에 1년에 한 번 이하로 참석한다고 대답할 가능성이, 매주 혹은 그 이상 참석한다고 대답할 가능성보다 두 배나 높았다. 18-30세 사이에서 55%는 교회 예배에 1년에 한 번 이하로 참석했고, 18%만 거의 매주 참석했다.

통계적인 관점에서만 보면 미국 교회의 장래는 암담하다. 1970년대에는 목사들과 교단 지도자들이 주일 아침에 신도석을 보면 젊은 가족을 많이 볼 수 있었다. 젊은이들의 거의 3분의 1이 열심히 교회에 나왔기 때문이다. 지금은 그 수치가 반 토막이 났다. 하루아침에 큰 변화가 나타나지는 않겠지만 부활절마다 빈 좌석이 조금씩 늘어날 것이다. 크리스마스이브에도 교회 주차장이 꽉 차지 않게 될 것이다. 그렇게 되면 교회 지도자들은 적은 교인 수에 맞춰 예산, 건물, 인력 같은 것들을 크게 조정하게 될 것이다.

- 라이언 버지

Part 2

왜 교회를 떠나는가

— 교회와 멀어지는 이들의 마음 알기

THE GREAT DECHURCHING

3.

“기독교 문화는 좋지만,
예수를 믿는 건 아니다.”

_ 명목상 크리스천

톰은 야후(Yahoo) 사무실에 마지막으로 출근했다. 그는 해변에서 찍은 아내 제니와 자녀들의 사진을 집어 들었다. 구글(Google)로 직장을 옮긴 덕분에 마침내 직업적으로 성공하고 꿈에 그리던 삶을 누릴 만큼 많은 돈을 벌 길이 열렸다. 구글이 있는 서니베일은 야후가 있는 팔로알토에서 그리 멀지 않았지만, 그에게 그 거리는 더 큰 집과 더 좋은 학교를 포함한, 더 나은 삶을 의미했다.

구내전화가 울리는 소리에 톰은 상념에서 깨어났다. “렉스라는 분의 전화가 2번 라인으로 와 있습니다. 친구분이라고 하시던데요.”

"뭐라고요? 정말?" 톰은 재빨리 의자에 앉아 수화기를 들고 2번 버튼을 눌렀다. "렉스 형, 맞아?"

"그래, 잘 지냈어?" 옛 친구의 느긋한 태도는 조금도 변하지 않았다. "정말 오랜만이네!"

"맞아, 너무 오랜만이야. 이렇게 회사에서 연락을 받다니 정말 믿을 수 없군. 오늘이 이 회사에서 마지막 날이야."

"어차피 네가 어디로 가든 끝까지 찾아낼 생각이었어. 네 SNS 프로필을 보니까 여기가 직장으로 되어 있더라고. 그래서 무조건 전화를 걸었지."

두 사람은 한 시간 반 동안 밀린 이야기를 나누면서 함께 보낸 대학 시절을 회상했다. 톰은 1학년 때 학교에 입학하면서 LA로 이사를 했다. 그래서 아는 사람이 하나도 없었고 오로지 좋은 학점을 받고 다가올 시즌을 위해 최상의 몸 상태를 만드는 데만 집중했다. 그해에 렉스는 3학년생이었고 베테랑 투수였다. 그는 톰의 근면한 태도를 보고 그를 도와주기로 결심했다.

렉스는 신실한 크리스천으로, 기독교 운동선수 모임의 학생 지도자였다. 그는 톰을 그 모임과 자신이 다니던 큰 교회로 초대했다. 그 교회는 톰이 오하이오주의 고향에서 다니던 교회와 사뭇 달랐다. 하지만 자신과 통하는 구석이 많아, 곧 편안함을 느꼈다. 렉스와 함께 지내니 자신감이 생기고 향수병이 줄어들었다. 두 사람은 형제와 같은 사이가 되었고, 이후 2년 동안 톰은 캠퍼스 밖에 있는 렉스의 아파트에서 함께 지냈다.

대학에서 처음 2년 동안 톰은 일이 잘 풀렸다. 당시가 그의 인생에서 전성기였다. 그가 2학년 때, 렉스를 선발 투수 겸 주장으로 한 그의 팀은 지역 야구 연맹 챔피언이었다. 그의 팀은 기적적으로 지역 토너먼트와 그 상위 지역 토너먼트에서 모두 우승했다. 오마하에서 열린 대학 월드 시리즈에 진출한 일은 말 그대로 꿈이 이루어진 것이었다. 비록 월드 시리즈에서 패하긴 했지만 말이다.

"그래, 팔로알토에 가면 새로운 교회를 찾을 거지?" 대화 중에 렉스가 물었다.

"음, 그건…." 톰은 머뭇거렸다. "요즘 밖에 잘 나가지 않아서…. 새 직장을 구하고 새 학교를 알아보느라 정신이 없어."

"그렇구나. 상황이 정리되면 알아봐. 신앙생활이 얼마나 좋은지 너도 알잖아. 아이들한테도 좋고."

톰은 화제를 돌리고 나서 통화를 마무리했다. 옛 친구와 이야기를 나누는 것은 좋았지만 그로 인해 감정이 복잡해지기도 했다. 그 시절이 좋기는 했지만, 그 좋았던 시절은 메이저리그의 꿈과 함께 사라진 지 오래였다.

대학 월드 시리즈 패배 이후에 톰의 삶은 내리막길이었다. 아버지는 일터의 자동차 생산 라인에서 사고를 당했다. 그해 7월, 렉스는 뉴욕 메츠에 입단했다. 그로 인해 톰은 가장 좋은 친구이자 룸메이트와 헤어지고, 살 곳까지 잃었다. 걱정이 태산 같았다. 그가 볼 때, 그때가 그의 우울증이 시작된 때였다. 3학년은 술과 야구와 미분방정식을 오간 시기였다. 4월 말에는 공을 던지는 팔의 회전근개가 파열되었다. 메이저리그 진출의 꿈이 물거품이 되었다.

어깨를 다친 뒤에는 한 달에 한 번 정도 우울증이 심해질 때만 교회에 나갔다. 한때는 겁나는 것이 없었다. 하나님이 자신과 함께 계신 것처럼 느껴졌다. 하지만 지금은 하나님이 그렇게 멀게 느껴질 수가 없었다. 하나님의 선하심, 심지어 그분의 존재에 관한 의심까지 피어오르기 시작했다.

부모님이 그가 걱정이 되어서 보러 온다고 하셔도 톰은 전혀 반갑지 않았다. 톰의 부모님은 트럼프가 집권하기 전까지 철저한 민주당 지지자였다. 톰은 그 일에 별로 상관하지 않았지만, 부모님이 이제는 왜 공화당을 지지하는지, 어떻게 1월 6일 폭동까지 지지할 수 있는지 짐작할 수는 있었다. 부모님이 신앙과 정치가 혼합된 모습을 보이는 사이 그는 몇몇 사회적 이슈에서 점점 좌파 쪽으로 기울었다.

무엇보다도 톰은 부모님이 자기 생각에 더 이상 귀를 기울이지 않는 모습에 실망했다. 부모님는 이제 열린 마음을 보이는 대신 냉소만 가득했다. 그럼에도 그는 부모님이 자녀들이 잘살기를 바라는 마음으로 많이 희생하신 것에는 감사한 마음을 가졌다.

톰 부부는 인생의 다음 장을 고대하고 있었다. 제니는 수입이 늘어나면 가족들과 함께 하고 싶은 것을 생각하며 신이 나 있었다. 늘 그랬듯이 그녀의 들뜬 기분은 온 가족에게 전염되었다.

“크리스틴이 뮤어우즈 국립공원에 꼭 가자고 했어요. 참, 아이들에게 거대한 세쿼이아 나무를 보여 줘야 해요. 아이들이 조금 더 크면 타호 호수에서 배를 타거나 러 호야(La Jolla)에서 카약을 탈 수 있을 거예요.”

‘시간이 남으면 페블 비치에서 라운드를 즐길 수 있을지도 모르겠군.’ 톰은 속으로 그런 기대를 품었다.

그날 밤, 둘 다 공원과 운동장에서 아이들과 놀아 주느라 지친 몸으로 잠자리에 들었다. 제니는 톰의 욱신거리는 어깨를 쓰다듬으며 말했다. "참, 렉스와 어떤 이야기를 했어요? 잘 지낸대요?"

톰은 한숨을 푹 쉬었다. "교회에 잘 다니느냐고 묻더군. 이번에 이직하게 되고 렉스 형과 통화를 하고 나니까 옛날 생각이 자꾸만 나." 톰은 부드러운 목소리로 말하면서 적당한 단어들을 고르려고 애를 썼다. "예전에 당신은 교회에 가는 게 좋다고 했지. 사실, 렉스 형처럼 나도 행복해지고 싶었어. 렉스 형의 항상 밝은 모습이 그 형에게 끌린 이유 중 하나였어. 형과 어울릴 때면 행복을 느낄 수 있었어." 톰은 그렇게 말하고 나서 속으로 생각했다. '나도 형처럼 잘나갔다면 교회에 더 열심히 다녔을지도 몰라.'

톰은 몸을 옆으로 돌렸다. "하지만 현실적으로 우리 가족의 일정에 또 다른 활동을 끼워 넣을 틈이 없어. 일요일은 가족끼리 오붓하게 집에서 쉴 수 있는 유일한 시간이잖아. 교회는 내게 우선순위가 아니야. 교회가 다시 우선순위가 될 날이 올지 모르겠어."

명목상 크리스천 이해하기

톰은 명목상 크리스천(문화적 크리스천)이다. 명목상 크리스천은 우리가 연구한 교회를 떠난 복음주의자들의 네 개 하위 그룹 중에서 가장 큰 그룹이다.[1] 우리 연구에서 이 그룹은 교회를 떠난 복음주의자들의 무려 52%를 차지한다. 톰과 비슷한 태도를 가진 미국 성인은 약 8백만 명에 이른다.

예수님에 관한 톰의 태도는 그리움의 흔적만 남은 무관심이다. 세상 기준으로 톰에게 더 이상 필요한 것은 없다. 그는 아내, 자식들, 좋은 친구들, 좋은 집, 좋은 커리어, 좋은 물건들이 있고, 언제든 휴가도 갈 수 있다. 그리고 자식을 챙기고 일을 하느라 정신없이 바쁜 삶이 계속된다. 톰은 계속해서 열심히 일하고 열심히 논다. 톰의 이야기를 기억하면서, 더 이상 교회에 가지 않는 그룹 중 가장 큰 그룹에 관한 우리의 연구 결과를 살펴보자.

교리

우리는 교회를 떠난 이 미국인들을 명목상 크리스천이라 부른다. 그것은 그들이 신자라는 증거가 별로 보이지 않기 때문이다. 우리 조사에서 그들 중 1%만 "예수님이 하나님의 아들이시다"라는 진리를 믿고, 22%만 "성경이 실제로 하나님의 말씀이다"라고 믿는다.

톰은 정통 교리 점수에서 최하위를 기록한다. 이 책에서 정통 교리는 무엇보다도 니케아 신경이 가장 잘 요약한 신앙의 핵심을 의미한다.

> 나는 아버지이시며 전능자시요 천지의 보이는 것과 보이지 않는 모든 것을 창조하신 유일하신 하나님을 믿습니다.
>
> 나는 하나님의 독생자이시요 만세전에 성부에게서 태어나신 유일하신 우리 주 예수 그리스도를 믿습니다. 그분은 하나님에게서 나오신 하나님, 빛에서 나오신 빛, 참된 하나님에게서 나오신 참된 하나님이십니다. 창조된 것이 아니라 탄생하신 분입니다. 성부와 하나의 존재이신 분입니다. 그분을 통해 만물이 창조되었습니다.
>
> 그분은 우리와 우리의 구원을 위해 하늘에서 내려오셨고, 성령의 능

력으로 동정녀 마리아에게서 인간으로 태어나셨습니다. 그분은 우리를 위하여 본디오 빌라도에게 십자가에 달려 죽으셨고 장사되셨습니다. 하지만 성경대로 삼 일째 되던 날 다시 살아나셨고 하늘에 올라 아버지의 우편에 앉아 계십니다. 산 자와 죽은 자를 심판하러 영광 중에 다시 오실 것이며 그분의 나라는 영원할 것입니다.

나는 성부(그리고 성자)에게서 나오시어 생명을 주시는 주 성령을 믿습니다. 그분은 성부 성자와 함께 경배와 영광을 받으실 분입니다. 그분은 선지자들을 통해 말씀하셨습니다.

나는 하나의 거룩한 보편적이고[2] 사도적인 교회를 믿습니다. 나는 죄 용서를 위한 하나의 세례를 인정합니다. 나는 죽은 자의 부활과 내세의 삶을 고내합니다. 아멘.[3]

정통 교리에 관한 우리의 질문들은 예수님이 온전한 신이자 온전한 인간이셨다는 사실, 삼위일체, 예수님이 독생자라는 사실, 우리의 죄를 위한 예수님의 십자가 죽음, 예수님의 부활, 예수님만이 구원의 길이라는 배타성, 성경의 신뢰성 같은 니케아 신경의 내용을 정확히 아는지를 확인하기 위한 질문들이었다.

조사 결과, 이 그룹은 천국에 대한 믿음에서 매우 낮은 수치(53%), 지옥의 실재에 관한 믿음에서 모든 그룹 중 단연 가장 낮은 수치(40%)를 보였다. 또한 이 그룹은 믿음과 삶의 모든 문제에 관한 기준으로서 성경의 신뢰성을 무시한다.

변화가 시작되는 시기

이 그룹은 20대 말에 신앙생활을 가장 열심히 한다. 이 나이를 지나면 기도, 예배 참석, 금식, 신앙 서적 읽기 같은 활동이 급격히 줄어든다. 탈교회는 18-25세 기간에 가속화되기 시작해서 사회생활 초기까지 지속된다. 인생의 이 중요한 시기에 교회 가기를 어렵게 만드는 스트레스 요인에는 교회에 잘 적응하지 못하는 것, 교회에서 나쁜 경험을 한것, 어울릴 또래가 없는 것, 삶이 바쁜 것, 친한 친구들이 직장 동료라는 것, 여행과 물건 구매를 위해 돈을 더 많이 벌고 싶은 마음 등이 포함된다.

이념과 태도

데이터를 분석할 때 우리는 알고리즘이 연구에 참석한 개인들에 관한 특정한 정보만 고려하도록 했다. 알고리즘이 고려하지 '않게' 한 정보 중 하나는 응답자들의 인종이었다. 하지만 연구 결과에서 그 요인이 분명하게 나타났다. 우리가 규명한 복음주의자들의 네 하위 그룹 중 명목상 크리스천들의 98%가 백인, 교회를 떠난 주류 복음주의자들 중 91%가 백인, 복음주의 교회를 떠난 사람들[4]의 82%가 백인이었고, 교회를 떠난 유색인종(BIPOC)[5]이 따로 분류되었다. 결과적으로, 우리의 알고리즘은 인종을 전혀 고려하지 않았는데도 이 하위 그룹들을 나누는 가장 큰 요인은 인종인 것으로 보인다.

톰은 교육과 소득 모두에서 명목상 크리스천들의 최상위층에 속해 있다. 이 그룹은 모든 복음주의 하위 그룹, 주류 개신교 교회, 가톨릭교회를 통틀어서 두 번째로 높은 소득과 교육 수준을 보인다. 정부, 경제, 교육 시스템, 미디어, 의료 시스템 같은 미국 제도는 이 그룹에게 유리하게 작용한다. 미국 사회는 이들이 살아가고 목표를 달성하기에 유리한 구조로 되어 있다. 이들은 상위 계층으로 올라가기 쉽고, 미국 제도에 대한 반감이 거의 없다.

정치 좌파 쪽의 모든 그룹이 다 그렇듯, 명목상 크리스천들은 대체로 낙태에 찬성하고, 교사들의 백신 의무 접종을 지지하고, 외국에 대한 군사 개입에 적극적이지 않고, 총기 규제 강화를 원하고, 기후 변화를 우려한다.

미국의 제도는 이 그룹에 유리하게 작용하는 것처럼 보이지만, 이 그룹은 2021년 1월 6일 국회의사당에서 폭동을 일으킨 군중에게 크게 공감하는 모습도 보인다. 명목상 크리스천들의 무려 59%는 "1월 6일 미국 국회의사당 폭농이 우리 기독교 국가를 보호하고 재건하기 위한 애국주의자들의 노력이었다"라는 데 동의한다. 그럼에도 이 그룹의 기독교 국가주의 점수는 중간 정도에 불과했다. 이 그룹의 98%가 백인이라는 사실이 이런 모순된 태도에 일조하고 있는 것이 분명하다. 하지만 이런 이념적 모순을 이해하기는 여전히 어렵다.

명목상 크리스천들은 인종 문제에 특별히 민감하지 않다. 이 그룹에서는 "미국의 인종 문제는 드물고 개별적인 상황이다"라고 생각하는 이들의 비율이 가장 높았다(54%). 하지만 명목상 크리스천들은 이전 세대의 인종차별적인 태도와 행동에 꽤 반감을 갖고 있다고 응답했다.

이 그룹을 더 이해하기 힘들게 만드는 사실은 그들 중 55%가 "미군이 우크라이나 특별 군사 작전에서 푸틴과 러시아를 지원해야 한다"라는 진술에 동의한다는 점이다. 포퓰리즘이나 권위주의 혹은 편협성이 작용하는 것인지는 확실히 알 수 없다. 하지만 이런 요인 중 무엇이 작용하더라도 미국 제도에 대한 큰 불만족을 예상할 수 있다. 우리가 알아낼 수 있는 사실은 명목상 크리스천들이 러스트 벨트(Rust Belt)*와 밀접하게 연결되어 있으면서도 세계 무대에서 약자들에게는 다른 사람들보다 관심을 덜 가진다는 것이 전부다.

도덕적인 면에서 이 그룹은 다소 오락가락한다. 차별, 낙태, 포르노, 약물 남용, 거짓말, 도둑질, 탐욕 같은 윤리 문제에 관한 그들의 관심은 상대적으로 낮은 편이다. 반면, 번영 복음 수치는 높다. 그들은 도덕적 행위를 건강과 부요함이라는 물질적인 복과 연결 짓고 있는 것으로 보인다. 이런 불협화음은 복음의 핵심 개념을 잘 이해하지 못하고 있다는 증거다. 계속해서 이 책을 읽다 보면 이 점이 더 분명하게 눈에 들어올 것이다.

세대 격차, 부모와의 갈등

톰은 자신의 말에 귀를 기울이지 않는 부모로 인해 답답했다. 이러한 상황은 그의 가족 관계에 악영향을 미치고 그가 복음주의 교회로 돌아가기 싫어하게 만들었다. 다른 명목상 크리스천들도 부모가 자신의 말에 귀를 기울이지 않는다고 느낀다.

이 그룹은 문화 전쟁에 몰두하는 부모들에게 깊은 반감을 느끼고 있다. 명목상 크리스천들과 문화 전사(culture-warrior)**인 부모 사이의 명백한 공통분모 가운데 하나는 '문화'의 역할이다. 이 공통분모는 더 깊

---

* 미국 중서부와 북동부 일부 지역. 중공업과 제조업으로 호황을 누리다가 제조업이 사양길에 들어서자 불황을 맞았다. - 편집자 주

** 위협을 받고 있다고 생각되는 특정 문화나 가치관, 특히 미국의 보수적인 정치적 가치를 보호하기 위해 적극적으로 노력하는 사람을 뜻한다. - 편집자 주

은 문제가 있음을 가리킨다. 한 세대가 문화적 이슈에 따라 종교적 믿음과 행위를 형성하는데, 다음 세대의 문화가 그 이전 세대와 다르면 둘 사이의 종교적인 분열도 나타난다. 안타깝게도, 이 그룹은 부모가 자신들이나 남들의 생각과 의견에 귀 기울이지 않는다고 느낀다. 나아가서, 부모의 삶에서 성령의 열매에 관한 증거가 거의 보이지 않는다고 대답하기도 한다.

톰의 부모가 자신의 신념만 내세우기보다 아들의 신념에 관심을 가졌다면 톰의 인생은 달라졌을지 모른다. 부모가 자신의 신념을 그대로 유지하더라도 톰에게 생각을 묻고 그를 존중해 주는 모습을 보였다면 얼마나 좋았을까? 안타깝게도, 우리의 데이터를 보면 교회를 떠난 많은 복음주의자가 이런 종류의 허심탄회한 대화를 경험해 보지 못했다. 이에 명목상 크리스천들은 부모 세대에게 이렇게 조언한다. "남의 말에 더 귀를 기울이고, 믿음대로 살고, 자신과 다른 의견을 가진 사람을 더 존중해 주세요!" 성숙하지 못한 어른이든 아니든, 모든 크리스천에게 좋은 조언이 아닐까 싶다.

그들이 교회를 떠난 이유와 그들이 돌아올지도 모르는 이유

명목상 크리스천들이 조직화된 종교를 버렸다고 말하는 이유는 사회적이고 경험적이다. 왜 교회를 떠났느냐는 질문에 그들은 〈표 3-2〉에 소개된 이유로 대답했다.

톰과 같은 사람들은 대개 의도치 않게 교회를 떠났다. 적응하기 힘든 사회적 문제들, 교회에 또래가 별로 없는 점, 교회에서 겪은 안 좋은 일 같은 요인을 들 수 있다. 공동체와 인간관계가 온라인과 일터로 이동

〈표 3-1〉 부모의 어떤 모습 때문에 교회를 떠났는가?

제시한 이유	명목상 크리스천	유색인종	복음주의 교회를 떠난 사람들	주류 교인들
문화 전쟁만 강조하는 부모에게 질렸다	18%	20%	2%	7%
사랑, 온유, 친절, 후하게 베풂이 없는 모습	17%	17%	6%	9%
내 신앙 때문이 아니라 가족을 따라 교회에 다닌 것이었다	17%	15%	6%	6%
말을 들어주지 않음	17%	23%	5%	5%
인종차별적인 태도나 행위	16%	18%	5%	6%
부모님이 교회 출석을 그만두었다	15%	18%	6%	9%
우리 부모님은 내가 교회로 돌아가고 싶게 만드는 몇 안 되는 이유 중 하나다	15%	15%	2%	5%
다른 관점을 받아들이지 않음	15%	21%	5%	6%
성(gender)에 관한 내 관점을 존중하지 않음	15%	18%	3%	3%
도널드 트럼프와 정치 우파에 대한 강한 지지	14%	14%	3%	5%
부모님은 예수님을 통한 구원보다 문화적·정치적 권력을 더 믿는 것 같다	14%	13%	4%	6%
나는 부담스러운 복음주의적 요소가 없는 예수님을 원했을 뿐이다	14%	19%	5%	6%
부모님이 기독교 신앙을 버렸다	14%	15%	3%	5%
위선적인 태도나 행동	14%	16%	6%	9%
여성 차별적인 태도나 행동	14%	17%	3%	5%
정치에 관한 내 관점을 존중하지 않음	14%	15%	4%	5%
최근 몇 년 동안 추한 모습을 보임	13%	15%	4%	5%
성적 취향에 관한 내 관점을 존중하지 않음	13%	15%	4%	4%
조 바이든과 정치 좌파에 대한 강한 지지	11%	21%	1%	4%
이 외에 다른 이유	4%	8%	6%	6%

하는 것도 한 요인이다. 삶이 바빠지고, 일터에서의 성공으로 여행과 취미 생활을 할 여력이 커진 것도 요인이다. 이들에게 교회는 더 이상 우선순위가 아니다. 분명 어느 정도 관계적인 갈등이 있기는 하지만, 명목상 크리스천들은 대체로 교회에서 심각한 상처까지 받지는 않았다. 간단히 말해서, 그들은 일과 가족, 다른 관심사 때문에 교회를 떠났다. 일이나 사회적 관계, 신뢰성의 조건에서 기독교는 그들에게 더 이상 아무런 유익도 제공하지 못했다. 어떤 상황에서는 심지어 기독교가 부정적인 의미를 함축하기 시작했다. 필시 이런 상황이 이 그룹의 탈교회에 일조했을 것이다.

그러나 이 나쁜 소식의 한복판에 실로 좋은 소식이 있다. 세상의 톱 같은 사람 중 절반은 복음수의 교회로 돌아갈 용의가 충분히 있다는 것

〈표 3-2〉

명목상의 크리스천이 교회를 떠난 이유

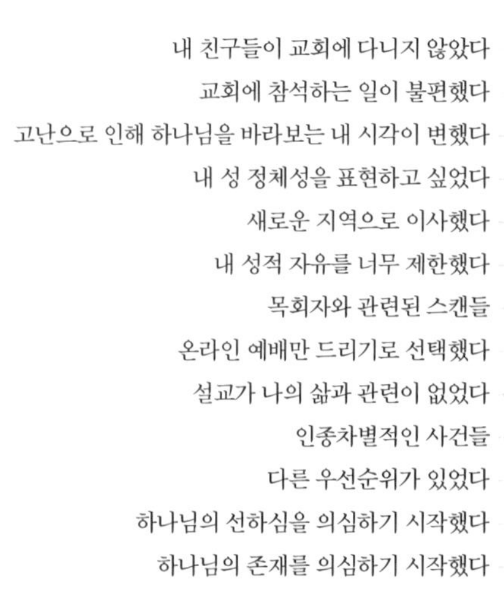
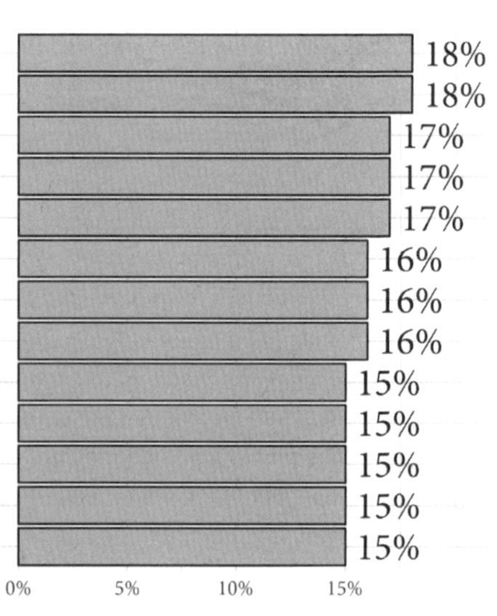

이유	비율
내 친구들이 교회에 다니지 않았다	18%
교회에 참석하는 일이 불편했다	18%
고난으로 인해 하나님을 바라보는 내 시각이 변했다	17%
내 성 정체성을 표현하고 싶었다	17%
새로운 지역으로 이사했다	17%
내 성적 자유를 너무 제한했다	16%
목회자와 관련된 스캔들	16%
온라인 예배만 드리기로 선택했다	16%
설교가 나의 삶과 관련이 없었다	15%
인종차별적인 사건들	15%
다른 우선순위가 있었다	15%
하나님의 선하심을 의심하기 시작했다	15%
하나님의 존재를 의심하기 시작했다	15%

이다. 실제로 우리 조사에서 그들 중 3%만 '절대' 교회로 돌아가지 않겠다고 대답했다. 그렇다면 어떻게 해야 그들이 교회로 돌아올까?

명목상 크리스천들이 교회를 떠난 이유 중 상당수는 사회적인 이유다. 여기에 기회가 있다. 그런 의미에서 렉스가 톰에게 취했던 접근법은 효과가 없을 가능성이 높다. 이 책에서 우리는 여러 부류를 살펴볼 것이다. 어떤 사람들은 조금만 권유하면 교회로 돌아올 것이다. 어떤 사람들은 저녁 식사 자리로 초대하는 것이 필요하고, 어떤 사람들은 수년간 인내와 기도로 꾸준히 돌봐줘야 한다. 톰과 같은 명목상 크리스천들은 대개 저녁 식사 자리로 초대하는 것이 필요하다. 그들은 교회로 돌아오라고 권유하거나 교회로 초대해 주는 사람들보다는 그들과 좋은 관계를 맺을 수 있는 사람을 원한다. 누군가가 혹은 어떤 가족이 톰의 삶으로 들어가는 것이 도움이 될 가능성이 높다.

렉스가 좋은 친구이자 멘토일지는 몰라도 그가 전화로 톰에게 교회에 가라고 권유해 봐야 소용이 없을 가능성이 높다. 톰과 같은 사람들에게는 곁에서 깊은 우정을 쌓으며 꾸준히 교회로 이끌어 줄 사람이 필요하다. 실제로, 명목상 크리스천들의 절반 이상이 '지금 당장' 교회로 돌아갈 용의가 있다고 응답했다. 대부분의 명목상 크리스천이 당장 교회로 돌아갈 가능성을 완전히 배제하지는 않았다. 이것이 우리가 교회로 다시 돌아오게 만들고 싶은 사람들에게 적극적으로 투자해야 할 이유다. 큰 희망이 있다. 우리가 중장기적인 관점으로 투자하면 우리의 노력이 헛수고가 되지 않고 결실을 볼 가능성이 훨씬 더 높다.

명목상 크리스천을 위한 교회 공간 마련하기

과거에는 명목상 크리스천을 대개 부정적으로 보았다. 많은 명목상 크리스천은 구원받을 만한 믿음을 갖고 있지 않은 것으로 보인다. 하지만 다른 시각으로 보면 어떨까? 옛 이스라엘 성전에는 더 깊은 믿음으로 들어가기 위한 다양한 공간이 존재했다. 이 개념을 확장해서, 비유적인 의미에서 명목상 크리스천들이 교회의 앞뜰[6]로 들어간 뒤에, 거기서 믿음이 깊어지면 안뜰로 들어가게 하는 것이 어떨까?

믿음과 불신 사이에 있는 사람들을 위한 공간을 마련하는 것이 바람직하다. 모든 사람이 믿음을 갖기 전에 교회에 속해야 하는 것은 아니지만, 먼저 교회에 소속되면 좋은 경우도 많다. 기독교에는 앞뜰에 있다가 신앙을 고백하고 안뜰로 이동하게 하는 세례식과 성찬식 같은 의식들이 있다. 믿음이 부족해도 들어갈 수 있는 앞뜰이 교회에서 사라져서는 안 된다. 믿음을 탐구하고 신앙 깊은 사람들과 공동체를 이룰 수 있는 공간을 마련하는 것이 중요하다.

어떻게 하면 집과 교회에서 톰 같은 사람들이 기독교의 공동체와 메시지에 다시 참여할 수 있는 앞뜰을 마련할 수 있을지 창의적으로 고민해 보기를 바란다. 전 세계 장로교인이 사용하는 역사적인 신앙고백 중 하나인 웨스트민스터 소요리 문답은 '은혜의 통상적인 수단'이라고 부르는 개념을 제시한다.

문: 그리스도께서 우리에게 구속의 유익을 주시기 위한 외적이고 통상적인 수단들은 무엇입니까?

답: 그리스도께서 우리에게 구속의 유익을 주시기 위한 외적이고 통

상적인 수단들은 그분의 규례들, 특히 말씀과 성례와 기도입니다. 이 모든 규례는 선택받은 자들로 구원을 얻게 하는 효과가 있습니다.[7]

은혜의 통상적인 수단 중 두 가지, 곧 기도와 말씀은 신앙의 단계에 상관없이 누구에게나 열려 있다. 우리는 사람들이 교회 앞뜰에서 이런 통상적인 은혜의 수단에 참여할 수 있게 해야 한다. 하나님은 주로 성령 충만한 공동체와 함께 통상적인 수단들을 써서 사람들을 그분께로 이끄시기 때문이다.

사람들이 명목상 크리스천이 되지 않게 하려면

우리 앞에는 톰과 같은 사람들과 다시 소통할 수 있는 엄청난 기회가 있다. 그들의 수는 예수님이 말씀하신 "희어져 추수하게" 된 밭이라는 문자적인 비유를 수량화한다(요 4:35). 약 8백만 명의 '톰'이 있는 것으로 추정된다. 십중팔구 당신의 주변에도 '톰'이 있을 것이다.

명목상 크리스천들이 교회를 떠나기 전에 진정한 우정과 참된 공동체를 경험하게 해 주었어야 했다. 또한 최대한 어린 나이, 이를테면 십 대나 이십 대에 그들에게 깊이 있는 제자 훈련을 제공했어야 했다. 그들의 교리적 모순은 그들이 무엇보다도 꾸준하고 성경적인 제자 훈련을 받지 못했음을 보여 준다. 그들의 영적 기초는 곳곳에 심한 균열이 나 있기 때문에 그들의 눈에는 종교적인 행위들이 무의미해 보인다.

많은 명목상 크리스천이 과거에 성경적으로, 교리적으로 피상적인 복음주의 교회를 다녔다. 하지만 기독교의 역사적인 신경과 고백에는 큰 생명력이 있다. 성경을 분명히 가르치고 신경과 고백을 사용하는 건강한 교회들이 많아져야 한다.[8] 또한 그 교회들에는 해당 지역의 상황에 맞게 인간관계를 맺는 지혜를 발휘할 줄 아는 교인들이 있어야 한다.

우리에게는 참되고 선하고 아름다운 복음이 있다. 예수님은 온 우주에서 만물을 새롭게 하고 계신다. 예수님은 교회 전체를 위한 구원을 완성하실 뿐 아니라 교회를 떠난 사람들이 있는 곳에서도 구원을 베푸실 것이다. 이는 망가지고 굽고 불의하고 악한 모든 것이 궁극적으로 옳고 새롭고 의롭고 온전하게 될 것이라는 뜻이다.

복음은 한 사람이 평생 지적으로 연구하고 묵상하고 적극적으로 참여해도 모자랄 만큼 많은 진리와 선함과 아름다움을 품고 있다. 우리가 이런 식으로 신앙을 표현함으로 명목상 크리스천들을 섬겼다면 그들에게 도움이 되었을 것이다.[9]

4.

"예수님을 믿지만, 이제 교회 생활은 귀찮다."

_ 한때 복음주의자

유리잔이 깨져서 사방에 흩어졌다. 얼음 조각들이 타일 위로 미끄러졌다. 차가운 물이 그녀의 양말을 흠뻑 적셨다. 한나는 가만히 서서 균형을 잡으려고 애썼다.

간호사의 경험으로 볼 때, 한나는 자신이 뭔가를 먹어야 한다고 느꼈다. 쌍둥이를 키우다 보니 자신의 기본적인 필요를 돌보지 못할 때가 많았다. '그래서 대부분의 여자가 삼십 대 후반에는 아기를 갖지 않나 봐.' 한나는 생각했다.

한나는 노스캐롤라이나주 채플 힐에서 평생을 살았다. 어머니는 글락소스미스클라인의 연구원이었고, 아버지는 바이오젠의 엔지니어였다. 한나는 평온하고 부유한 어린 시절을 보냈다.

한나는 부모를 닮아서 똑똑했다. 그녀의 집 테이블에는 〈이코노미스트〉, 〈디 애틀랜틱〉, 〈파퓰러 메카닉스〉, 〈아키텍처럴 다이제스트〉, 〈타임〉 같은 수준 높은 잡지들이 늘 놓여 있었다.

한나의 가족에게 교회는 큰 부분을 차지했다. 그들은 매주 주일 아침과 수요일 밤에 함께 교회에 갔다. 남침례교 가정들은 대부분 그러했다. 한나는 일곱 살 때 여름성경학교에서 예수님을 영접했고 얼마 있지 않아 세례를 받았다. 그녀는 백인들로만 이루어진 복음주의 하위문화 속에서 살았다.

한나는 선교 단체인 어와나(Awana)에서 열심히 사역했고, 성경 빨리 찾기 훈련에 참여했으며, 전 세계적으로 진행되는 학생 기도 운동에도 적극적으로 참석했다. 멕시코에서 보육원 사역과 교회 건축을 지원하기 위해 선교 여행을 다녀오기도 했다. 또 아버지에게 순결 반지도 받았다.

한나가 중학교에 다닐 때 친구 아만다가 건너편 집으로 이사를 왔다. 아만다의 가족은 한나가 다니는 교회에 등록했고, 두 소녀는 금방 가장 친한 친구가 되었다. 아만다도 독실한 크리스천이었다. 3학년 때 두 사람은 1학년 여자아이들을 위한 성경 공부 모임을 함께 이끌었다.

한나는 노스캐롤라이나대학교 채플 힐에 입학하여 간호학을 공부했고, 아만다는 근처 노스캐롤라이나주립대학교에서 화학공학을 전공했다. 두 사람은 다른 대학에 다니면서도 가깝게 지냈다. 아만다가 한나의 대학교에 가서 IVF 모임에 참석하거나 한나가 아만다의 대학교에 가서 대학생 선교회 모임에 참석하곤 했다.

대학교를 졸업한 뒤 두 사람은 남부의 실리콘밸리인 리서치 트라이앵글 파크에서 직장을 얻었고 한 아파트를 임대해서 함께 살았다. 아만다는 글락소스미스클라인에서 일했고, 한나는 웨이크메드에서 간호사로 일했다. 둘 다 열심히 일했고, 한 대형교회에 열심히 다녔으며, 남는 시간에는 주로 여행을 다녔다.

한나는 교회의 젊은 직장인 행사에서 잭을 만났다. 잭은 키가 크고 잘생긴 청년으로, 성공한 부동산 업자였다. 두 사람은 아울러 아는 친구가 여럿 있었고, 학교에서도 마주치는 기회가 많았다. 그 덕분에 두 사람은 마음이 맞았고 결혼까지 하게 되었다.

그런데 둘 다 결혼 이후의 삶이 그토록 힘들 줄은 전혀 몰랐다. 수년 동안 여러 번의 유산. 난임 치료. 어려운 시술들.

감사하게도 그 힘든 시기에 교회 소그룹 식구들이 곁을 지켜 주었다. 희망과 실망의 롤러코스터가 반복되는 내내 그들은 열심히 기도해 주고 동행해 주었다.

그럼에도 한나의 믿음은 심하게 흔들렸다. 밤에 침대에 누우면 온갖 생각이 머릿속을 맴돌았다. '우리는 기도로 좋은 것을 구하고 있을 뿐이잖아. 자녀를 낳고 가족과 함께 저녁 식사를 하고, 이웃 아이들과 교회 아이들을 사랑하고 싶을 뿐이야. 왜 하나님이 우리를 거부하시는 것 같을까?'

3년간 난임 치료와 여러 번의 인공 수정 끝에 2019년에 마침내 한나는 임신했다. 그것도 쌍둥이였다! 쌍둥이 임신, 그리고 자신의 나이를 고려했을 때, 건강이 위험할 수 있기 때문에 한나는 직장을 그만두고 침대에 누워 안정을 취했다.

쌍둥이는 코로나19 봉쇄 초기에 예정일보다 빨리 나왔다. 그로 인해 여러 합병증을 앓을 위험이 매우 높았다. 그 바람에 한나의 믿음은 다시 흔들렸다.

수면 부족. 산후 우울증. 사회적 거리 두기. 코로나19 격리.

공동체 식구들은 처음 몇 주간 음식을 싸 오는 식으로 놀라운 섬김을 보여 주었다. 팬데믹이 일어나고 처음 몇 달간은 그들이 수시로 찾아와서 안부를 물었다. 하지만 팬데믹 기간이 길어지자, 하나둘 얼굴이 보이지 않기 시작했다. 마치 풍랑이 몰려와 한나의 이전 삶을 쓸어간 것처럼 보였다. 삶의 모든 부분이 임신하기 전, 코로나19가 시작되기 전과 완전히 달라졌다.

한나가 침대에서 안정을 취하기 시작하면서 교회에 가지 않은 지 벌써 3년이 흘렀다. 한나는 온라인 예배가 훨씬 편하다는 점을 인정할 수밖에 없었다. 처음에는 아기들의 건강을 위해서 그렇게 했지만, 예배 시간에 조는 남편의 팔을 꼬집지 않아도 되는 점도 좋았다. 남편도 예배 중에 페이스북을 살피고 회사 일을 처리할 수 있어서 온라인 예배를 좋아했다. 한나는 파자마를 입고 와플을 먹으면서 예배를 드릴 수 있다는 점이 좋았다.

병원에서 환자를 치료하던 삶이 아이들의 배변 훈련, 짜증, 식사 준비로 이루어진 삶으로 바뀌었다.

남은 유리 조각을 쓰레받기로 밀어 넣는데 낮잠에서 깬 아이들의 소리가 들렸다. 한나의 눈에 갑자기 눈물이 맺혔다. '이건 내가 원한 삶이 아니야.' 죄책감과 슬픔이 파도처럼 밀려오면서 눈에서 눈물이 뚝뚝

떨어졌다. '아무래도, 너무 피곤하지만 않으면, 오늘 밤 아만다한테 전화를 걸어야겠어.'

교회를 떠난 주류 복음주의자 이해하기

한나는 교회를 떠난 주류 복음주의자다. 우리 주변에도 한나와 같은 사람들이 수십 명은 된다.

이 그룹은 여러 가지 면에서 교회를 떠난 다른 네 그룹과 매우 다르다. 명목상 크리스천들과 비교할 때, 이들은 훨씬 더 높은 정통 교리 점수를 보인다. 겉으로 보면, 이들은 여전히 교회에 다니고 있는 복음주의자들과 거의 똑같다. 아직 교회에 다니는 복음주의자들과 교회를 떠난 복음주의자들은 거의 모든 면에서 사실상 동일하다. 따라서 이들의 서로 다른 점을 찾으려면 깊이 들여다봐야 한다.

우리 연구에서 교회를 떠난 주류 복음주의자들(이제부터는 DME라고 부르겠다)은 교회에 다니는 복음주의자들(CME)보다 연령이 약간 더 낮다. DME의 평균 연령은 40세지만, CME의 평균 연령은 50세다. 평균적으로 CME가 약간 더 교육 수준이 높고 약간 더 부유하다. 조사에서는 두 그룹 사이의 지역적 차이가 나타난다. DME는 전국에 골고루 퍼져 있지만, CME는 남동부에 집중되어 있었다.[1]

우리의 조사에서, CME는 정치적으로 더 보수적이다. 그들 중 45%는 자신이 공화당 지지자 혹은 공화당의 열렬한 지지자라고 응답했다. 그렇게 응답한 DME는 31%밖에 되지 않았고, 중도 우파 쪽에 더 가까웠다. CME(56%)보다 DME(61%) 중에 여성이 약간 더 많다. 정책에 관해서도 DME는 중도 우파 쪽이고 CME는 보수 쪽이다(표 4-1).

흥미롭게도, DME에서 지금이 말세라고 생각하는 이들의 비율이 더 높다(70% 대 CME의 58%). DME는 CME에 비해 '번영 복음'을 받아들이는 이들의 비율이 더 높다(59% 대 43%).

우리는 주목할 만한 두 가지 차이점을 더 발견했다. 첫 번째로 이 그룹에서 가장 뜻밖의 사실은 복음주의자들을 '좋게' 보는 사람(72%)이 CME(61%)보다 많다는 것이다. 이 차이에 관한 이유를 조사한 결과, 이유가 의외로 단순할 수 있다는 결론이 나왔다. 그 이유는 DME가 교회와 관련해서 부정적인 경험을 하지 않았다는 것이다. 그들이 교회를 떠나는 이유는 단지 여러 가지 상황으로 삶의 패턴이 바뀌었기 때문이다. 우리는 코로나19, 자녀들의 스포츠 활동, 이혼, 새 아기의 출생, 다른 도시나 주(州)로의 이사로 인해 의도치 않게 교회를 떠난 사례를 많이 알고 있다.

두 번째로 주목할 만한 차이점은 우리의 조사에서 DME의 정신 건강 상태가 여전히 교회를 다니고 있는 사람들보다 좋다는 것이다. 이 현상에 관한 이유를 콕 짚기는 더 어렵다. 하지만 좋은 환경이 그 이유이지 않을까 싶다. 이 그룹은 학력과 소득, 결혼 비율이 높고 상대적으로 젊으며 교회에서 부정적인 경험을 많이 하지 않았다. 그렇게 보면 나이가 더 많은 CME가 불안, 우울증, 외로움, 자살 충동 같은 영역에서 더 낮은 정신 건강 점수를 기록한 이유가 설명된다.

3장에서 말했듯이 DME는 니케아 신경의 핵심 교리를 받아들이고 있다. 그들은 정통 교리에서 가장 높은 점수를 기록했고, 예수님과 성경을 매우 중시한다. DME는 대부분이 예수님을 하나님의 아들로 믿고

(98% 대 CME의 88%), 대부분이 성경이 실제로 하나님의 말씀이라고 믿는다(59% 대 CME의 56%).

교회를 떠난 주류 복음주의자들에 관한 개관

우리의 조사에서 교회를 떠난 주류 복음주의자들은 평균 40세이며, 대부분 코로나19 기간인 2020년 즈음에 교회를 떠났다. 이 하위 그룹은 주로 여성들(61%)이며 평균적으로 소득, 교육, 결혼 비율이 다른 네 하위 그룹보다 높다.

우리의 연구에 따르면 DME의 20%는 현재 가톨릭 교인이라고 대답했고, 21%는 '기타 크리스천'이라고 대답했다. 한나의 이야기에서 보았듯이 이 그룹은 중고등부 그룹과 캠퍼스 사역에 참여한 비율이 상대적으로 높다.

앞서 보았듯이 DME는 지지하는 정당과 정책에서 중도 우파가 많다. 그들은 1월 6일 폭동(34%)이나 러시아의 우크라이나 침공(27%)을 별로 지지하지 않는다. 그들은 미국의 제도들이 자기에게 유익하다고 느낀다. 그래서 결혼 제도(63%)와 경찰(54%)에 대한 신뢰가 다섯 그룹 중에서 가장 높다. 반면, 신문(30%), 케이블 뉴스(30%), 빅테크 기업들(29%), 의회(28%), 월스트리트(25%)에 대해서는 별로 신뢰하지 않는다. DME는 복음주의 교회를 떠난 사람들을 제외한 다른 그룹들보다 소셜 미디어에 적은 시간을 사용한다.

〈표 4-1〉 아직 교회에 다니는 주류 복음주의자들(CME)과

교회를 떠난 주류 복음주의자들(DME)

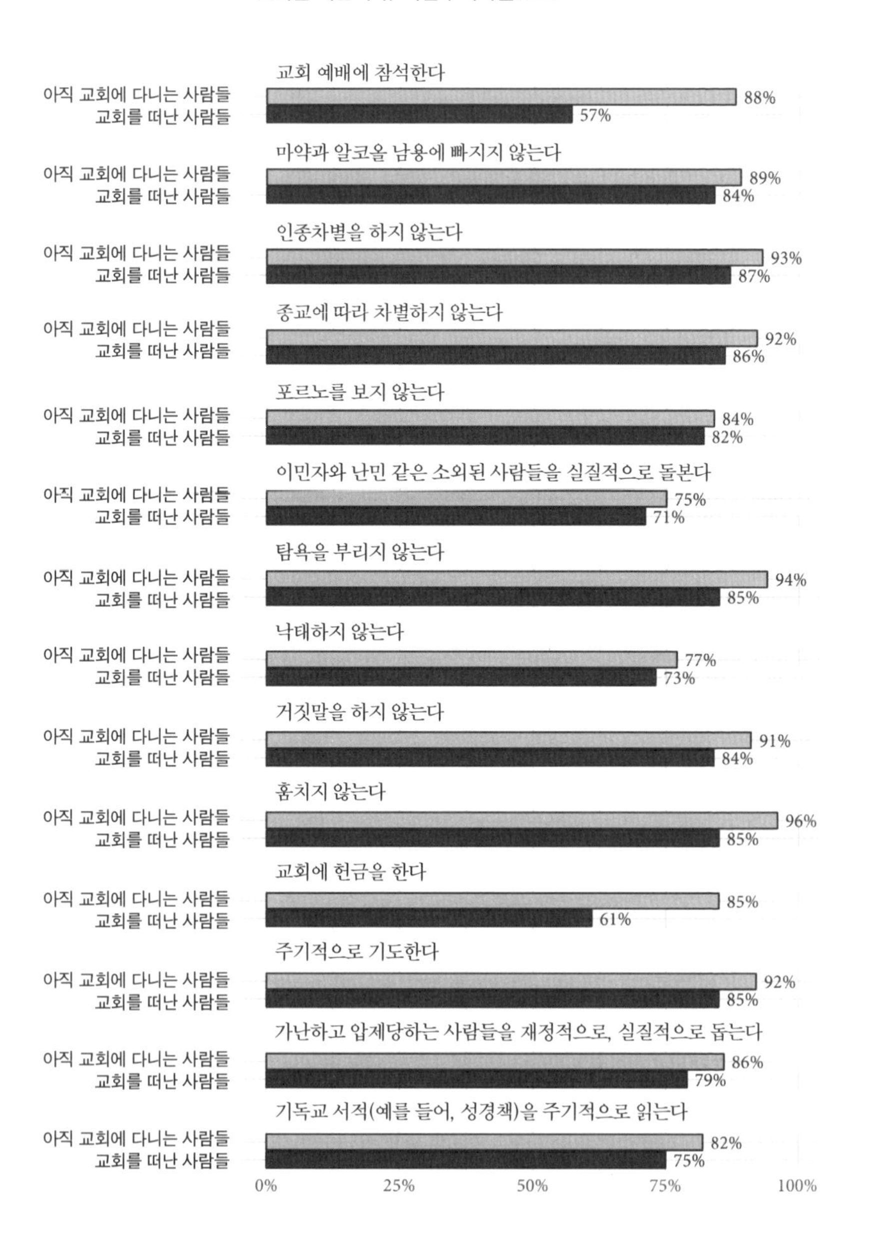

그들은 왜 교회 출석을 그만두었는가?

한나가 코로나19 봉쇄 기간에 온라인 예배를 거쳐 아예 교회에 다니지 않게 된 과정을 이해하기는 쉽다. 하지만 그 과정이 필연적이지는 않았다. 다른 DME들의 경우도 마찬가지다. 그들은 정통 교리 점수가 높기 때문에 우리는 그들이 그에 상응하는 믿음도 있으리라 기대하고, 그만큼 그들이 교회로 돌아오게 하는 일이 어렵지 않다고 생각한다. 그렇다면 이런 희망적인 수치에도 이 그룹은 정확히 무슨 이유로 코로나19의 방지 턱에 걸려 더 이상 나아가지 못하게 되었을까?

이들이 교회를 떠난 가장 큰 이유는 〈표 4-2〉에 정리되어 있다.

〈표 4-2〉

교회를 떠난 이유

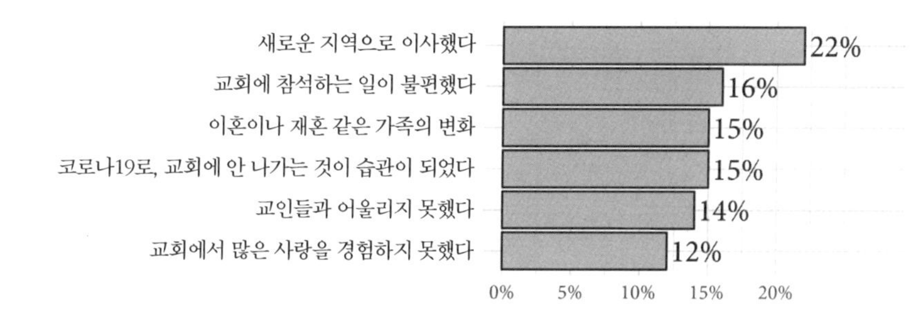

모든 데이터를 보면 이 그룹은 주로 이사로 인해 교회를 떠났거나 교회에 다니는 습관을 잃은 것으로 보인다. 코로나19처럼 분명한 이유도 있고, 뭐라고 딱 집어서 말하기 어려운 애매한 이유도 있다. 어떤 경우든 이 그룹은 교회를 경멸하지 않는다. 매우 다행인 점이다.

우리가 알 수 없는 것은 DME가 몇 년 더 교회에 나가지 않는 상태를 유지한다면 이런 수치가 어떻게 변할지 하는 것이다. 다른 그룹처럼 정통 교리를 버리고, 영적 훈련을 하지 않고, 인간관계도 흔들리게 될까? 공동체와 공동 예배에 참여하지 않으면 결국 신앙과 삶이 무너지기 시작하리라 생각된다.

교회를 떠난 복음주의자들에 관해서 알아야 할 가장 중요한 사실은 그들 '모두'가 복음주의 교회로 돌아올 의향이 강하게 있다는 것이다. 여기에 큰 희망이 있다. 당장이라도 교회로 돌아올 의향이 있다고 말하는 사람이 220만 명이나 있다. 자, 그들이 어떤 경우에 돌아오겠다고 답변했는지를 보자.

교회로 돌아올 수 있는 네 가지 길

연구에 따르면, 교회를 떠난 사람들이 복음주의 교회로 돌아올 수 있는 상위의 조건들은 〈표 4-3〉과 같다. 이런 반응을 토대로 이 그룹을 교회로 다시 이끌기 위한 네 가지 '진입 차선'을 알아낼 수 있다.[2]

- 외로움을 느끼거나 새로운 친구를 사귀고 싶거나 배우자가 교회에 가기를 원하는 '사회적' 진입 차선이 있다.
- 교회가 그리워지거나 좋은 교회나 목사를 만나는 '교회' 진입 차선이 있다.
- 하나님에게서 멀어진 것을 안타까워하거나 하나님의 음성을 듣는 '하나님' 진입 차선이 있다.
- 교리와 윤리를 둘 다 진지하게 여기는 교회 혹은 약자들을 위한 정의와 연민을 중시하는 교회를 만나는 '목회 철학' 진입 차선이 있다.

〈표 4-3〉

교회로 돌아가기 위한 조건

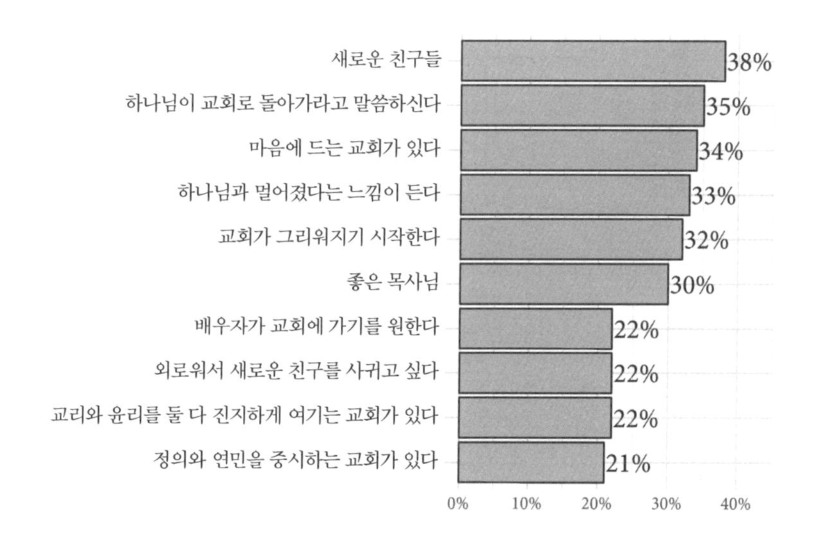

이런 길들로 볼 때, DME에게는 교회나 소그룹, 성경 공부 모임으로 초대해 줄 아만다와 같은 좋은 친구가 필요하다. 성령께 그들의 마음을 움직여 달라고 기도해 줄 사람들이 필요하다. 지역 사회에서 특히 가장 열악한 상황에 있는 사람들을 위해 구체적인 선을 행하는 교회들이 필요하다. 그날 밤 한나는 체력이 남아 있으면 아만다에게 전화할까 고민했다. 아만다가 먼저 한나에게 전화했다면 상황이 어떻게 달라졌을까?

아만다가 한나와 다시 연결되기 위해 전화를 했다면 옛 친구가 자신과 함께 교회에 가기를 매우 원한다는 사실을 알게 되었을지도 모른다. 아만다는 한나가 육아와 건강 문제를 포함해서 당장은 도저히 감당할 수 없어 보이는 문제들을 잘 헤쳐 나갈 방법을 찾도록 함께 고민해 줄 수 있었을 것이다.

친구를 적극적으로 교회로 초대하라

3장에서 설명했듯이 우리는 교회를 떠난 사람들을, 권유가 필요한 부류, 함께 어울리는 저녁 식사 자리가 필요한 부류, 수년간 지속적인 우정을 쌓을 사람이 필요한 부류로 나누었다. 우리가 볼 때 DME는 대개 조금만 권유하면 충분히 교회로 돌아올 사람들이다. 우리 주변에는 단 한 번의 초대로 교회에 돌아온 사람들이 많다.

당신은 당신 주변에 있는 '한나'가 좋은 교회를 다시 찾을 수 있도록 기도하며 도와줄 수 있겠는가? 한나가 다시 교회로 돌아가도록 권유할 수 있겠는가? 예수님은 우리가 예수님만 사랑하는 것이 아니라, 예수님이 생명을 버리면서까지 사랑하신 그 사람들을 우리도 사랑하길 원하신다.

이 이야기에서 아만다가 해야 할 역할에 공감이 가는가? 그렇다면 당신의 삶을 거쳐 갔던 두세 명의 한나에게 다시 연락을 해 보라. 그들과의 대화를 통해 하나님이 어떤 역사를 행하실지 기대하라.

교인 관리 프로그램을 만들라

교회를 떠난 복음주의자들에게 가장 필요한 것은 그들에게 다가와 줄 친구다. 그들은 복음을 안다. 그들은 이름뿐인 크리스천이 아니다. 그들은 단지 자신에게 관심을 가져 주고 개인적으로 초대해 줄 누군가를 필요로 할 뿐이다. 다시 말하지만, 모든 '한나'는 오늘 당장이라도 교회로 돌아갈 용의가 있다. DME에게 다가가기 위해 관계적으로 큰 모험을 할 필요도 없다. 한나는 단지 아만다가 전화해 주기만 원할 뿐이다.

이 대목에서 교회 지도자들이 생각해야 할 점이 많다. 당신의 교회는 교인 관리 프로세스를 갖추고 있는가? 그래서 한동안 교회에 나오지 않은 교인들을 파악할 수 있는가?[3] 한나에게 전화를 걸어 한나와 그 가족이 교회로 돌아올 수 있도록 도울 방안을 모색할 의지가 있는가? 아직도 온라인 예배 방송을 내보내고 있다면, 온라인 예배만 드리는 사람들이 교회로 돌아올 수 있도록 방송을 주중에 내보내는 방안을 고민해 본 적이 있는가? 우리 교회는 코로나19로 인한 복잡한 상황이 정리되고 나서 온라인 예배 방송을 중단하기로 했다. 그것이 교인들이 공동 예배로 다시 모이는 데 큰 도움이 되었다.[4]

한 공간에서 함께할 때 누리는 은혜

사람들이 교회를 떠날 때 가장 슬픈 일은 그들이 공동체 안에서 다른 교인들과 함께 누릴 수 있는 유익을 잃을 뿐만 아니라, 교인들도 그 사람들과 공동체 안에서 함께 누릴 수 있는 유익을 잃게 된다는 것이다. 기독교 신앙은 공동체적이다. 함께 모이는 공동 예배에서 떨어져 나가면 성찬식을 비롯해서 공동체로서 누릴 수 있는 것들을 잃는다.

신약에서 '서로'가 포함된 59개 명령은 대부분 서로 물리적으로 함께 있을 것을 요구한다. 물론 몸이 아파 바깥출입을 할 수 없는 사람들처럼 공동 예배에 참여할 수 없는 경우가 있기는 하다(우리는 이런 사람들에게도 관심을 쏟아야 한다). 하지만 한나를 비롯한 DME들은 대개 그런 경우에 속하지 않는다.

교회나 사역 단체의 지도자는 물론이고 우리 역시 주변에 한나와 같은 사람들이 있는지 늘 둘러보고, 그런 사람이 있다면 관심을 가져야 한다. 시간을 내서 친구에게 연락을 취해 밀린 이야기를 나누고, 기도해 주고, 그의 손을 잡고 함께 교회에 나가기를 바란다.

5.

“교회에서 영적 · 성적 학대를 당했다.”

_ 교회 내 악행 피해자

추수감사절 교통 체증으로 I-90번 도로가 주차장으로 변했다. 그 때문에 태미가 일하는 주유소에 쉴 새 없이 차가 들어왔다.

태미는 지칠 대로 지쳤다. 빨리 집에 돌아가 컵라면을 먹고 텔레비전 채널을 이리저리 돌리며 혼자 휴일을 즐기며 쉬고 싶은 생각뿐이다.

태미의 부모님은 육체 노동자로 일하느라 바빴고, 그래서 태미는 어릴 때부터 집 열쇠를 가지고 다니며 부모님이 집에 오시기 전까지 혼자 있어야 했다. 아버지 로버트는 잭슨빌 토박이인 백인이고, 어머니 데스티니는 자메이카인과 푸에르토리코인의 혼혈이다.

54세인 태미에게 삶은 지독히 힘들다. 그녀는 늘 열심히 일했지만 겨우 최저임금보다 조금 더 받을 뿐이다. 많이 배우지 못한 탓에 윗세대에서 이어진 가난의 고리를 끊지 못했다.

태미는 초등학교 시절 크리스천이 되었고, 성인이 된 지금은 비록 교회에 다니지 않지만, 여전히 기도하고 성경책을 읽는다. 어릴 적에는 특정 교단에 속하지 않고 다소 은사주의의 색채가 있는 교회에 다녔다. 교회에 가는 것은 선택사항이 아니었다. 온 가족이 주일 아침과 저녁마다 교회에 갔다.

어릴 적에 태미는 할머니가 흑인이라는 사실을 남들에게 숨겼다. 당시에는 인종 갈등이 극심해서 그녀가 다니는 고등학교에서는 흑인 학생들과 백인 학생들이 주먹다짐하는 일이 비일비재했다. 아무도 태미에게 인종을 묻지 않을 만큼 태미는 백인처럼 보였다. 태미가 완전한 백인이 아니라는 사실을 교회 친구들이 알았다면 그들과 어울리기는 어려웠을 것이다.

하지만 자기 뿌리에 관한 태미의 태도는 시간이 지나면서 변했다. 그러면서 태미는 교회 식구라고 불렀던 사람들에게서 점점 멀어지는 자신을 발견했다.

태미는 흑인들인 트레이본 마틴, 에릭 가너, 필란도 카스티에, 아마드 아버리, 브리오나 테일러, 조지 플로이드의 죽음을 보았다. 태미는 자신이 아프리카계 카리브해인과 푸에르토리코인의 피가 섞였다는 사실을 더 이상 부끄럽게 여기지 않았다. 옛 교회 친구들이 인터넷에 올리는 글과 사진은 태미에게 충격적이었다. 태미는 분노하고 가슴 아파했다. 1월 6일 이후 태미는 소셜 미디어를 완전히 끊었다.

태미는 정치에 큰 관심은 없었지만, 굵직한 선거마다 투표했다. 그녀는 양 정당 모두에게 소외감을 느꼈다. 특히 공화당에서 버림받았다고 느꼈다. 그 느낌이 익숙해져서 더 이상 스스로 인식하지도 못할 정도가 되었다.

추수감사절이 되니 딸 릴리 생각이 났다.

결혼의 시작은 순조로웠다. 태미는 교회 중고등부에서 웨이드를 만났고, 두 사람은 고등학교 졸업 후에 결혼했다. 결혼 생활은 부모의 삶과 마찬가지로 입에 풀칠하기 위해 낮은 임금의 고된 일을 여러 개나 해야 하는 삶이었다.

웨이드는 노력 끝에 용접 자격증을 땄다. 그는 항구에서 좋은 직장에 취직했고, 릴리가 태어났다. 한동안은 상황이 좋았다. 그들이 사는 도심의 아파트 근처에 큰 남침례교 교회가 있어서 다니게 되었다. 옛 교회 식구들이 그리웠지만 이 교회에는 부속 유치원과 어버이날 야외 프로그램을 비롯해 릴리가 누릴 수 있는 혜택이 많았다.

모든 것이 순조로웠다. 한동안은.

경기가 나빠졌다. 웨이드는 해고되었다. 그러다가 서브프라임 모기지 사태가 터졌다. 그들은 집을 은행에 빼앗겼다. 웨이드는 마약에 빠지고 태미에게 손대기 시작했다.

"주님, 도와주세요. 어떻게 살아가야 할지 알려 주세요. 하나님, 제발 제 아이를 보호해 주세요." 태미는 그렇게 기도했다. 교회에도 도움을 요청했다. 교회는 형편이 어려운 한 가정당 한 달 치 임대료나 주택 대출금만 지원해 줄 수 있다고 말했다. 물론 그 정도로는 별 도움이 되지 않았다.

목사님에게 가족 문제와 남편의 폭음에 관해 도움을 요청했더니 목사님은 12단계 회복 프로그램이든 '심리학'이든 둘 다 비성경적이기 때문에 추천하지 않는다고 말했다. 그러면서도 이혼 사유는 충분하지 않다고 말했다.

태미의 분노와 좌절감은 깊어만 갔다. 마침내 그녀는 짐을 싸서 딸과 함께 여성 보호소로 들어갔다. 교회에서 싫어할 것을 알았지만 어쩔 수 없었다. 태미와 릴리는 결국 정부가 지원하는 저소득층 주택 단지에서 작은 아파트를 얻을 수 있었다.

시간이 많이 흘렀지만, 태미의 딸은 여전히 학교 생활을 제대로 하지 못하고 있었다. 태미는 딸이 털어놓은 것보다 더 심각한 문제가 있는 것을 눈치챘다. 태미가 계속해서 부드럽게 캐묻자, 딸은 혼자 끙끙 앓던 가슴 아픈 진실을 털어놓았다. 2009년 여름, 딸은 교회 청소년 수련회에 참가했다. 그 수련회에서 교회 교역자 중 한 명이 그 아이에게 성폭력을 저질렀다.

세상이 무너져 내리는 기분이었다. 이미 이혼 문제로 교회 지도자들과 갈등을 빚고 있었는데 이번 사건은 결코 용서할 수 없었다. 생각할수록 분노가 치밀어 올랐다. 다음 주일, 예배가 끝나고 태미는 담임목사를 찾아가 따졌다. 담임목사는 이 문제를 직접 처리하겠다고 약속했다. 그 교역자는 휴직 처리되었다.

몇 주, 몇 달이 흘러갔다. 하지만 릴리의 가해자는 여전히 파직되지 않고 있었다. 결국 태미는 경찰에 신고했다. 목사는 아동 성범죄의 '신고 의무자'인데도 릴리의 일을 경찰에 신고한 적이 없다는 사실을, 태미는 그때 경찰에게 들어 알게 되었다.

태미는 교회에 정나미가 완전히 떨어졌다. 교회와는 이제 끝이었다! 태미는 그렇게 배신을 당한 뒤로 다시는 교회에 가지 않았다. 배신당한 고통이 그녀의 영혼을 갈가리 찢어놓았다. 성폭력과 그후에 이어진 은폐 외에도, 교인들의 반응은 태미의 상처에 소금을 문지르는 격이었다. 많은 교인이 그녀에게 손가락질하고 그녀와 릴리에 관해 거짓말을 했다. 충격을 받은 릴리는 성폭력에 관한 증언을 거부했다. 결국 그 사건은 기소되지 못했다.

8년이 지난 지금, 태미는 여전히 예수님을 믿고, 성경을 읽고, 열심히 기도한다. 하지만 여전히 교회로 돌아갈 생각은 없다.

릴리는 커서 독립했고, 문제가 많은 삶을 살고 있다. 릴리는 엄마가 자랑스러워하지 않을 만한 여러 선택을 했다. 교회에서의 아픈 경험으로 인해 둘 다 많은 문제를 안고 살아가고 있다. 불안, 우울증, 불신, 때로는 자살 충동이 이 모녀의 삶을 피폐하게 만들었다.

태미는 텔레비전을 끄고 방의 불을 껐다. 텔레비전이 꺼지고 집 안이 고요해지자 그녀의 유일한 동무는 외로움뿐이었다.

복음주의 교회를 떠난 사람들 이해하기

태미는 우리가 "복음주의 교회를 떠난 사람들"(exvangelical)*이라고

* exvangelicals: 특히 미국의 백인 복음주의(evangelicalism) 교회를 떠난 사람들을 일컫는다. 이들은 복음주의의 인종차별, 교회의 도덕적·사회적 가르침에 대한 회의, 교회 안에서 일어난 성적 학대 때문에(특히 학대가 은폐된 경우) 교회를 떠났다고 말한다. 이 책에서는 '복음주의 교회를 떠난 사람들'로 번역했다. - 편집자 주

부르는 그룹에 속해 있다. 우리 조사에서 이 프로필에 해당하는 사람들은 교회를 떠난 복음주의자들의 17%를 차지한다. 태미처럼 의도적으로 복음주의를 영원히 떠난 미국 성인은 2백만 명이 넘는 것으로 추산된다. 우리 조사에서 복음주의 교회로 돌아올 적극적인 의향이 있는 "복음주의 교회를 떠난 사람들"은 단 한 명도 없었다. 이들은 우리가 탈교회하면 가장 흔히 떠올리는 사람들이다. 대부분이 의도치 않게 교회를 떠난 다른 그룹과 달리, 이들은 안 좋은 일로 교회를 떠난 '피해자들'이다.

한편, 여기서 말하는 '복음주의 교회를 떠난 사람들'이 당신이 온라인 논쟁에서 만난 '전(前) 복음주의자'(exvangelical)*와 다를 수도 있다는 점을 지적하고 넘어갈 필요성이 있다. 현재 대중 논쟁에서 '전(前) 복음주의자'라는 용어는 단지 복음주의를 싫어하는 독실한 크리스천에서부터 이전의 신앙을 완전히 떠난 사람들까지 다양한 부류에 적용될 수 있다.

온라인 커뮤니티에서 명성을 얻은 자칭 '전(前) 복음주의자들'은 대개 태미와 전혀 비슷하지 않았다. 그들은 언변이 좋고 교육 수준이 높고 매스컴에 정통한 이들이다. 하지만 우리가 태미처럼 '복음주의 교회를 떠난 사람들' 진영의 지도자들과 대화를 나눈 결과, 그들의 이메일 수신함에는 신앙 문제와 씨름하고 있는 가난한 이혼 남녀와 싱글맘의 메일이 가득했다. 따라서 우리는 '전(前) 복음주의자'라는 용어를 제멋대로 다시 정의하려는 것이 아니다. 단지 우리는 이 그룹의 프로필에 당신이 접하거나 생각하지 못했던 측면들의 살을 붙이려는 것뿐이다.

---

* 원서에서는 똑같이 'exvangelical'이라고 쓰지만, 이 문맥에서는 다른 개념임을 표현하기 위해 '전(前) 복음주의자'로 옮겼다. - 편집자 주

인구통계

우리의 조사에 따르면, 복음주의 교회를 떠난 사람들의 82%는 백인, 13%는 흑인, 2%는 히스패닉이었다. 가장 주목할 만한 사실은 그들 중 65%가 여성이고 남성은 35%밖에 되지 않는다는 점이다. 현재 그들의 평균 연령은 54세(1969년생)이고, 교회를 떠난 시기는 평균적으로 20년 전이다(2003년).

태미의 이야기에서 볼 수 있듯이 이들은 우리가 조사한 모든 그룹에서 소득 수준과 교육 수준이 가장 낮다. 또한 그들은 다른 그룹에 비해 정치적으로 중도 쪽이다. 하지만 실제 삶 속에서는 다소 다양한 모습을 보인다. 정치적 성향은 중도 좌파이지만 낙태, 코로나19, 대외 정책, 총기 규제, 지구 온난화, 동성 결혼 등에 관해서는 조금 더 중도 쪽이다. 이들은 사회주의, 민주사회주의, 마르크스주의, 공산주의에 가장 비판적이다. 그들은 특정 정당을 강하게 지지하지 않는다. 중도 비율이 가장 높다(55%). 태미처럼 그들은 어떤 정당도 선호하지 않는다. 그들은 이 책의 다섯 개 그룹에서 정치에 관심이 가장 적다. 데이터를 보면 양 정당 모두 이 그룹의 주요 관심사를 제대로 다루지 않은 것이 분명하다.

복음주의 교회를 떠난 사람들은 상대적으로 전국에 골고루 퍼져 있다. 지역 분포에서 주류 복음주의 그룹과 비슷하다. 결혼 비율은 54%로 모든 그룹에서 가장 낮다. 반면, 미혼(20%), 이혼(17%), 사별(10%) 비율은 가장 높다. 이 그룹의 다수(62%)는 정규직 직장이 없다. 은퇴자(33%)와 전업주부(9%) 비율은 가장 높다. 한곳에 정착하는 비율도 가장 높다(작년 한 해 동안 86%가 이사하지 않았다). 이사는 대개 같은 도시 내에서 이루어진다. 많은 나이, 은퇴자와 전업주부 비율, 이혼과 미혼 비율, 낮은 취업률, 성 불균형은 소득과 교육 및 시민권 박탈에 관한 인구 통계적 차이를 이해하는 데 도움이 된다.

정보 소비, 태도, 인간관계

우리의 조사에서 복음주의 교회를 떠난 사람들은 주로 지상파 방송 뉴스(23%), CNN(20%), 폭스 뉴스(16%)를 신뢰한다. 다른 응답자들에 비해 이 그룹은 현재의 사건과 이슈를 아는 비율이 평균 이하다.

그들의 전반적인 정신 건강 수준은 모든 그룹에서 두 번째로 높다. 하지만 불안, 우울증, 외로움의 비율은 꽤 높다. 더 심각한 사실은 이 그룹의 자살 충동 비율이 가장 높다는 것이다. "자살 충동과 관련해서 당신의 정신적 건강에 몇 점을 주겠는가?"(0점은 가장 부정적이고 가장 건강하지 못한 수준, 100점은 가장 긍정적이고 건강한 수준) 그들에게 이 질문을 던졌더니 100점 중 평균 16점이 나왔다. 이 점수가 너무 충격적이어서 나(마이클)는 이 데이터를 처음 보았을 때 울음을 터뜨렸다.

우리 조사에서 그들은 소셜 미디어에 가장 적은 시간을 사용한다. 그들이 주로 사용하는 소셜 미디어는 페이스북(일주일에 11시간)과 유튜브(일주일에 9시간)다. 그들은 도널드 트럼프(36%)든, 조 바이든(35%)이든, 지지하는 비율이 가장 낮다.[1]

이 그룹은 친구들(42%)과 인터넷 검색(32%)에 조언을 구하고, 그리고 누구보다도 스스로에게서 답을 찾는다. "삶의 문제에 관해 스스로 답을 찾는" 비율은 교회를 떠난 복음주의자 그룹에서 가장 높다. 이 수치는 명목상 크리스천들(21%)보다 세 배가 높고, 교회를 떠난 유색인종(32%)보다 두 배가 높다. 이 상황은 이 그룹의 안녕을 더욱 걱정스럽게 만드는 요인이다. 복음주의 교회를 떠난 사람들을 대상으로 목회할 때 그들의 고립과 외로움은 다루어야 할 중요한 문제다. 태미는 종일 사람들과 접촉하면서도 홀로 삶을 헤쳐 나가는 사람의 전형적인 사례다.

교리, 믿음, 교회 참여

우리 조사에서, 복음주의 교회를 떠난 사람들은 복음주의 교회로 돌아올 마음이 전혀 없지만 정통 교리 점수가 두 번째로 높은 하위 그룹이다. 전반적으로 그들은 삼위일체, 예수님의 신성과 인성, 그분의 죄 없으심, 대속, 부활, 그분을 통해서만 구원을 받을 수 있다는 배타성, 성경의 신뢰성에 관한 핵심적인 교리 중 약 70%를 받아들인다. 그들 중 무려 97%는 여전히 "예수님이 하나님의 아들이시다"라고 믿는다. 나아가서, 전체 그룹에서 두 번째로 높은 44%가 성경을 실제 하나님의 말씀으로 믿는다. 47%는 성경을 완전히 문자적으로 받아들일 수는 없지만 성경이 최소한 하나님의 영감으로 된 책이라 생각한다고 응답했다. 93%는 여전히 천국을 믿고, 88%는 지옥을 믿는다. 종합해 보면, 이들은 자신을 여전히 크리스천으로 여기는 사람들의 비율에서 가장 높은 72%를 기록하고 있다.

측정할 수 있는 모든 측면에서, 우리가 조사한 복음주의 교회를 떠난 사람들의 '대부분'은 여전히 크리스천인 것으로 보인다. 그들의 종교적인 믿음과 행위는 여전히 교회에 다니고 있는 복음주의자들과 별반 다르지 않다. 주된 차이점은 종교적 '소속'이 변했다는 것이다. 이 그룹은 더 이상 복음주의 교회에 다니지 않고 있지만 32%는 여전히 자신을 개신교 신자로 여긴다. 20%는 자신을 "기타 크리스천"으로 여기고,

17%는 가톨릭 신자로 여긴다.

태미와 마찬가지로, 우리 조사에서 복음주의 교회를 떠난 사람들의 평균 나이는 54세였다. 하지만 그들이 교회를 떠난 평균 나이는 34세다. 이 그룹은 교회 중고등부에 다닌 비율이 두 번째로 낮고(27%), 기독교 대학에 입학하거나 캠퍼스 사역에 참여한 비율은 절대적으로 낮다(4-6%). 이들은 계속된 복음주의 문화 전쟁을 극도로 싫어한다. 그들이 다닌 교회의 숫자는 다른 모든 그룹보다 적다. 그들은 평균적으로 평생 3.7개 교회만 다녔다.

이들은 종교적 참여를 가장 열심히 할 때 하나님의 존재를 확실히 믿었다. 하지만 교회를 나온 뒤로 그들의 믿음은 조금 약화되었다. 절정기 때 그들은 기도, 예배 참석, 금식, 신앙 서적 읽기 같은 종교적 행위에서도 복음주의자들과 거의 비슷한 점수를 보였다. 이 수치는 지금 크게 낮아졌지만, 여전히 명목상 크리스천들과 유색인종보다 높다. 복음주의 교회를 떠난 사람들은 기독교 국가주의 점수에서 평균보다 약간 낮지만 2021년 1월 6일 사태에 극도로 반감을 품는다. 그들 중 16%만 미국 국회의사당 폭동을 지지한다.

제도적 불이익

우리의 데이터에서 계속해서 확인되는 한 가지 사실은 미국의 제도들이 복음주의 교회를 떠난 사람들에게 잘 작동하지 않고 있다는 것이다. 결혼(49%), 경찰(41%), 민주주의(37%)를 제외하고, 이 그룹에서 33% 이상이 신뢰한다고 응답한 미국의 제도는 단 하나도 없었다. 이들이 특히 신뢰하지 않는 제도는 공교육 시스템(27%), 형사 사법 시스템

(25%), 빅테크 기업(22%), 미국 의회(20%), 신문(18%), 월스트리트(16%)다.

이런 사회 제도들에 이 그룹은 매우 실망하고 있다. 하지만 종교 제도도 그들을 실망시키기는 마찬가지다. 대부분의 교회에 대한 그들의 신뢰 수준은 줄곧 4분의 1 주변을 맴돌았다. 아무 교단에 속하지 않은 교회에 대한 신뢰 수준은 28%, 흑인 개신교 교회에 대한 신뢰 수준은 26%, 복음주의 교회에 대한 신뢰 수준은 25%, 주류 개신교 교회에 대한 신뢰 수준은 24%, 가톨릭교회에 대한 신뢰 수준은 21%로 매우 낮았다.

앞서 말했듯이 미국에는 통계적으로 입증된 성공 공식이 있다. 고등학교를 졸업하고 정규직으로 일하고 결혼해서 아이를 낳는 것 등이 그 공식이다.[2] 이 '성공 순서'를 따르는 밀레니얼 세대의 97%는 빈곤선 이상의 삶을 살고 있다. 태미는 필요한 교육을 받지 못했다. 서브프라임 모기지 사태라는 거시경제의 역풍은 중산층보다 그녀와 남편 웨이드를 더 심하게 강타했다. 충격이 어찌나 컸던지 웨이드는 이성을 잃고 막 나가기 시작했다. 먹고살기 힘든 상황까지 내몰리지 않았다면 웨이드가 그렇게까지 망가지지는 않았을지 모른다. 복음주의 교회를 떠난 많은 사람과 마찬가지로, 태미는 많은 제도에 실망감을 느꼈다. 태미는 그토록 힘든 고통을 겪을 만한 행동을 한 적이 없었다. 복음주의 교회를 떠난 사람들이 이와 비슷한 상황에 부닥쳐 있다. 최소한 그들에게는 미국이 누구나 열심히 일하면 성공할 수 있는 사회가 아니다.

우리 연구를 보면, 복음주의 교회를 떠난 사람들은 미국 사회에서만이 아니라 복음주의 내에서도 실망스러운 일을 겪었다. 그들이 교회를 떠난 것은 관계적, 사회적, 정치적, 그 외에 수많은 영역에서 이미 소외감을 느끼던 차에 교회에서까지 상처를 입었기 때문이다. 11장 "'불완전한 교회'에 임하는 '은혜의 완전함'을 전하라"에서 이렇게 종교적으로 버림을 받는 것이 의미하는 바에 관해서 더 깊이 논할 것이다. 먼저 이 그룹이 교회를 떠난 이유에 관해 뭐라고 말하는지 들어 보자.

그들이 교회를 떠난 이유

복음주의 교회를 떠난 이들은 교회를 떠난 다른 복음주의자 그룹들과 '몇 가지' 공통점이 있다. 그들이 교회를 떠난 데는 비슷한 사회적 이유와 불편함이 작용했다. 하지만 그들의 응답에서는 고통의 빈도수와 정도가 더 심한 것을 볼 수 있다. 예를 들어, 다음 두 응답이 상위 6개 응답에 포함된 그룹은 이들밖에 없었다.

> 나는 교회에서 많은 사랑을 경험하지 못했다. (18%)
>
> 복음주의 교회에서 개인적으로 겪은 부정적인 경험들. (15%)

우리 조사에서 교회에서 많은 사랑을 경험하지 못했다고 대답한 '복음주의 교회를 떠난 이들'은 다른 네 그룹을 모두 '합친' 것보다 더 높은 74%를 기록했다. 나아가서, 이들은 "복음주의 교회에서 개인적으로 겪은 부정적인 경험들"에 관해서도 다른 모든 그룹보다 두 배 높은 점수를 기록했다. 이들을 이해하려면 먼저 딸이 성폭력을 당했는데 아무런 조치도 취해지지 않았을 때의 좌절감과 분노를 상상해 봐야 한다. 당신의 가족이 이런 종교적 학대나 버림을 받았다면 당신도 피해자로서 교회를 떠나지 않겠는가?

복음주의 교회를 떠난 이들은 오늘날 많은 복음주의 교회에서 나타나는 정치적 파벌주의에도 신물이 나 있다. 복음주의 교회를 떠난 수백만 명은 신학적으로 정통 교리를 고수하면서 정치적 정체성과 정책 지지에서 중도 좌파 쪽이다. 교단에 상관없이 정치 우파 쪽으로 심하게 기운 교회들은 이들이 편안함을 느끼기 힘든 곳이다. 이들은 매우 진보적인 교회에서도 갈등을 겪을 가능성이 높다. 역사적 정통 교리에서 멀어진 진보주의 교회에서는 더더욱 그렇다.

〈표 5-1〉은 이들이 교회를 떠나기로 결심했던 가장 큰 이유를 보여준다.

이 그룹의 탈교회는 십 대와 이십 대 시절에 가속화되기 시작한다. 교회를 떠난 복음주의자들과 마찬가지로, 그들의 이십 대 시절에 뚜렷

〈표 5-1〉

복음주의 교회를 떠난 이유

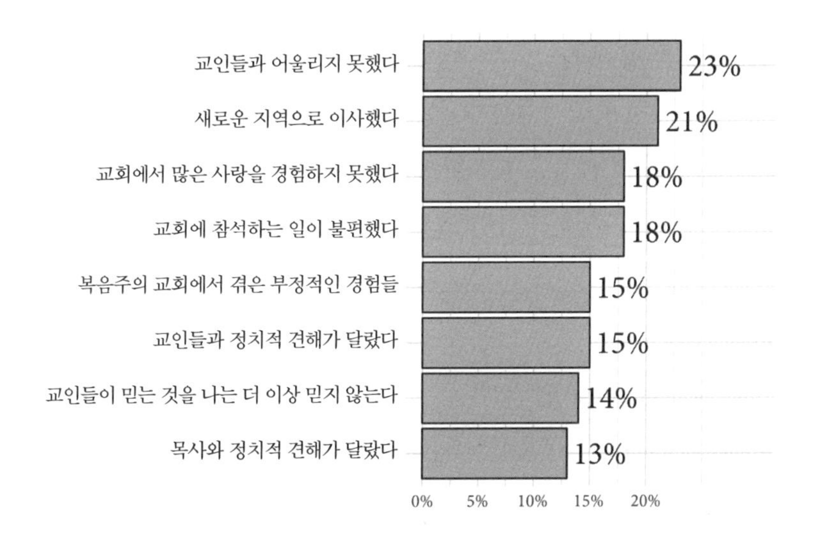

하게 나타나는 특징 가운데 하나는 '삶이 너무 바빠졌고 다른 우선순위가 있었다'는 것이다(7%). 또 다른 비슷한 점은 많은 탈교회가 그들이 장성하여 부모의 품을 떠나는 시기 전후에 이루어진다는 것이다. 이 그룹은 어린 시절 부모가 전해 준 전통을 버리는 데 거리낌이 전혀 없다. 그들은 교회를 떠나기로 했을 때 부모의 신앙은 전혀 고려 대상이 아니었다고 응답했다.

그들이 교회로 돌아갈 수도 있는 이유

가슴 아픈 사실은, '복음주의 교회를 떠난 사람들' 중에서 복음주의 교회로 돌아갈 용의가 충분히 있다고 대답한 사람은 단 한 명도 없다는 것이다. 말 그대로 0%다! 그들은 복음주의 교회에 완전히 질렸다.

좋은 소식은 복음주의 전통이 아니지만 복음을 전하는 교회들이 많다는 것이다. 우리는 흑인 개신교와 주류 전통에서 복음 전도에 깊이 헌신하는 목사들을 많이 알고 있다. 우리는 사람들이 그리스도의 몸 안에서 완전히 벗어나는 것은 이상적이지 않다고 생각한다. 우리는 이들이 교회 안에서 사랑과 돌봄과 가르침을 받기를 원한다.

이상하게도 이들은 복음주의 교회로 돌아갈 의향은 전혀 없다고 말하면서도 다른 전통을 가진 교회로 돌아갈 수 있는 몇 가지 조건을 제시했다. 이 조건들은 〈표 5-2〉와 같다.

우리는 무엇을 할 수 있는가

관심을 가지고 살펴보면 복음주의 교회를 떠난 형제자매들의 고통이 분명히 보인다. 나름 노력했겠지만 모든 종류의 제도는 그들을 실망

〈표 5-2〉

교회로 돌아가기 위한 조건

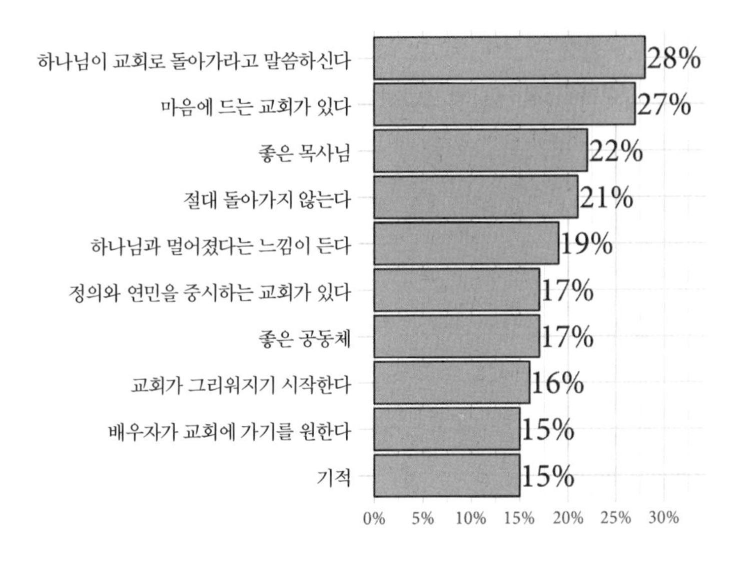

시켰다. 그들에게는 안전한 삶으로 가는 길이 다 막혔다. 당신이 이런 상황을 겪어 본 적이 없다면, 우리의 목표는 당신이 그들의 아픔에 더 공감하도록 돕는 것이다. 그들에 대한 우리의 태도가 매우 중요하다. 그들의 신뢰를 얻으려면 겸손, 경청하는 귀, 침착함, 호기심이 필요하다.

그들이 우리에게 한 말을 종합해 보면 분명한 그림이 보인다. 그들은 정치적인 파벌을 이루지 않고 윤리적으로 일관된 교회 공동체를 원한다. 그들은 건강한 사람들이 얼마간 있는 교회를 넘어, 제도로서 건강한 교회를 원한다. 그들에게는 정신 건강을 중시하는 교회 환경이 필요하다. 그들에게는 목사나 평신도나 할 것 없이 모두가 이해와 공감과 관심을 보여 주는 교회가 필요하다. 또한 그들은 자기 전문성의 한계를 알고서 필요할 때 다른 전문가들을 부를 줄 아는 목회자를 원한다. 이런 요소는 어느 교회에나 유익한 요건이지 않은가?

복음주의 교회를 떠난 사람들을 교회 행사로 초대하기 전에 먼저 그들과 장기적이고도 진정한 관계를 쌓기 위해 노력해야 한다. 그들은 말과 행동이 일치하는 교회를 원한다. 낮은 교육과 소득 수준으로 볼 때 그들에게는 예수님처럼 사회적 계층을 따라 차별하지 않는 크리스천들이 함께해 줘야 한다.

태미의 이야기는 복음주의 교회를 떠난 사람들 중에서도 더 심각한 사례이긴 하지만 그들의 마음가짐과 필요를 이해하는 데 도움이 된다. 태미는 단지 자신에게 진정한 관심을 가져 주고 자기 말에 귀를 기울여 줄 누군가를 원할 뿐이다. 태미에게는 자신이 겪은 일이 옳지 않다고 말해 줄 사람들이 필요하다. 태미에게는 자신을 하나님의 형상을 가진 인간으로 존중해 줄 사람들이 필요하다. 태미는 그런 안타까운 사건이 다시는 일어나지 않도록 책임을 지고 조직을 변화시키고 안전장치를 마련할 만큼, 약한 사람들을 사랑하는 교회 지도자들을 원한다.

이 모든 요인을 이해한다 해도 특히 기존 교회 환경에서 '복음주의 교회를 떠난 사람들'을 섬기고 돌보기는 여전히 힘들다. 하지만 그렇다고 해서 그들을 사랑하고 돌보기 위한 노력을 포기해서는 안 된다. 단, 우리의 능력에 대한 교만과 과신은 피해야 한다. 때로 하나님은 우리가 그냥 이웃들에게 다가가 그들을 우리 자신처럼 사랑하기를 원하신다. 가서 그렇게 행하라.

6.

"교회에 가면 소외감을 느낀다."

_ 사회적 소수자

제이미가 달리는 동안 짙은 안개 속에서 보슬비가 내리기 시작했다. 애틀랜타의 가을은 보통 조깅하기에 좋은 날씨이지만 오늘 밤은 그렇지 않았다. 오늘 저녁에는 아내 리즈와 함께 헬스클럽에 가지 못했다. 그가 담당하는 장기이식 환자가 거의 1년 동안 기다리던 장기 기증 전화를 받았기 때문이다.

면도기로 깨끗하게 밀어 버린 그의 머리 위로 비가 떨어지자 금세 추워지고 귀가 얼얼했다. 운동복에 붙은 모자를 덮어 쓰고 싶었다. '이번 한 번은 괜찮지 않을까?' 그 즉시, 십 대 시절에 자신이 군 기지에서 나갈 때마다 어머니가 했던 잔소리가 들렸다. "경찰이 시키는 대로 무조건 즉시 따라야 해. 주머니에 손 넣지 말고, 후드 티를 입고 후드를 머리에 쓰면 안 돼."

아무래도 모험을 할 필요는 없었다. 엘리트들이 사는 외부인 출입 제한 주택지에서 겁을 먹은 백인 이웃들의 신고로 이미 두 번이나 경찰에게 검문당한 적이 있었다. 그가 아내와 함께 그곳에서 거의 16년이나 살았고, 에머리 대학병원 최고의 흉부외과 전문의라는 점도 별로 도움이 되지 않았다. 그 동네에 그를 만나 본 적이 없는 새로운 주민 한 명만 있어도 경찰들은 다시 그에게 총을 겨누었다.

그는 포트 베닝 기지에서 살던 시절에 관해서 오랫동안 생각하지 않았지만 아버지에 관해서는 하루도 빠짐없이 생각했다. 아버지 글렌로이는 금욕적이고 강인하기 그지없는 육군 원사였다.

어머니 메이비스는 온화하고 친절했지만, 흐리멍덩한 사람은 아니었다. 그녀는 매우 규칙적인 사람이었으며 하나뿐인 아들에 대해 높은 기대를 품고 있었다. 그래서 아들의 학업을 지극정성으로 지원했다. 어머니의 조상은 조지아주 플랜테이션에서 목화를 따느라 엄청 고생했던 분들이다.

글렌로이와 메이비스는 어떤 면에서 특이한 커플이었다. 글렌로이는 자메이카 미국인 2세였고 공화당을 공개적으로 지지했다. 메이비스는 미국 노예의 후손이고 민주당 지지자였다. 글렌로이는 펜실베이니아주립대학교를 졸업했고, 메이비스는 스펠만대학교를 졸업했다. 두 사람은 기지 근처에 있는 아프리카 감리교 감독교회에서 알게 되었는데, 이후 서로의 인생길이 자주 교차하면서 결혼까지 하게 되었다. 메이비스는 글렌로이의 근면하고 믿을 만하고 약속을 지키는 모습에 반했다. 글렌로이는 메이비스의 똑똑하고 열정적이고 합리적인 모습이 좋았다.

제이미는 아무리 잘해도 아버지를 만족시킬 수 없었지만 계속해서 노력했다. 결국 그는 고등학교 졸업생 대표로 뽑히고 최고의 의학부 예과 학교인 노트르담대학교에 전액 장학생으로 입학했다.

제이미의 믿음은 소위 '강한 믿음'과는 거리가 멀었다. 그는 단지 부모를 따라 교회에 갔을 뿐이었다. 그가 개인적으로 예수님을 영접했는지 단지 부모의 바람에 순종한 것이었는지는 그 자신도 확실히 몰랐다. 그의 믿음이 부모의 것인지 전적으로 그 자신의 것인지는 시간만이 알려 줄 수 있을 뿐이다.

오래지 않아 그는 특정 교단에 속하지 않은 교회에 다니는 한 백인 여학생과 사귀기 시작했다. 그녀의 이름은 앨리스였다. 앨리스는 앨라배마주 버밍엄 출신이었다. 제이미는 앨리스를 진심으로 좋아했고, 앨리스의 부모가 학교로 찾아올 때면 함께 어울렸다. 그는 앨리스 가족과의 만남이 잘 이루어지고 있는 줄 알았다. 앨리스에게 성탄절 휴가 때 버밍엄에 있는 그녀의 집을 방문하고 싶다고 말하기 전까지는.

앨리스는 확실한 답변을 피했다. 제이미가 그 이유를 계속 묻자, 결국 앨리스는 할머니가 다른 인종과의 교제를 허락하지 않아서 자신이 흑인과 사귀고 있다는 사실을 가족들이 할머니께 비밀에 부쳤다고 털어놓았다. 제이미는 충격을 받았다. 앨리스가 자신을 가족에게 떳떳하게 공개할 수 없다는 사실을 믿을 수 없었다. 그는 전에는 이런 인종적 혹은 관계적 경험을 해 본 적이 없었다. 그래서 가슴이 너무 아팠고, 결국 그 관계를 끝냈다.

그로부터 얼마 후에, 제이미가 차를 몰고 사우스 벤드로 돌아가던 중 경찰이 차를 멈춰 세웠다. 권총을 찬 경찰이 운전자 쪽 창문으로 다가왔다. 경찰은 면허증이나 신분증을 요구하지도 않고 그에게 천천히 차에서 내려 손을 머리 위로 올리라고 지시했다. 제이미는 겁이 났지만 침착함을 유지하려고 애를 썼다. 경찰은 그의 소지품을 검사하고 수갑을 채우고, 어디로 가고 있으며 무슨 일을 하고 있는지 꼬치꼬치 캐물었다. 그러고 나서 자동차를 수색해도 괜찮은지 묻고 그를 경찰차 뒷좌석에 밀어 넣었다. 한 시간처럼 길게 느껴지는 시간이 지난 후 경찰은 그를 내리게 한 뒤 수갑을 풀고 이제 가도 좋다고 말했다. 그는 자신이 무엇을 잘못했는지 물었지만, 경찰은 "지명수배자와 인상착의가 비슷해서 그렇소"라고만 대답했다. 경찰에게 곤욕을 치렀나는 다른 흑인들에 관한 이야기를 전해 듣기는 했지만 직접 겪어 보니 충격이 이만저만이 아니었다. 그때부터 그는 경찰차에서 파랗게 번쩍거리는 경광등만 봐도 가슴이 벌렁거렸다.

그즈음 그는 인디애나주에서 어서 벗어나고 싶었다. 그래서 고등학교에서처럼 밤낮없이 책상에 앉아 전투적으로 공부만 파고들었다. 곧 의학부 예과 학위를 취득하고 우수한 성적으로 학교를 졸업했다.

계속해서 그는 군장학생으로 의과 대학교에 입학하기 위해 컬럼비아로 갔다. 어머니는 그가 이웃 할렘 지역에서 자기 뿌리와 풍요로운 역사를 배우기를 바랐다. 하지만 그는 할렘의 문화와 전통에 별로 관심을 두지 않았다. 하지만 어머니의 기분을 맞춰 주기 위해 어머니가 올 때면 아비시니안 침례교회에 가곤 했다.

그는 졸업 후에 메디컬 센터에서 레지던트로 근무하면서 뛰어난 흑인 외과의 밑에서 훈련을 받았다. 그 외과의는 그에게 흉부외과 전문의의 길을 가라고 추천했다.

그 시절은 피곤하고 스트레스가 많았다. 실제 사람에게 의술을 행하는 것이기 때문이었다. 그러다 보니 어머니가 올 때 외에는 교회에 가지 않게 되었다.

믿음을 갖는 것이 자기 삶에 도움이 되지 않는 것처럼 보였다. 설교는 그의 삶과 아무런 상관이 없는 것 같았다. 그래서 교회가 그립지 않았다. 또한 노트르담에서 다녔던 초교파 교회에서 교인들이 괜히 그에게 다가와 "인종은 중요하지 않아. 너는 똑똑하잖아."라고 말하거나, 묻지도 않았는데 백인들이 흑인 친구에 관한 이야기를 늘어놓는 어색한 상황을 또다시 겪고 싶지 않았다. 그런 상황이 치명적인 경험까지는 아니었지만, 그 외에 여러 상황과 맞물려 '왜 굳이 교회에 다녀야 해?'와 같은 생각이 들게 했다.

그는 샌안토니오 소재 브룩 육군 의료 센터에서 복무를 마쳤다. 거기서 어머니를 생각나게 할 만큼 똑똑하고 예쁘고 눈이 초롱초롱하고 열정적인 리즈를 만났다. 리즈는 크리스천이 아니었지만, 기독교를 반대하지도 않았다. 그녀는 신앙에 관해서 딱히 어느 쪽도 아니었다. 그녀는 믿음과 불신 사이 문턱에 서 있었다. 제이미는 이런 사실에 별로 신경을 쓰지 않았다. 자기 자신도 별로 나은 상태가 아니었으니 말이다. 단지 리즈의 조부모가 백인 손녀와 흑인이 결혼하는 것에 반대하지 않는다는 사실이 고마울 따름이었다.

두 사람이 결혼하자마자 많은 변화가 일어났다. 결혼 4개월 만에 리즈가 임신하자 두 사람은 뛸 듯이 기뻐했다. 그즈음 아버지 글렌로이는 막 군에서 전역한 상태였다. 그는 애틀랜타에 정착했다. 그 도시는 스펠만대학교에 다닐 때부터 메이비스에게 특별한 곳이었기 때문이다. 제이미와 리즈는 둘 다 계속해서 직장을 다니기를 원했다. 하지만 아기를 돌봐줄 사람이 필요했기 때문에 부모님 댁 근처의 에머리 대학병원으로 직장을 옮겼다. 이사한 지 얼마 되지 않아 예쁜 아기 애들레이드가 태어났다.

애틀랜타는 여러모로 이 가족에게 잘 맞았다. 제이미와 리즈는 둘 다 에머리 대학병원에서 많은 사랑과 존경을 받았다. 그들은 동료들과 상관들 사이에서 좋은 평판을 얻었다. 글렌로이와 메이비스는 아들을 자랑스러워하고 손녀를 끔찍이 사랑했다. 특히 메이비스는 지신이 아직 쓸모 있다는 사실이 기뻤고, 어린 손녀가 성장하는 중요한 시기에 오랜 시간을 함께할 수 있어서 좋았다.

애틀랜타에서 그들의 세상은 거의 백인들로만 이루어져 있었다. 그들은 유명한 사립학교들이 즐비한 애틀랜타의 부촌에서 아름다운 집을 얻었다. 딸은 항상 반에서 유일한 유색인종이었다. 좋은 직업을 가진 덕분에 그들은 원하는 것은 뭐든 살 수 있었다. 제이미는 자신이 큰 특권을 누리고 있다는 것을 알았다. 일터에서나 집에서나 사회적으로나 그의 인종은 큰 문젯거리가 아니었다. 단, 가끔 경찰에게 검문당할 때만 제외하면.

겉으로 보면 제이미는 자신감 넘치고 큰 성공을 거둔 외과의였다. 하지만 속으로는 여전히 아버지의 사랑을 얻으려고 애쓰는 열등감 덩어리였다. 그는 일과 운동과 술로 남모를 고통을 달래고 있었다.

그는 아버지처럼 되고 싶지 않았다. 그래서 딸과 친밀해지기 위해 무척 노력했고, 노력한 보람이 있었다. 때가 되자 딸은 대학에 가기 위해 집을 떠나게 되었다.

그는 조깅을 마치고 몸을 씻고 나서 가족과의 식사를 위해 마음을 가다듬었다.

가족의 식사 자리에서는 정치와 종교 얘기가 빠지는 법이 없었다. 글렌로이와 메이비스는 평소처럼 옥신각신했지만, 제이미는 정치적으로 어느 쪽도 지지하지 않았다. 그는 세금 폭탄을 맞고 싶지도 않았지만, 경찰에게 괴롭힘을 당하고 싶지도 않았다. 그는 제리 라이스나 콜린 캐퍼닉, 벤 윌리스보다 수잔 라이스, 콜린 파월, 벤 카슨과 더 공통점이 많았다. 그래서 메이비스는 제이미가 아버지처럼 트럼프를 뽑지 않은 것에 고마워했다.

메이비스는 아들에게 그의 혈통을 기억하고 이전의 신앙으로 돌아가라고 계속해서 잔소리를 했다. 제이미는 어머니의 말을 존중했지만, 어머니와의 대화가 불편했다. 그는 여전히 하나님을 믿었지만, 교회는 오랫동안 그에게 도움이 되지 않았다. 그는 자신의 신앙 상태에 관해서 어머니가 안타까워한다는 것을 알고 있었다. 그 점이 가슴 아팠지만 단지 어머니 마음에 들기 위해서 억지로 교회에 가고 싶지는 않았다.

추수감사절 밤, 불면증 때문에 약을 먹었더니 졸음이 쏟아졌다. 제이미는 일찍 하루를 마무리했다.

교회를 떠난 유색인종 이해하기

앞서 말했듯이 우리는 교회를 떠난 복음주의자들의 네 그룹을 규명할 때 기계 학습 알고리즘이 인종을 고려하지 않도록 했다. 이 알고리즘은 교육, 정치적 성향, 문화적 취향, 교리 문제, 복음주의 교회로 돌아갈 용의만 고려했다.[1] 기계 학습 알고리즘으로 백인이 전혀 없는 이 그룹이 도출되었다는 것은 인종적 특징이 태도, 영향, 믿음, 행동, 소속감과 깊은 상관관계가 있다는 점을 분명히 보여 준다.

우리는 이 그룹의 인구 통계적 특징을 반영하기 위해 제이미를 성공한 중년 흑인 남성으로 설정했다. 이 그룹은 교육 수준이 높고, 신분이 높고, 부유한 유색인종들로, 과거에 정기적으로 교회에 다닌 적이 있다. 이 그룹의 절대다수는 남성이다. 그들이 백인 중심의 복음주의 교회에 다녔다는 사실은 많은 점을 시사한다. 이 그룹은 다양한 이유로 삶에서 여러 선택을 했다. 이들 중 일부에게는 인종보다 계급이 더 중요한 문화적 요소로 보인다. 그러므로 이 프로필이 유색인종 그룹의 모두에게 적용되는 것으로 여기지는 말아야 한다.

교회를 떠난 유색인종 그룹은 약간의 차이로 가장 작은 하위 그룹이었다. 복음주의 교회를 떠난 사람들에 관한 우리 조사에서 이 그룹은 14%를 차지한다. 이 수치를 미국 성인들의 숫자에 대입하면, 제이미와 같은 사람이 2백만 명 정도 있을 수 있다. 우리 조사에서 이 그룹 중 76%는 흑인이고, 15%는 히스패닉 계통이고, 5%는 아시아인과 태평양섬 국민들이며, 기타는 4%였다. 남성과 여성은 각각 68%와 32%였다. 이 조사 당시, 평균 연령은 52세였다(1971년생). 평균적으로 그들은 25년 전에 교회를 떠났다(1998년). 그들은 다섯 개의 하위 그룹 중 교육 수준이 단연 가장 높았으며, 명목상 크리스천과 비슷하게 높은 소득 수준을 보였다.

이 그룹의 대부분이 흑인(76%)과 남성(68%)이라는 점이 특이했다. 이 그룹에서 우리가 조사했던 사람 중 절반 이상(52%)은 흑인 남성이었다. 제이미처럼 복음주의 교회를 떠난 부유하고 신분이 높은 흑인 남성들이 백만 명 정도 있을 수 있다는 뜻이다. 이들은 복음주의만이 아니라 모든 교단을 통틀어 교회를 떠난 사람 중 교육과 소득 수준이 단연 가장 높았다.

이 그룹은 남동부에 많이 거주한다. 우리 조사에서 38%가 그 지역에 살고 있었다. 남동부 외에 이 그룹이 많이 거주하는 지역들은 남부 밖으로 퍼져나간 미국 흑인 대이동* 패턴과 대체로 일치한다.

우리 조사에서 성적 성향을 보면 유색인종은 96%가 이성애자, 2%가 양성애자, 1%가 동성애자다. 이들은 네 개의 복음주의자 그룹에서 이성애자 비율이 두 번째로 높다. 또한 이들 중 대다수가 기혼이다(80%).

제이미는 일 중독자의 특징을 갖고 있었다. 실제로 이 그룹보다 더 열심히 일하는 그룹은 없다. 우리 조사에서 교회를 떠난 유색인종은 무려 92%가 정규직이었다. 겨우 1%만 은퇴자였다. 이들이 평균 52세라는 점을 감안하면 이는 주목할 만한 수치다.

다소 직관과 어긋나는 사실은 한곳에 정착하는 비율이 그룹 중에

---

* 1914년부터 1950년까지 미국 남부 흑인 600만 명 이상이 인종 차별을 피하고 더 나은 삶을 살기 위해 북부로 이동했다. - 편집자 주

서 가장 낮았다는 점이다. 조사에 의하면, 무려 54%가 작년에 이사했다. 그들은 작년에 모든 범주의 이사에서 가장 높은 수치를 기록했다. 40%가 같은 도시 내에서 이사했고, 11%가 같은 주 내에서 이사했으며, 3%는 다른 주로 이사했다.

복합적인 자아 정체성

제이미는 정치적, 이념적, 경험적으로 매우 복합적인 인물이다. 그는 교육, 직장, 소득으로 인해 거의 백인들로 이루어진 문화적 공간에서 살고 있다. 값비싼 사립학교, 부촌, 고소득 직장으로 이루어지는 주중 활동에 관해 생각해 보면 거의 백인 위주의 활동이다. 또한 그는 정치에 관해서 아버지와 어머니에게 각각 다른 영향을 받으며 자랐다. 흑인 노예 후손인 어머니의 문화적 규범은 아프리카 카리브해인과 자메이카인의 피가 섞인 아버지와 매우 달랐다. 제이미의 배경은 독창적인 아프리카계 미국인 학자인 듀보이스가 1903년에 말한 '이중 의식'을 보여 준다.

> 한 사람이 자신을 두 사람(two-ness)으로 느낀다 — 미국인과 흑인; 두 개의 영혼과 두 개의 생각과 두 개의 서로 융합되지 않는 추구. 하나의 검은 육체 안에서 서로 싸우는 두 개의 이상(ideal). 끈질긴 힘으로 이 둘이 찢어지지 않도록 겨우 유지하고 있다.
> 미국 흑인의 역사는 이 투쟁의 역사다. — 자기 인식을 갖춘 인간됨을 얻기 위한 이 갈망, 이중 자아를 더 낫고 더 참된 하나의 자아로 융합하려는 이 갈망의 역사다. 아울러 이 융합 속에서도 그는 옛 자아 중 하나도 잃지 않기를 원한다.[2]

제이미는 최소한 이중 의식을 다루어야 한다. 하지만 실제로 그에게는 삼중 의식이 있을지도 모른다. 그는 어머니(흑인 노예 후손)와 아버지(아프리카계 카브리해인), 백인 중심 문화적 공간의 영향을 다 다루어야 하기 때문이다.

이 삼중 의식은 이 특정한 그룹의 태도 속에서 긴장과 복잡성으로 나타난다. 우리의 데이터에서 볼 수 있는 사실은 교회를 떠난 유색인종이 정당과 정책(낙태, 코로나19, 대외 정책, 총기 규제, 지구 온난화, 동성 결혼 등) 지지에서 중도 좌파 쪽이라는 것이다. 그들은 기독교 국가주의 점수가 낮았지만, 그들 중 다수(55%)는 "트럼프를 지지하는 대가를 치르더라도 보수주의 이상을 추구할 만한 가치가 있다"라고 대답했다. 놀랍게도 이 유색인종 그룹의 57%는 1월 6일 미국 국회의사당 폭동이 "우리 기독교 국가를 보호하고 재건하기 위한 애국주의자들의 노력이었다"라는 데 동의했다. 나아가서, 이들 중 52%는 "미군이 우크라이나 특별 군사 작전에서 푸틴과 러시아를 지원해야 한다"라는 진술에 동의했다.

아마도 가장 뜻밖의 사실은 교회를 떠난 유색인종 그룹의 절반이 "미국의 인종 문제는 드물고 개별적인 상황이다"라고 생각한다는 점일 것이다. 교회를 떠난 유색인종 복음주의자들은 미국 내 인종 갈등을 상대적으로 긍정적으로 보는 면에서 5개 그룹 중 2위를 차지하고 있다. 이 질문에 더 낙관적으로 대답한 유일한 그룹은 명목상 크리스천들이다. 우리 조사에서 그 그룹의 54%는 미국의 인종 갈등이 만연해 있지 않고 드물다고 생각하고 있음을 보여 주었다.

제이미의 삼중 의식은 상충돼 보이는 이런 입장들이 융합된 결과다. 그는 세 가지 세상에 걸려 있다. 그는 다른 인종과의 결혼, 백인 위주의 문화적 공간, 아버지의 군 복무, 아버지와 어머니의 배경과 시각차라는 복잡성으로 인해 어느 한 범주나 부류에 들어가기가 쉽지 않다. 사람들, 특히 교회를 떠난 유색인종에게 다가가려고 할 때는 그들을 획일적으로 대하지 않는 것이 중요하다. 문화적 차이가 있을 때는 호기심을 갖고 귀를 기울이는 자세를 유지해야 한다.

정보 소비, 태도, 인간관계

교회를 떠난 유색인종은 정보가 많은 사람들이다. 그들은 다른 하위 그룹들보다 책을 많이 읽고, 더 광범위한 관점의 뉴스를 듣고,[3] 소셜 미디어에 더 많은 시간을 사용한다.[4] 어떤 문제에 대한 조언이나 정보, 더 나은 시각을 얻으려 할 때 교회를 떠난 유색인종은 다른 하위 그룹보다 친구, 부모, 멘토, 책 등의 의견을 더 적극적으로 참조한다.

안타깝게도 이 그룹은 전반적으로 미국 제도에 대해서 평균 이하로 평가한다. 정부, 경제, 경찰, 교육, 사법, 의료 시스템을 포함한 모든 제도에 대한 그들의 신뢰 점수는 완전히 절망적이지는 않지만 30%에서 40% 사이로 꾸준히 낮은 상태를 유지하고 있다.

교회를 떠난 유색인종들은 정신 건강에 관한 지표들에서 낮은 수치를 보인다. 안타깝게도 그들은 정체성, 안정, 의미, 목적에 관한 의식에서 가장 낮은 점수를 기록했다. 불안과 우울증, 외로움에 관한 점수도 약간의 차이로 가장 낮다. 하지만 자살 충동에서는 다른 하위 그룹보다 약간 낫다. 이는 절친한 친구들이 가장 많고[5] 그들을 진정으로 아는 사람들의 평균적인 숫자가 가장 많은 점[6]과 관련이 있어 보인다.

교리, 믿음, 교회 참여

우리 조사에서 주요 교리들에 관해서 교회를 떠난 유색인종은 상대적으로 비정통적이었다. 그들은 삼위일체, 성경의 신뢰성, 예수님의 신성과 인성, 예수님의 죄 없으심, 대속, 부활, 그분을 통해서만 구원을 받을 수 있다는 점 같은 기독교 신학의 기본적인 교리에 동의하는 면에서 전반적으로 두 번째로 낮은 점수를 기록했다. 그들은 예수님이 하나님의 아들이라는 믿음(13%)과 성경이 실제로 하나님의 말씀이라는 믿음(29%)에서 명목상 크리스천들보다 약간 높은 점수를 기록했다. 교회를 떠난 유색인종 중 52%만이 천국을 믿고 50%만 지옥을 믿었다. 그들은 하나님의 존재에 대해 큰 의심을 보였다. 또한 그들은 기도, 예배 참석, 금식, 신앙 서적 읽기 같은 종교적 행위에 잘 참여하지 않았다. 다른 그룹에 비해 그들은 과거에 교회 중고등부 그룹에 참가한 비율이 낮았지만(20%), 교회 기반의 대학교 사역(25%)과 캠퍼스 사역(18%)의 참여 비율은 더 높았다.

제이미는 노트르담대학교 시절에 가톨릭교회에 열린 태도를 보이기도 했는데, 이는 교회를 떠난 많은 유색인종이 복음주의 교회를 나온 이후에 여러 교단을 옮겨 다니는 모습을 그려 볼 때 도움이 된다. 가톨릭교회는 교회를 떠난 이 개신교 복음주의자들이 가장 흔하게 둥지를 트는 곳이다(39%). "기타 세계 종교들"(14%)과 "아무 데도 없다"(14%)가 그다음으로 많이 나온 답변이다. 제이미가 흑인이 아니라 히스패닉계통이라면 가톨릭교회로 갈 가능성이 더 높을 것이다. 라틴계 미국인들은 복음주의 교회를 떠난 뒤 가톨릭교회로 선회하는 비율이 15%이기 때문이다.

안타깝게도, 교회를 떠난 유색인종 그룹은 평생에 가장 많은 교회를 전전하는 것으로 응답했다. 개인당 평균 6.5개의 교회다. 이 수치는 다른 그룹 평균의 약 두 배다. 그들이 교회를 자주 옮기기는 하지만 복음주의 교회에 대해서는 덜 편안해하는 것으로 보인다. 교회를 떠난 유색인종 그룹에 관한 다른 모든 데이터를 종합해 보면 그들이 이 교회 저 교회를 전전하는 이유를 이해할 수 있다.

그들이 교회를 떠난 이유

우리의 조사에서 교회를 떠난 유색인종 그룹은 제이미처럼 평균적으로 2000년 전후로 교회를 떠났다. 그들은 고등학교 시절(13-17세)에서 고등학교 졸업 후 기간(18-25세), 젊은 직장인 시기(26세 이상)까지의 변화기에 교회에 머물기가 특히 힘들었다고 말했다.

십 대에서 이십 대 초까지의 변화기에 이 그룹이 교회에서 겪는 가장 힘든 장애물은 〈표 6-1〉과 같다.

교회를 떠난 유색인종 그룹은 고등학교 졸업 후에 교회에 다니는 것을 힘들어한다. 십 대(13-17세)에서 대학교 시절(18-25세)까지를 보면, 복음주의 교회에서 적응하기 힘들다고 답변한 비율이 3%에서 19%로 증가한다. 이는 모든 연령대와 모든 그룹을 통틀어 이 영역에서 가장 큰 변화다. 또한 그들은 같은 기간에 교회에서 부정적인 경험을 더 많이 하고(2%에서 11%로) 복음주의자들에게 나쁜 일을 더 많이 겪었다고(2%에서 12%로) 대답했다.

18-25세에서 젊은 직장인(26-39세)까지의 기간을 보면, 그들에게 교회와 관련한 가장 큰 걸림돌은 〈표 6-2〉와 같다.

〈표 6-1〉

교회를 떠난 이유(18-25세)

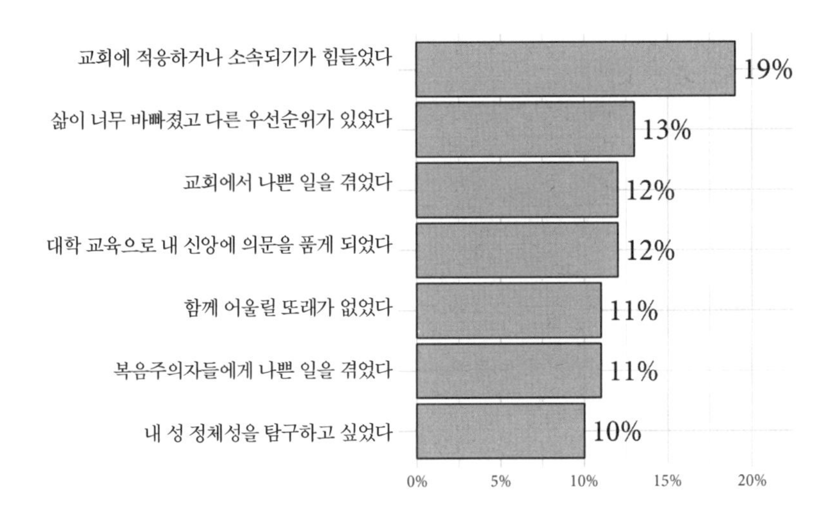

또한 핵심 공동체를 찾는 것과 관련해서 관계적으로 큰 변화가 있었다. 18-25세의 기간에는 8%만 "온라인이나 직장에서 공동체를 이루고 관계를 맺었다"라고 대답했다. 하지만 젊은 직장인 시기로 넘어가면 이 수치는 20%로 껑충 뛰어오른다. 인생의 이 시기에는 자기 신앙 때문이 아니라 가족 때문에 교회에 다닌 것이라고 여기는 경우가 많아진다. 6%에서 14%로 수치가 급증한다.

우리 조사에서 교회를 떠난 유색인종 그룹만의 독특한 점이 많이 나타났다. 다음 다섯 가지는 이 그룹에서 교회를 떠난 상위 열 가지에 포함되었지만, 다른 그룹에서는 상위 열 가지 이유에 포함되는 경우가 전혀 혹은 거의 없다.

- 믿음이 효과가 없었다(19%).[7]
- 시간과 돈을 쏟을 다른 우선순위가 있었다(18%).[8]
- 고난으로 인해 하나님을 바라보는 내 시각이 변했다(18%).[9]
- 교회가 지역 사회에서 선을 충분히 행하지 않는 것으로 보였다(16%).
- 설교가 나의 삶과 관련이 없었다(16%).

〈표 6-2〉

젊은 직장인들(26-39세)이 교회를 떠난 이유

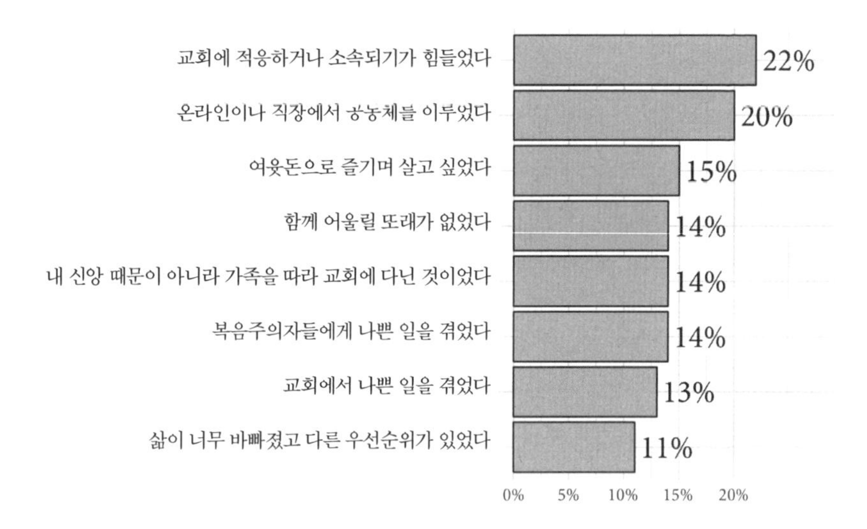

이 그룹의 또 다른 독특한 점은 부모가 이들의 교회 참여에 미친 영향이었다. 안타깝게도 이들의 부모는 자녀의 탈교회 결정에 다른 어느 그룹보다 더 부정적인 영향을 끼쳤다. 그렇다면 정확히 부모들의 어떤 행동 때문에 젊은 유색인종 성인들이 교회를 떠나고 있는가?

〈표 6-3〉은 그들이 주장하는, 부모가 끼친 악영향이다.

〈표 6-3〉

교회를 떠나는 데 부모와 관련된 이유

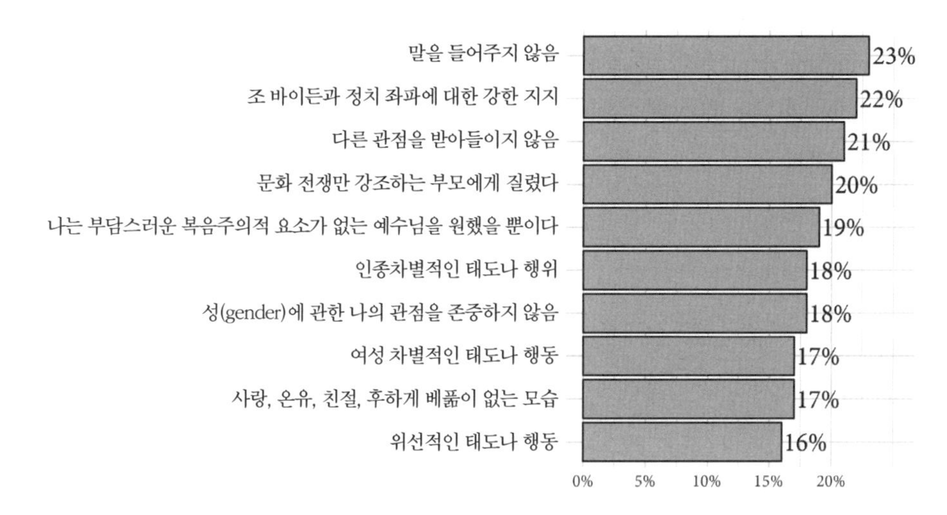

교회를 떠난 유색인종 그룹과 명목상 크리스천 그룹은 부모와 가장 큰 갈등을 겪었고, 부모와의 관계는 그들이 교회를 떠나는 데 큰 역할을 했다. 부모의 행동이 어떻게 바뀌면 교회로 돌아갈 가능성이 있느냐는 질문에 응답자들은 다음과 같이 조언했다.

- 우리의 말을 들으려고 노력하라(37%).
- 사랑, 기쁨, 온유, 친절, 후하게 베풂을 더 꾸준히 실천하라(36%).
- 성에 관한 시각을 바꾸라(27%).

- 여성 리더십에 관한 시각을 바꾸라(25%).
- 다른 관점들에 더 마음을 열려고 노력하라(23%).
- 정치적인 이야기를 줄이라(22%).

대부분은 인간관계에서 지혜를 발휘하는 데 필요한 당연한 조언이지만 덜 직관적인 조언도 있다. 다른 사람들의 말에 귀를 기울이고 성령의 열매를 추구해야 하는 것은 당연하게 보인다. 하지만 교회를 떠난 자녀(혹은 손자)의 부모가 남들에게 더 후히 베풀고, 논쟁을 불러일으킬 만한 관점을 제시할 때 표현을 절제하는 것도 그에 못지않게 중요하다. 부모는 경청과 호기심으로 자녀를 이끌어야 한다. 자신의 관점에 자신감이 있으면 다른 관점을 대할 때 방어적이거나 강하게 반응할 필요가 없다. 조용하고 침착하고 호기심 어린 태도는 매력적이며 상대방을 무장해제시킨다. 9장 '가까이에서 그들의 필요를 살피라'에서 이에 관한 이야기를 더 해 보자.

그들이 복음주의 교회로 돌아갈 수도 있는 이유

좋은 소식은 교회를 떠난 유색인종 복음주의자의 65%가 복음주의로 돌아갈 의향이 있다는 것이다. 이 그룹에서 '절대' 돌아가지 않겠다고 대답한 사람들은 5%에 불과했다. 어떤 경우에 교회로 돌아갈 수 있는지 묻는 말에 응답자들은 주로 사회적인 이유와 향수에 관한 답변을 내놓았다. 교회를 떠난 유색인종이 교회로 돌아가기 위한 가장 중요한 조건으로 꼽은 것들은 〈표 6-4〉와 같다.

〈표 6-4〉

교회로 돌아가기 위한 조건

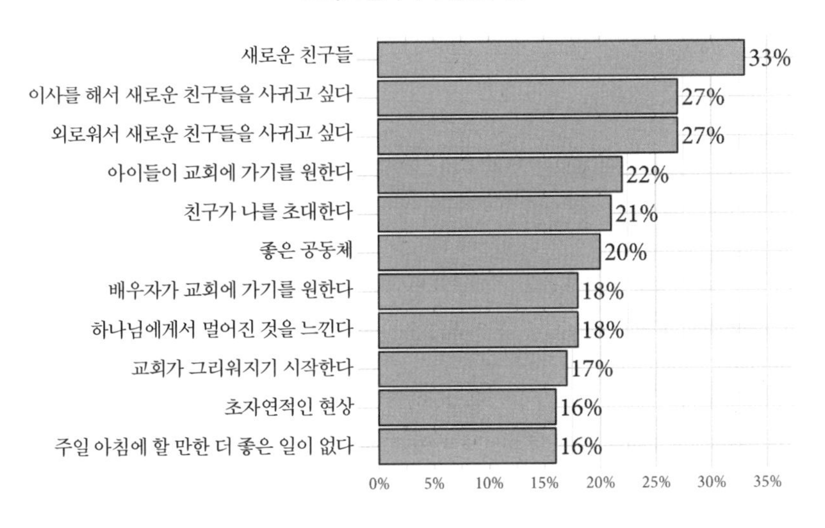

교회를 떠난 유색인종이 교회로 돌아갈 수 있는 조건들을 보면 상위 7가지 조건들이 모두 관계적이다. 새로운 친구를 사귀는 것에서 사랑하는 사람이 교회에 가기를 원하는 것과 공동체를 원하는 것까지, 이 그룹은 관계적으로 목말라 있는 것이 분명하다. 이 그룹에 영적 민감성이 남아 있는 모습도 볼 수 있다. 하나님에게서 멀어진 것을 느끼거나 교회를 그리워하거나 초자연적인 것에 마음을 열고 있는 것은 영적 관심이 아직 남아 있다는 증거다.

여러 면에서, 그리고 다른 그룹과 마찬가지로, 교회를 떠난 유색인종이 교회로 돌아오기 위한 조건들은 그들이 교회를 떠난 이유를 그대로 반영하고 있다.

개인적으로나 제도로서나 복음주의자들은 특히 관계적인 면에서 이 그룹을 실망시켰다. 이 그룹이 교회를 떠난 지 20년이 훌쩍 지났지만 이들 중 3분의 2는 좋은 관계를 맺는 것이 가능하다면 지난 상처를 뒤로 한 채 교회로 돌아갈 용의가 있다.

사회에서 소외당하는 사람에게 신뢰받는 교회

교회를 떠난 유색인종 그룹은 인종 외에도 많은 독특한 특징을 지니고 있다. 감사하게도 이 특징들은 이 그룹을 더 잘 섬기기 원하는 이들에게 구체적인 방향을 제시해 준다.

모든 그룹에서 인간관계의 문제점들이 나타났지만, 교회를 떠난 유색인종 그룹에서는 특히 더 분명하게 나타났다. 그들은 소속감이 필요하고 어느 정도 사람들과 어울릴 수 있는 곳이 필요한데, 이런 문제는 교회와 공동체에 관한 그들의 결정에 큰 영향을 미쳤다. 복음주의자들과 복음주의 교회들에 관한 부정적인 경험은 특히 그들이 18-30세 사이일 때 탈교회에 결정적인 영향을 미쳤다.

교회를 떠난 이 그룹의 신뢰를 회복하고 싶은 교회들은 인간관계보다 정치적 파벌을 우선시하는 태도와 행동으로 이들에게 상처를 주던 방식을 적극적으로 고쳐 나가야 한다. 문화지능과 정서지능을 계발하고, 이들의 특정한 경험과 필요에 대한 이해력과 공감 능력을 높여야 한다.

제이미의 이야기에서 보았듯이, 많은 백인 복음주의자는 여전히 기본적인 문화적 능력이 부족하다. 우리가 인종과 민족적 배경이 다른 사람들을 어떤 식으로 소외시키고 있는지를 이해하지 못한다면, 그렇지 않아도 그들을 교회에서 멀어지게 하고 있는 근본적인 어려움을 더 악화시킬 뿐이다. 언어나 소득이나 나이 차이처럼 삶의 조건에서 차이가 클수록, 그런 부분들을 더 고려해야 한다. 이 그룹의 부모들뿐 아니라, 위기에 빠진 젊은 유색인종들을 섬기고 치유해 주기를 원하는 모든 기성세대 크리스천들은 그들의 말에 귀를 기울이고, 말하기를 더디 하고, 다른 관점에 대해 호기심과 공감의 자세를 보여 주어야 한다.

이 그룹은 이사가 잦고 오랜 시간의 고강도 업무로 바쁘고 스트레스를 많이 받는 자신에게 계속해서 다가와 관계를 맺기 위해 노력해 줄 사람들이 필요하다. 전통적인 교회 프로그램으로는 충분하지 않다. 기존의 사고 틀에서 벗어나 이 그룹의 필요를 이해하려고 노력해야 한다. 우리의 목표는 단순히 출석 교인 수나 등록 교인 수를 늘리는 것이 아니라 바로 교회 문밖의 선교 현장에서 큰 비중을 차지하는 이들에게 예수 그리스도의 사랑과 복음을 전하는 것이다. 이들에게 관계적으로 다가가려면 남다른 노력이 필요할 수 있다. 하지만 지상명령을 수행할 임무를 받은 복음 전도자로서 우리는 기꺼이 그런 노력을 해야 한다. 인종과 배경에 상관없이 모든 이웃을 사랑해야 한다. 주류 문화에 속해 있다면 문화적 취향보다 복음 전도의 사명을 중시하여, 상대방 문화에 맞춰 주는 겸손을 발휘할 수 있어야 한다.

교회를 떠난 유색인종 그룹은 자주 이동한다는 사실을 잊지 말라. 그들은 교회를 떠난 다른 그룹보다 두 배나 자주 이동한다. 당신의 교회가 이 그룹에 속하는 한 사람이나 한 가정에 영향을 미칠 시간은 아주 짧을 수 있다. 우리가 아는 한 목사는 유동성이 매우 높은 도시에서 목회하는데, 자신의 직업이 "퍼레이드에서 스쳐 지나가는 사람들을 안아 주는 것"처럼 느껴질 때가 많다고 말한다. 모두 곧 떠나갈 사람이라도 상관없이 우리가 마음을 쏟아 준다면 얼마나 좋을까? 우리는 모두 잠시

머문 다른 교회에서 사랑을 받은 경험이 있다. 그런 사람은 또 다른 사람에게 유익을 끼치게 되어 있다. 우리가 모두 하나님 나라를 바라보며 이렇게 사랑을 베풀면 그 나라가 크게 넓어질 것이다.

등록 교인들을 잘 관리하는 모습이 복음주의 교회에서 이미 사라져 가고 있다. 다른 곳으로 이사해서 교회를 떠난 교인들을 돌보는 모습을 보기 힘들다. 8장 '가까이에서 그들의 필요를 살피라'에서 이 개념을 더 살피겠지만, 우리가 가장 쉽게 열매를 거둘 수 있는 한 가지 기회는 누군가가 이사를 할 예정이거나 이사를 했다는 소식을 들을 때다. 전화를 걸어 그의 상황을 묻고, 새로운 지역에서 좋은 교회를 찾도록 도와주어도 되는지 물어 보라. 이 그룹이 온라인에서 보내는 시간을 감안하면, 소셜 미디어를 비롯한 디지털 기술을 통해서도 그들이 교회 가족의 품 안에 머물도록 도울 수 있다.

마지막으로, 복음주의 교회들이 교회를 떠난 유색인종 그룹을 더 잘 섬기기 위해서는 영적 형성과 교리에 더 초점을 맞출 필요성이 있다. 제자 훈련과 교리 교육이 매우 중요하다. 바른 신앙을 고백하는 교회인 동시에 선교적인 교회가 더 많이 필요하다. 교회를 떠난 유색인종 그룹은 그들의 질문에 관심을 가지고 귀를 기울여 주며, 대학 시절과 직장 생활 초기에 찾아오는 의심을 풀어 줄 사람을 원한다. 그들은 기도와 성경 읽기의 유익을 직접적으로 누리고, 그리스도와 그들을 사랑하는 사람들과 함께 예배하는 기쁨을 경험해야 한다.

7.

"교회가 타락한 세상과 다를 바 없다."

_ 주류 개신교 신자와 가톨릭 신자

코너는 보스턴 남부의 자갈 섞인 해변 마을에서 온 육체노동자이며 열렬한 레드 삭스 팬이다. 현재는 테네시주 시골에서 살고 있다.

코너는 직장 동료 샘의 소개로 〈익명의 알코올 중독자〉(Alcoholics Anonymous) 모임에 다니기 시작했다. 샘은 이미 금주 10주년 기념 칩을 받은 상태였다. 코너는 자신도 언젠가 그 칩을 받고 싶었다. 그래서 두 번째 모임 후에 샘에게 자신의 후원자(선배 회원)가 되어 달라고 부탁했다. 샘은 기꺼이 후원자가 되어 주겠다고 대답했고, 두 사람은 그 주에 근처 식당에서 만나기로 약속했다.

식당에서 두 사람은 잠시 안부를 묻고, 샘이 코너에게 물었다. “직장에서는 알고 지냈지만, 개인적으로 아는 것이 없네요. 자녀는 있나요?”

“있다마다. 자식이 두 명이네. 지금은 다 커서 직장생활을 하고 있지.”

“그리고 부인은 … 이름이 신시아, 맞죠?”

“기억력이 좋군. 맞아. 안타깝지만 우린 최근에 이혼했어. 18개월도 더 지났으니까, 최근도 아니군.”

샘이 눈살을 찌푸렸다. “저런, 몰랐어요. 힘드시겠어요.”

“회사에서는 아무에게도 말하지 않았지. 오늘 자네한테 들켰군. 아내와 나는 27년간 함께 살았지. 둘 다 보스턴에서 자랐네. 우리는 고등학교 때 사귀기 시작했어.” 코너는 아직도 마음이 아픈 것이 분명했다.

“그래서, 부인을 학교에서 만나신 거에요?” 샘이 물었다.

“학교에서 만났지. 나는 미식축구 선수였고 아내는 치어리더였어. 진부한 동화 같은 이야기지.” 코너는 미소를 지으며 얘기하기는 했지만, 그 미소가 눈가까지 번지지는 않았다. “우리는 같은 학교에 다녔지만, 교회는 따로 다녔어.”

“교회에 다니신 줄은 몰랐어요.”

“교회에 다녔지. 결혼하고서도 계속 다녔고. 아이들이 어릴 때는 교회에 데리고 다녔어. 내가 어릴 때, 우리 가족은 가톨릭이라서 매주 미사를 드리러 갔지. 아내는 성공회 교회에서 중고등부에 다녔고. 나는 축구를 하는 것과 삼촌 밑에서 돈 버는 일에 정신이 팔려서 중고등부 활동을 할 겨를이 없었지.”

샘이 물었다. “원자력 산업에서 얼마나 일하셨어요?”

"고등학교를 졸업하자마자 아내가 임신했지. 그 사실을 알자마자 우리는 결혼했어. 그런데 보스턴은 값싼 동네가 아니었다네. 그리고 처자식을 부모님 집의 지하실에서 지내게 할 수 없었어. 그래서 삼촌이 … 내가 고등학교 때 삼촌 밑에서 일했다고 말했던가? 삼촌은 건설 현장에서 일했네. 당시 보스턴 외곽에서 원자력 발전소를 짓는 일을 했지. 삼촌은 자기 친구를 불렀는데, 그 친구분이 나를 그곳에 데려갔지."

"경력도 없는데 취직하셨네요?"

"자네는 너무 어려서 기억 못하겠지만 당시 체르노빌 원전이 폭발한 일이 있었고 쓰리 마일 섬 사고도 모든 사람의 기억 속에 생생했네. 그래서 방사능 오염을 무서워하지 않는 사람이라면 누구나 고용할 거라고 생각했어. 방사능의 위험을 뉴스에서 연일 떠들어대던 때이니까 말이야."

"결혼하고서는 가톨릭교회, 성공회 교회 중 어디에 다니셨어요?" 샘이 물었다.

"일종의 퓨전이라고나 할까. 성공회 교회에서 성만찬에 참석했다가 주일 저녁에는 가톨릭 성당에 가서 미사를 드렸지. 그렇게 해서 모두 만족하고 가정의 평화를 유지할 수 있었네. 한동안은 말이야."

샘은 고개를 끄덕이고 물통을 들어 컵에 물을 채웠다. "자, 그래서 보스턴 남부 출신의 사내가 어떻게 테네시주의 산간벽지로 들어오게 된 거죠?" 샘이 물었다.

"음, 원자력 발전소가 고졸 출신에게 봉급을 꽤 두둑하게 주기는 했지만, 보스턴은 생활비가 너무 많이 들고 동네가 험악했지. 도시에서 그 돈으로 두 아이를 키우기는 빠듯했네."

"이곳에 아는 사람이 있어서 오게 되셨나요?"

"와츠 원자력 발전소로 이직한 지 얼마 되지 않은 옛 직장 동료가 여기에 있었어. 그 친구가 입만 열면 스프링 시티가 좋다고 자랑하더군. 집값도 훨씬 싸다고 말이야. 최소한 90년대에는 그랬지."

샘은 다 안다는 듯이 미소를 지었다. "그래서 이사했더니 어땠어요? 문화 충격이 대단했죠? 이곳이 고향처럼 느껴지기까지 얼마나 걸렸어요?"

"솔직히 아직도 이곳이 완전히 고향처럼 느껴지지는 않네. 이곳에서는 모든 사람이 백인이고 개신교 신자이고 공화당 지지자야. 어떤 이들은 면전에 대고 나를 양키라고 불렀지. 뒤에서 수군거리는 이들도 많았고. 처음 그 말을 들었을 때 '나도 남들만큼이나 양키스 구단이 싫어'라고 생각했던 기억이 나는군. 알다시피 나는 열렬한 레드 삭스 팬이니까 말이야. 그들이 북부 사람인 나를 경멸해서 그런 호칭으로 불렀다는 것을 나중에야 알게 되었지."

기억을 더듬는 코너의 이마에 주름이 잡혔다. "처음에는 좋았지. 그런데 서서히 일이 잘못되기 시작했어. 아이를 키우고 일하느라 하루하루 버티기에 바빴어. 직장 일은 잘 풀렸지만, 아이들이 곧 대학에 갈 걸 생각하니 부담감이 이만저만이 아니었어. 하루라도 빨리 등록금을 모아야 했지. 그래서 야근을 밥 먹듯이 했다네. 그러다 근무 후에 같이 스트레스를 풀 술친구들을 사귀게 되었어. 처음에는 매일 밤, 일 끝나고 한두 잔만 마셨다네."

"술을 마시거나 늦게까지 일한다고 아내분이 불평하시지 않던가요?"

"전혀. 아내는 온통 아이들에게 정신이 팔려 있었거든. 아이들 학교생활과 스포츠 활동 같은 것밖에 생각하지 않았어. 그때는 내가 술을 그리 많이 마시지도 않았고. 아까 말했듯이 오랜 세월에 걸쳐 서서히 이렇게 되었다네. 아이들을 챙기느라 부부관계가 뒷전이다 보니 둘 다 불만이 쌓이기 시작했지." 코너가 말꼬리를 흐리면서 잠시 침묵이 흘렀다.

웨이트리스가 파이를 가져왔다. 샘은 고맙다고 말하고서 포마이카 테이블 위에 놓인 파이 접시를 코너 쪽으로 밀었다.

"집에 빨리 안 가셔도 된다면, 제가 알코올 중독에서 회복된 과정을 들어 보실래요?" 샘이 말했다.

코너는 프렌치 실크 파이를 한 조각 떼어냈다. "나야 할 일도 없고 집에 가 봐야 기다리는 사람도 없으니, 얼마든지 말해 보게." 코너는 샘의 이야기로 넘어간 것을 다행으로 생각하며 말했다.

"저는 이곳 출신이에요. 이곳 여자와 결혼해서 쭉 여기서 살았죠. 제 삶은 겉으로는 좋아 보였어요. 하지만 사실은 술에 절어 있었죠. 아버지는 모진 분이에요. 어머니와 우리 형제들에게 가혹하게 구셨죠. 그 상처 때문에 저는 결국 알코올 중독에 빠져들었어요."

"밖에서는 남의 속사정을 모르는 법이지." 코너는 고개를 끄덕여 공감을 표시했다.

"맞아요. 말씀하신 대로, 어릴 적에 교회에 가면 우리는 완벽한 가족처럼 보였죠. 심지어 아버지는 제 후원자가 집사로 있던 침례교회의 남선교회 회장이었어요. 동네가 참 좁죠?" 샘은 웃음을 터뜨렸다.

"저런, 자네 아버지가 진짜 양의 탈을 쓴 늑대였군." 코너가 인상을 찌푸리며 말했다.

"교인이 싫으면 신앙도 버리기 쉽죠. 술을 끊고 나서, 성경의 진리를 제가 겪은 거짓 행위나 거짓 신자와 구분해서, 좋은 것은 놓치지 않는 법을 배워야 했어요. 제 경우는 회복과 신앙이 짝을 이루었답니다. 이것이 제가 교회에 관해서 당신에게 질문한 이유예요. 지금 당신이 술을 끊도록 도와줄 교회와 교인들이 있나요?"

"솔직히 말하겠네." 코너가 손바닥을 다리에 문지르며 말했다. "내 평생에 교회 문턱을 다시 넘을 일이 있을지 모르겠네."

"그렇게까지 교회를 싫어하시는 이유가 뭔가요?"

"2002년 초였지. 어머니에게 전화 한 통을 받고서 내 인생이 송두리째 바뀌었어. 어머니는 신문에서 우리 교구에 관한 기사를 봤느냐고 물으셨지. 나는 보지 못했다고 했어. 어머니는 큰일이 생겨서 걱정이라며 이야기를 시작하셨지. 사건에 관련된 신부들 이름 중에 어머니가 아는 이름도 있다고 하셨어. 어머니가 계속해서 같은 말을 되풀이하시니까 슬슬 짜증이 나더군. 그때 갑자기 어머니가 불쑥 이렇게 말씀하시지 뭔가. '그 신부 중 한 명이 네 동생을 만졌대.' 그 말에 정신이 번쩍 들었지."

코너는 그 대화를 떠올리며 고개를 푹 숙였다. "그래서 어머니에게 물었지. '무슨 뜻이에요, 엄마? 무슨 말을 하려는 거예요?'" 코너는 고개를 들어 괴로운 표정으로 샘을 바라보았다. "어머니는 우리 교회 신부가 내 동생에게 성폭력을 저질렀다고 말씀하셨어."

"뭐라고요? 그럴 수가…."

"그래. 사실이었어. 그 괴물이 내 어린 동생을 강간했어."

샘은 천천히 숨을 내쉬었다. "그 말씀을 듣고 얼마나 힘드셨을지…. 상상이 가지 않네요." 한참 적막이 흘렀다. 마침내 샘이 입을 열었다. “그래서 가족들이 그 사건을 어떻게 처리했나요?”

“그날 어머니에게 청천벽력과도 같은 소식을 듣고, 나는 완전히 무너졌지. 그걸로 끝이었어. 가톨릭교회와는 영영 작별했지. 성공회 교회도 가고 싶지 않았어. 그 교회 건물들 옆을 지나가기만 해도 구역질이 나서 견딜 수 없었어.”

“충분히 이해해요. 그런 일을 겪고 나면 그것이 정상적인 반응이에요. 고통을 주는 것을 어떻게든 피하려고 하기 마련이죠. 그걸 잊기 위해 폭음을 하게 되고요.”

“그런데 말이네.” 코너가 조용한 목소리로 고백했다. “여기 앉아서 자네에게 이야기하면서 생각해 보니, 내가 동생에 관한 소식을 듣고 나서부터 폭음하기 시작했던 것 같네.” 그는 목이 메어 잠시 말을 멈추었다가 다시 말했다. “동생에게 전화해서 도와주고 싶었네. 정말로….” 그는 울음을 삼키는 듯했다. 그리고 깊은숨을 들이마셨다. “하지만 그렇게 하지 못했어.”

“그럴 수밖에 없었을 거예요. 상상도 못 했던 일이니까요. 정말 안됐어요.” 샘은 코너에게 진정할 시간을 주었다.

“그래서 그 일에 대해서 가만히 있었나요? 동생을 위로해 주지도 않고요?”

“말하기 창피하지만 그랬다네. 한마디 위로의 말도 못 했어.”

“그래서 어떻게 되었나요?”

“뭐, 아이들은 졸업해서 대학교에 갔지. 아내와 나는 이혼을 했고.” 코너는 파이를 한 조각 베어 물고서 말을 이어 갔다. “그렇다고 진흙탕 싸움으로 마무리하지는 않았어. 우리는 아직도 서로를 깊이 아낀다고 생각해. 단지 같이 살기만 힘들 뿐이야."

"그 뒤로 가톨릭교회든 어디든, 교회는 한 번도 가지 않았어요?" 샘이 물었다.

"신시아는 우리 막내가 졸업할 때까지 계속해서 성공회 교회에 다녔어. 우리는 둘 다 여전히 예수님과 하나님을 믿어. 가끔 기도할 때도 있지. 따로따로 말이야. 함께 하지는 않았네. 그러니까 우리는 둘 다 여전히 도덕적인 사람들이었어. 우리는 우리가 좋은 사람이라고 생각해. 우리는 인종차별과 거짓말, 도둑질 같은 것을 극도로 미워하지. 하지만 이건 개인적인 것이야. 일요일마다 우리에게 설교하면서 평소에 남몰래 딴짓하는 자들 따위는 필요하지 않아."

샘은 고개를 끄덕이며 깊은숨을 내쉬었다. "많은 이야기를 해 주셔서 감사해요. 충분히 이해합니다. 상처가 크셨을 거예요."

"나도 고맙네." 코너는 고개를 흔들었다. "누구한테도 이런 이야기를 한 적이 없었어. 털어놓고 나니까 좀 후련한 것도 같네."

교회를 떠난 주류 개신교 신자와 가톨릭 신자 이해하기

우리의 대규모 양적 연구에서 나온 정말 뜻밖의 결과 중 하나는 교회를 떠난 주류 개신교[1] 신자와 가톨릭 신자가 정말 비슷하다는 것이다. 두 그룹의 공통점을 살피기 전에 먼저 몇 가지 차이점을 간단히 짚고 넘어가자.

교회를 떠난 주류 개신교 신자와 가톨릭 신자 사이의 차이점

우리 조사에서, 교회를 떠난 주류 개신교 신자와 가톨릭 신자 사이의 가장 큰 차이점은 성(gender)이었다. 교회를 떠난 가톨릭 그룹은 48%만 여성이었던 반면, 교회를 떠난 주류 개신교 그룹은 68%가 여성이었다.[2] 이 정도의 성 불균형은 교회를 떠난 유색인종 복음주의 그룹에서만 볼 수 있었다. 교회를 떠난 유색인종 복음주의 그룹에서 남성은 68%였다. 두 수치는 모두 심각한 문제를 반영하기 때문에 경각심을 갖고 주목해야 한다.

우리 조사는 지역적인 측면에서도 큰 차이점을 보여 주었다. 교회를 떠난 가톨릭 신자들은 북동부에 거주하는 비율이 모든 교단의 모든 그룹에서 가장 높았다. 교회를 떠난 가톨릭 신자 중 무려 29%가 북동부에 거주했다. 교회를 떠난 주류 개신교 신자들이 그다음으로, 17%가 그 지역에 거주했다. 그 외의 복음주의 하위 그룹 중에 13%를 넘는 그룹은 없었다.

우리 조사에서, 교회를 떠난 가톨릭 신자들(55%)의 기혼 비율은 교회를 떠난 주류 개신교 신자들(47%)보다 약간 높았다. 두 그룹 모두에 상당한 숫자의 은퇴자들이 포함되어 있었지만, 주류 개신교 신자들(41%)의 은퇴자 비율이 가톨릭 신자들(31%)보다 높았다. 두 그룹 모두에서 정규직 노동자가 적었지만, 주류 개신교 신자들(25%)은 그 비율이 가장 낮고 가톨릭 신자들(36%)은 약간 더 높았다.

신시아처럼 교회를 떠난 주류 개신교 신자들(36%)은 교회 중고등부에 다녔던 비율이 가톨릭 신자들(17%)보다 높았다. 교회를 떠난 가톨릭 신자들은 도널드 트럼프를 가장 덜 지지했다. 그들의 도널드 트럼프 평균 지지율은 교회를 떠난 주류 개신교 신자들보다 평균 8% 낮았고, 모든 복음주의 하위 그룹보다 낮았다. 교회를 떠난 가톨릭 신자들은 교회를 떠난 이유로 정치적 갈등, 여성 차별, 성적 자유를 꼽은 비율이 교회를 떠난 주류 개신교 신자들보다 높았다. 가톨릭교 응답자들과 비교하면, 교회를 떠난 주류 개신교 신자들은 교회를 떠난 이유로 개인적인 고통, 교회가 지역 사회 내에서 선한 일을 충분히 하지 않음을 더 높은 비율로 꼽았다.

지금까지 교회를 떠난 주류 개신교 신자들과 교회를 떠난 가톨릭 신자들 사이의 몇 가지 차이점을 살펴보았다. 그 외에 나머지는 아주 사소한 차이에 불과했다. 이제 남은 측면을 살펴보자.

교리, 믿음, 교회 참여

우리는 교회를 떠난 주류 개신교 신자들과 교회를 떠난 가톨릭 신자들 사이에 교리상으로 큰 차이가 나타나리라 예상했다. 하지만 몇 가지 주요 교리에서는 큰 차이점이 없었다.

이 수치는 교회를 떠난 명목상 크리스천들 및 교회를 떠난 유색인종 복음주의 그룹과 비슷했지만, 교회를 떠난 주류 복음주의자들 및 복음주의 교회를 떠난 사람들보다 크게 낮았다. 교회를 떠난 가톨릭 신자들과 주류 개신교 신자들은 서로 비슷했고, 명목상 크리스천 및 교회를 떠난 유색인종 그룹과도 비슷했다. 단, 예수님을 통해서만 구원을 받을 수 있다는 교리에서는 교회를 떠난 가톨릭 신자들이 큰 차이점을 보였다. 교회를 떠난 주류 개신교 신자들과 가톨릭 신자들은 다른 모든 그룹보다 성경을 덜 신뢰했다.

전반적으로, 성경에 대한 관점과 다른 교리적 문제들에 대한 관점은 높은 상관관계가 있어 보인다. 성경을 신뢰하는 사람은 다른 주요 교리를 믿는 것에도 높은 점수를 보였다. 성경을 신뢰하지 않는 일은 다른 신학적 교리에 대한 믿음도 약하다는 증거로 보인다. 교회를 떠난 주류

〈표 7-1〉

교회를 떠난 주류 개신교 신자와 가톨릭 신자의 신학적 입장

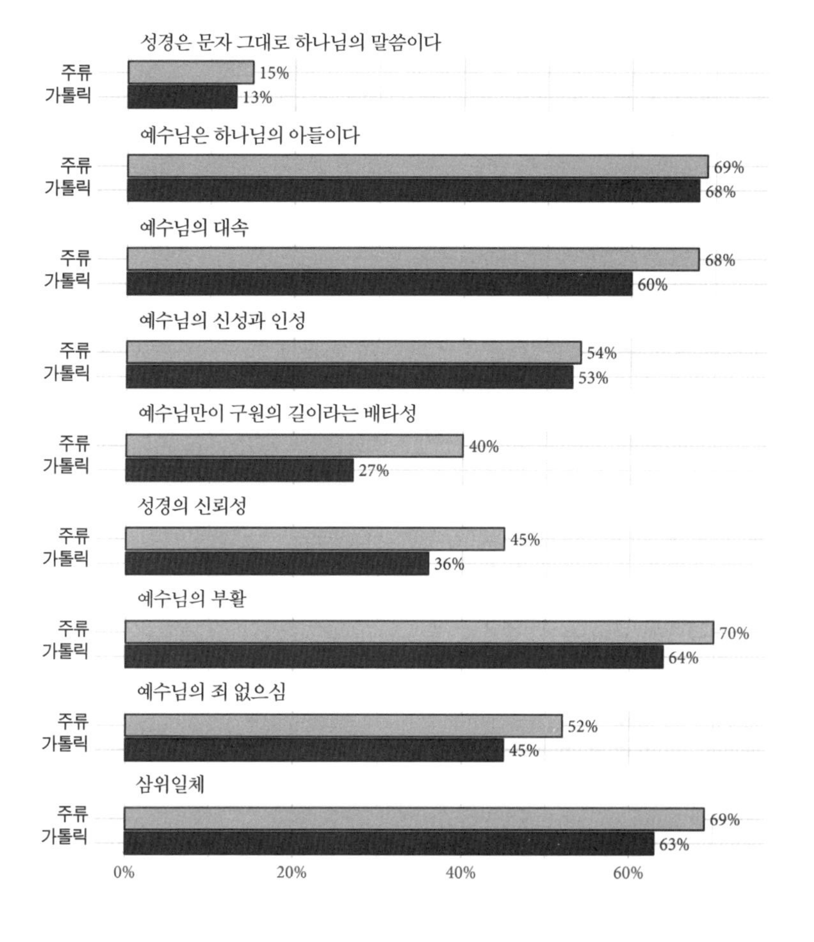

개신교 신자들과 가톨릭 신자들에게는 신경과 신앙고백들을 사용해서 성경에 대한 더 깊은 믿음을 불어넣는 것이 좋은 방법이 될 것이다.

조사에서, 교회를 떠난 주류 개신교 신자들과 가톨릭 신자들은 모두 정당과 정책에 관해서 중도 좌파에서 약간 좌파 쪽으로 기울었다. 두 그룹 모두 기독교 국가주의, 도널드 트럼프, 2021년 1월 6일 국회의사당 폭동, 인종주의, 여성 차별에 반감을 보였다. 두 그룹은 지상파 뉴스 29%, 폭스 뉴스 21%, CNN 13%로, 미디어 소비에서 사실상 같은 모습을 보였다.

그들이 교회를 떠난 이유

주류 개신교 신자들과 가톨릭 신자들이 교회를 떠난 가장 큰 이유는 〈표 7-2〉, 〈표 7-3〉과 같다.

〈표 7-2〉

교회를 떠난 이유(주류 개신교 신자)

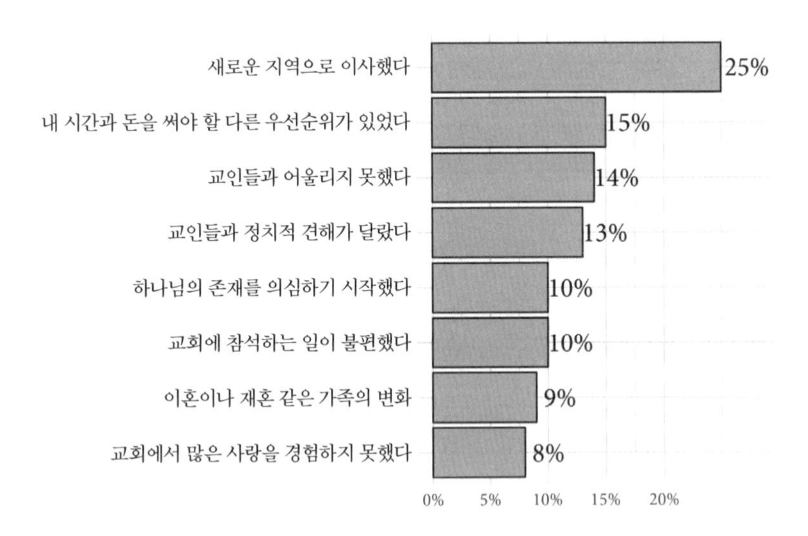

〈표 7-3〉

교회를 떠난 이유(가톨릭 신자)

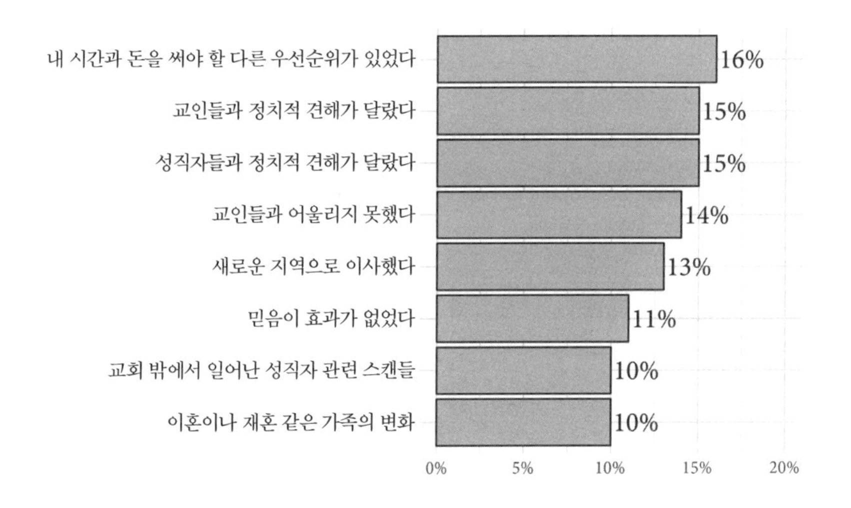

이사는 가톨릭 신자들보다 주류 개신교 신자들의 탈교회에 더 큰 영향을 미쳤다. 두 그룹 모두 자주 이사하지 않기 때문에 이는 다소 뜻밖의 결과다. 교회를 떠난 주류 개신교 신자들의 87%와 교회를 떠난 가톨릭 신자들의 85%는 작년에 이사하지 않았다. 이 요인 외에 탈교회의 상위 여덟 가지 이유가 두 그룹 모두에서 공통으로, 그리고 비슷한 수치로 나타난다.

교회를 떠난 주류 개신교 신자들과 가톨릭 신자들의 가장 큰 탈교회 요인은 정치, 믿음, 시간 사용, 삶의 변화와 관련된 것들이었다. 명목상 크리스천들 및 교회를 떠난 유색인종 복음주의자들과 비슷하게 낮은 정통 교리 점수로 볼 때 이들 중 실제로 몇 퍼센트나 실제로 구원받을 수 있는 믿음을 가졌는지 의심스럽다.

〈표 7-4〉

교회가 해야 하는 일의 우선순위를 정해 보라

1=가장 중요함, 7=가장 중요하지 않음

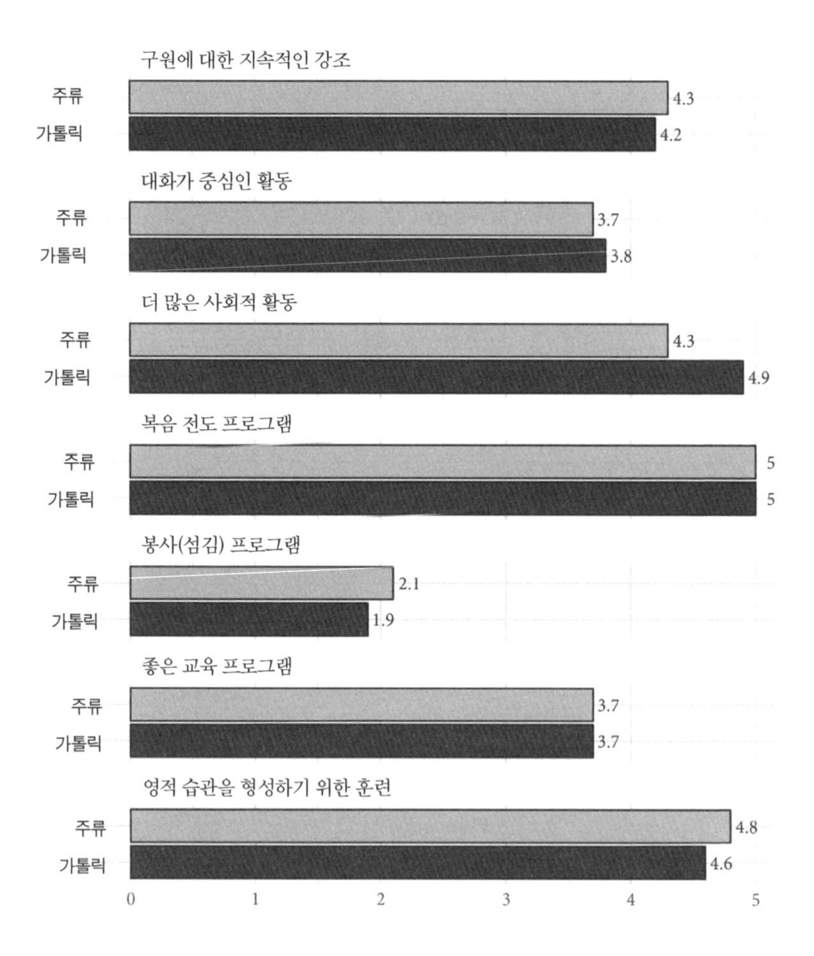

어떤 교회라면 그들이 다시 돌아가고 싶을까?

교회를 떠난 주류 개신교 신자들과 가톨릭 신자들이 교회로 돌아가기 위해 가장 중요하게 꼽은 조건은 교회가 세상과 상호작용하는 방식과 큰 관련이 있다. 특히, 그들은 교회가 지역 사회에서 행하는 구체적인 선행에 관심이 많다. 교회보다 다른 조직들이 지역 사회에 더 많은 선행을 한다면 그들은 교회로 돌아갈 매력을 느끼지 못한다.

〈표 7-4〉를 보면 두 그룹 모두 좋은 사회적 프로그램을 우선시하고, 그다음으로 좋은 교육 프로그램과 대화가 중심인 활동을 중요하게 여긴다. 복음 전도 활동이나 영적 훈련, 구원에는 상대적으로 관심이 덜하다.

주류 개신교 신자와 가톨릭 신자와 복음주의자 비교

우리의 연구 결과, 교회를 떠난 주류 개신교 신자와 가톨릭 신자와 복음주의자는 교회를 떠난 나이에서 차이가 날 뿐 아니라 연령대에서도 큰 차이를 보였다. 가톨릭 신자들은 평균 31세에 교회를 떠났지만, 주류 개신교 신자들은 평균 32세에 교회를 떠났다. 하지만 교회를 떠난 주류 개신교 신자들의 평균 나이는 58세였다. 가톨릭 신자들의 평균 나이는 53세였고, 복음주의자들의 평균 나이는 44세였다.

교회를 떠난 주류 개신교 신자들은 1970년대 초부터 급속도로 교회를 떠나기 시작한 첫 그룹이었다. 주류 개신교 신자들과 마찬가지로 가톨릭 신자들은 탈교회 비율에서 점진적이고 순차적인 상승을 보여 준다. 하지만 교회를 떠난 모든 복음주의 하위 그룹은 훨씬 더 급격한 상승을 보여 준다. 점진적이고 순차적인 증가가 아니라 못처럼 갑자기 튀어 오르는 모습이다. 코로나19 기간에 특히 가톨릭교인들과 복음주의자들 사이에서 탈교회 증가세가 뚜렷했다. 이보다 덜하지만 그래도 주목할 만한 사실은 2016년 선거 전후로도 탈교회의 급격한 상승이 나타

〈표 7-5〉

마지막으로 교회에 간 것은 약 몇 년도인가?

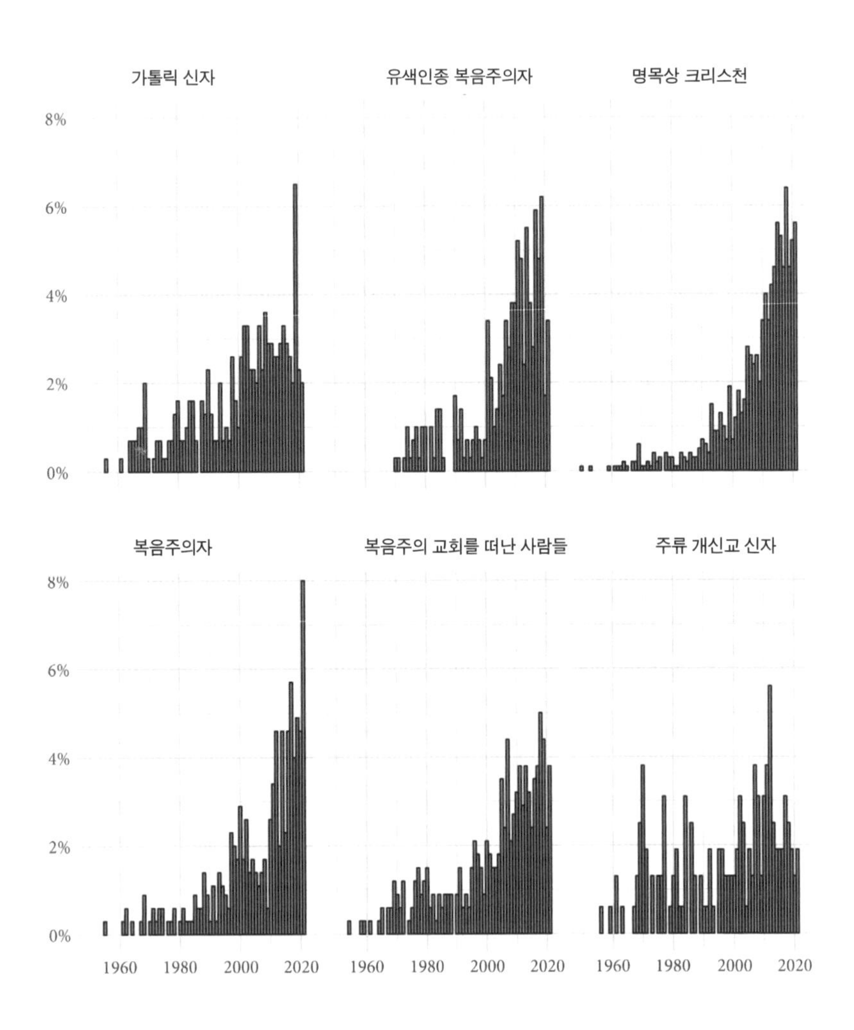

났다는 것이다. 정리하면, 탈교회는 먼저 주류 개신교에서 나타났고, 이어서 가톨릭교회에서 나타났다. 그리고 이제는 복음주의 진영에서 나타나고 있다. 탈교회가 최고점에 이르렀는지는 확인하기 힘들다. 하지만 팬데믹 기간에 감염자의 급상승 패턴과 비슷하게 높은 수치를 유지할 만큼 교회에 다니는 사람이 많지 않아서 결국 탈교회 속도가 최고점을 지나 느려지는 시점이 오기는 할 것이다.

우리 조사로 볼 때 교회를 떠난 주류 개신교인 그룹과 가톨릭교인 그룹에서 번영 복음에 빠져 있는 비율이 매우 낮았다는 점을 주목할 만하다(번영 복음 평균 점수에서 복음주의자들의 58% 대비 훨씬 낮은 31%). 또한 교회를 떠난 주류 개신교 신자 그룹과 가톨릭 신자 그룹에서는 기독교 국가주의에 빠져 있는 비율도 낮았다(기독교 국가주의 평균 점수에서 복음주의자들의 29% 대비 낮은 20%). 이 그룹들에 효과적으로 다가가기 위해서 이 사실을 아는 것이 중요하며, 복음주의 진영은 이 사실에 경각심을 가져야 한다.

교회를 떠난 복음주의자들은 남동부에 많이 거주하며, 교회를 떠난 주류 개신교 신자들과 가톨릭 신자들은 북동부에 많이 분포했다. 교회를 떠난 복음주의자들은 교회를 떠난 주류 개신교 신자들과 가톨릭 신자들보다 소득이 월등히 높았다. 나이, 성, 정규직 직장 비율, 교육 수준이 모두 이 격차에 큰 영향을 미치고 있다.

직관에 어긋나면서도 놀라운 사실 하나는 교단에 상관없이 교육 수준이 '높아지면' 탈교회 비율이 '낮아진다'는 것이다. 대학교 교육이 신앙을 망가뜨리고 세속적인 태도를 주입한다는 비판을 들어본 적이 있을 것이다. 하지만 우리 데이터를 보면 전혀 그렇지 않다(〈표 7-6〉 참조).

우리 연구에 따르면, 교육 수준이 높을수록 교회를 떠날 가능성이 낮아진다. 우리 연구에서 대학원에 진학한 복음주의자들 중 겨우 11%만 교회를 떠났다는 사실이 특히 주목할 만하다. 반대로 말하면 이는 교육 수준이 낮을수록 교회를 떠날 위험이 높다는 뜻이다. 교육이나 계급, 관점 차이로 인한 문화적 거리가 더 클 수 있다는 점을 인식하고서 교육 수준이 낮은 사람들에게 관심을 두고 그들을 포용해야 한다.

〈표 7-6〉

교육에 따른 이탈 교인 비율

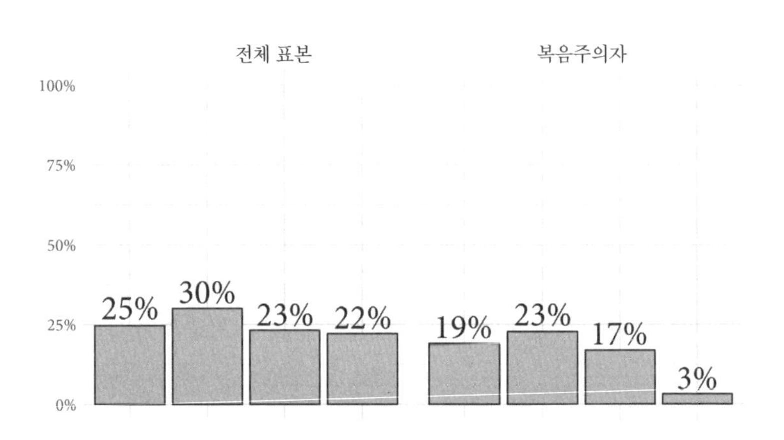

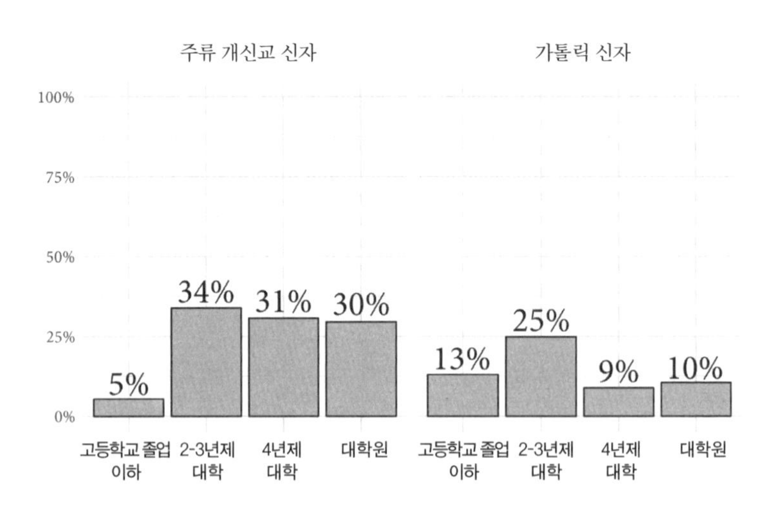

정치적인 면을 보면, 교회를 떠난 복음주의자들은 중도 우파 쪽이지만, 교회를 떠난 주류 개신교 신자들과 가톨릭 신자들은 중도 좌파 쪽이다. 낙태나 코로나19, 대외 정책, 총기 규제, 지구 온난화, 동성 결혼 등에 관한 정책에서도 같은 성향이 나타난다.

윤리적 우선 사항에서 여전히 교회에 다니는 복음주의자, 교회를 떠난 복음주의자, 교회를 떠난 주류 개신교 신자 및 가톨릭 신자는 큰 차이를 보여 준다(〈표 7-7〉 참조).

〈표 7-7〉을 보면 "인종차별을 하지 않는다", "종교에 따라 차별하지 않는다", "거짓말을 하지 않는다", "훔치지 않는다", "탐욕을 부리지 않는다"라는 항목에서 차이가 다소 두드러진다. 최근 연일 부정적인 뉴스가 나오는 가운데서도, 여전히 교회에 다니는 복음주의자들의 퍼센트가 예상보다 썩 높다는 점이 흥미롭다. 이런 비판을 듣지 않도록 노력해야 할 부분이 없다는 뜻은 아니지만 눈여겨볼 가치가 있다.

복음을 실천하는 교회

교회를 떠난 주류 개신교 신자와 교회를 떠난 가톨릭 신자 두 그룹 모두 다루기가 쉽지 않다. 인내심을 갖고 그들과의 관계에 수년간 꾸준히 투자해야 할 수도 있다. 두 그룹 모두 참되고 선하고 아름다운 복음을 보아야 한다. 먼저 복음을 구체적으로 실천하는 사람들을 보아야 그들이 복음의 주장에 관심을 가질 것이다. 우리의 이야기에서, 샘은 복음을 실천하는 것이 무엇인지를 잘 보여 주는 예다. 샘은 인생의 밑바닥까지 추락했다가 예수님을 통해 변화되어 술을 완전히 끊었다. 코너는 여러 면에서 샘이 필요하다. 샘은 코너가 중독, 슬픔, 이혼의 아픔을 이겨

〈표 7-7〉

좋은 믿음이라고 생각하는 것은 무엇인가?

이유	교회를 떠난 복음주의자 전체	교회를 떠난 주류 개신교 신자	교회를 떠난 가톨릭 신자	여전히 교회에 다니는 복음주의자들
인종차별을 하지 않는다	74%	96%	93%	93%
종교에 따라 차별하지 않는다	75%	95%	90%	92%
가난하고 압제당하는 사람들을 재정적으로, 실질적으로 돕는다	71%	69%	69%	86%
이민자와 난민 같은 소외된 사람들을 실질적으로 돌본다	66%	62%	65%	75%
낙태하지 않는다	59%	48%	43%	77%
포르노를 보지 않는다	65%	68%	54%	84%
약물 남용과 알코올에 빠지지 않는다	69%	82%	79%	89%
교회 예배에 참석한다	51%	23%	33%	88%
주기적으로 기도한다	64%	70%	64%	92%
교회에 헌금을 한다	53%	31%	35%	85%
거짓말을 하지 않는다	71%	93%	85%	91%
훔치지 않는다	73%	97%	93%	96%
탐욕을 부리지 않는다	71%	91%	91%	94%
기독교 서적(예를 들어, 성경책)을 주기적으로 읽는다	55%	35%	32%	82%

내도록 참을성 있게 곁에서 동행해 주어야 한다.

교리상으로 보면, 교회를 떠난 복음주의자들(DME)과 복음주의 교회를 떠난 사람들을 제외하면, 교회를 떠나는 대부분 그룹이 기독교의 핵심 교리나 복음 자체를 상대적으로 잘 모른다. 그들 중 상당수가 구원받을 수 있는 믿음이 없을 가능성이 있다. 우리는 그들에게 선하고 참되고 아름다운 복음을 보여 주어야 한다. 그들이 이전 교회에서 본 '복음'은 진짜가 아닐 수 있기 때문이다.

이 그룹들 대부분은 신앙과 정치를 분리하지 못하는 사람들의 말에, 특히 기독교 국가주의, 트럼프 지지, 외국인 차별, 여성 차별, 문화 전쟁, 번영 복음에 빠진 사람들의 말에 귀를 기울이지 않을 것이다. 두 그룹 모두 이런 것들을 산상수훈에서 어긋난 것으로 볼 것이다. 하나님 나라의 복음과 윤리를 모두 갖추지 않고서는 이 그룹들을 효과적으로 대할 수 없다. 우리는 신앙을 고백하는 교회인 동시에 선교적인 교회여야 한다. 그래서 한 장 전체(13장)를 이 주제에 할애할 것이다.

이것이 우리의 조사를 바탕으로 한 이탈 교인들에 관한 마지막 설명이다. 하지만 아직 갈 길이 멀었다. 교회를 떠난 사람들이 누구이며 왜 떠났는지를 살펴보았지만 "이제 무엇을 해야 할까?"라는 질문에 답하기 위해서 논해야 할 것이 많이 남아 있다. 이 책의 남은 부분에서는 우리가 배우고, 성장하고, 우리 자신의 신앙을 키우고, 더 건강해지고, 더 효과적으로 변화하고, 미래의 손실을 줄이고, 이 모든 그룹에서 많은 사람이 교회로 돌아오게 만들기 위해서 어떻게 해야 할지를 탐구할 것이다.

Part 3

어떻게 돌아오게 할 것인가

— 작은 일에서부터 한 걸음씩 다가가기

THE GREAT DE CHURCH ING

8.

가까이에서 그들의 필요를 살피라

1940년 5월 10일, 독일군은 네덜란드와 벨기에를 기습 공격했고, 불과 5일 만에 프랑스의 방어선을 뚫고 영국 해협까지 파죽지세로 진군했다. 거기서 독일군은 40만 명의 연합국 병사들과 상당수의 영국군을 포위했다. 많은 역사학자는 프랑스 덩케르크 해변에서 무방비 상태로 있었던 이 병사들을 독일군이 생포하거나 죽였다면 대승을 거두었을 것이라고 입을 모은다.

하지만 대패가 확실해 보이던 상황이 연합국의 승리로 바뀌었다. 그것은 이후 8일 동안 해군과 민간인의 보트들이 약 백 킬로미터를 항해하여 영국 해협을 건너 아군의 주요 병력을 구해 냈기 때문이다. 비록 전투에서는 패했지만, 성공적인 구출 작전 덕분에 연합국은 전열을 가다듬을 수 있었고, 처칠의 유명한 하원 연설 후에 영국의 사기는 하늘을 찔렀다. "우리는 끝까지 갈 것입니다. … 우리는 바다에서 싸울 것입니다. 우리는 점점 커지는 자신감과 힘으로 공중에서 싸울 것입니다. 우리는 어떤 대가가 따르더라도 이 나라를 지켜 낼 것입니다. 우리는 해변에서 싸울 것입니다. … 우리는 산에서 싸울 것입니다. 우리는 절대 항복하지 않을 것입니다."[1] 처음에는 완전한 패배처럼 보였던 일이 오히려 연합국 군대에 새로운 힘을 불어넣어 전쟁에서 이기게 만드는 계기가 되었다.

대규모 탈교회에 관한 조사 결과가 들어오면서 한 가지 사실이 점점 분명해졌다. 그것은 많은 사람에게 패배처럼 보이는 것이 사실은 특별한 무언가의 시작이 될 수 있다는 사실이었다. 수천만 명이 교회를 떠나고 매주 86개 이상의 교회가 문을 닫고 있을지 모르지만, 눈을 크게 뜨고 보면 사실 희망을 품을 수 있는 이유가 보인다. 물론 교회 안의 심각한 현실들을 받아들이고 파악해야 한다. 하지만 이 사람들 중 상당수를 돌아오게 만들 길이 분명히 있다. 어떤 요인들은 우리의 통제 밖에 있지만 그렇지 않은 요인들도 있다. 성공의 열쇠는 가장 중요한 교리들을 버리지 않으면서 우리가 통제할 수 있는 것들에 효과적으로 관여하는 것이다. 다시 말해, 쉽게 열매를 거둘 수 있는 부분에 우리의 교리들을 적절히 적용해야 한다.

2장에서 지적했듯이 교회를 떠난 복음주의자들의 51%는 언젠가 교회로 돌아갈 '의향'이 있다고 대답했다. 18%는 "의향이 매우 강하다"

라고, 33%는 “어느 정도 의향이 있다”라고 답변했다. 이것은 우리 연구 전체에서 가장 예상 밖이면서도 가장 희망적인 데이터라고 할 수 있다. 교회 앞에 놓인 기회는 실로 엄청나다. 문제는 “우리가 이 기회를 잡을 수 있을 것인가?”라는 것이다.

이번 장에서는 교회들과 사역 단체들이 각자의 상황에서 활용할 수 있는 희망적인 조사 결과를 살펴볼 것이다. 우리는 이 결과들을 믿음, 소속, 행위의 세 가지 사회학적 범주로 나누었다.

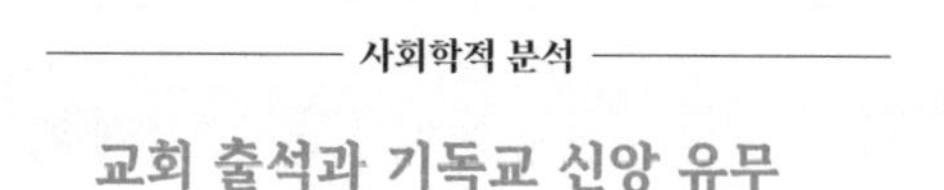

사회학적 분석

교회 출석과 기독교 신앙 유무

사회과학자들은 종교에 관해서 논할 때 종교성을 주로 세 가지 범주로 나눈다. 행위, 믿음, 소속이 그것이다. 행위는 교회 출석이나 헌금 액수 같은 것을 통해 판단할 수 있다. 믿음은 응답자가 하나님의 존재, 천국이나 지옥에 관해 무엇을 믿는지를 보고 판단할 수 있다. 소속은 종교적 소속에 관한 것이다. 설문 조사는 응답자에게 현재 종교를 가지고 있다면 무엇인지를 묻는다. 그러면 응답자는 개신교, 유대교, 무신론 등 십여 개 중에서 고를 수 있다.

자주 간과되는 사실은, 더 이상 교회에 가지 않거나 소속되어 있지 않다는 대답이 종교의 모든 흔적을 다 지워 버렸다는 뜻은 아니라는 것이다. 예를 들어, 종교적 소속에 관해서 "특별히 없다"라고 대답한 사람 중 3분의 1은 여전히 자신에게 종교가 "어느 정도 중요하다" 혹은 "매우 중요하다"라고 말한다. 그들은 종교적 꼬리표만 떼어 버렸을 뿐 믿음은 버리지 않았다.

마찬가지로, 교회에 출석하지 않는다고 해서 꼭 하나님에 대한 믿음을 버린 것도 아니다. 일반 사회 조사에서 교회에 전혀 나가지 않고 있다고 응답한 사람 중 하나님의 존재를 믿지 않는다고 대답한 사람은 약 20%였다. 그런데 교회에 다니지는 않지만, 하나님의 존재를 의심 없이 믿는다고 대답한 사람도 약 20%였다.

미국인들의 약 40%가 교회에 전혀 나가지 않고 30%가 어떤 종교에도 속해 있지 않다고 말하지만, 미국인 열 명 중 한 명만이 하나님이 존재하지 않거나 하나님이 존재하는지 알 길이 없다고 말한다. 미국에서 종교적 믿음은 확고하다. 주일 아침에 교회에 예배드리러 가는 것과 같이 믿음의 행동을 하지 않는다고 해서 반드시 그 사람이 자신의 영적 삶이 중요하지 않다고 생각하는 것은 아니다.

- 라이언 버지

믿음이 있는가

연구 초기에 우리는 이탈 교인들의 믿음이 매우 정통적이라는 사실을 알고서 혼란스러웠다. 이 사실은 우리에게 희망과 혼란을 함께 던져 주었다. 교회를 떠난 복음주의자들(DE)의 68%, 교회를 떠난 주류 개신교 신자들(DM)의 69%, 교회를 떠난 로마 가톨릭 신자들(DRC)의 63%는 모두 여전히 삼위일체를 믿는다. 이탈 교인들은 예수님의 신성(DE 65%, DM 54%, DRC 53%)과 그분의 죄 없으심(DE 61%, DM 52%, DRC 45%)도 굳게 믿고 있다. 교회를 떠난 복음주의자들은 여전히 대속(65%), 부활(67%), 예수님만이 구원의 길이라는 배타성(62%), 성경의 신뢰성(61%)을 믿는다. 교회를 떠난 주류 개신교 신자들의 수치도 비슷하다. 교회를 떠난 로마 가톨릭 신자들은 예수님 구원의 배타성(DM 40%, DRC 27%)과 성경의 신뢰성(DM 45%, DRC 36%)만 제외하고 비슷한 수치를 보였다.

교단을 막론하고 우리가 조사한 이탈 교인들의 약 3분의 2는 이 세상에서 마귀를 비롯한 악한 힘들이 역사하고 있다고 여전히 믿는다. 우리가 조사한 복음주의자 이탈 교인들 중 예수님을 허구의 인물로 믿는 사람은 10%가 채 되지 않았다. 예수님이 실재했지만, 초자연적인 의미에서 특별한 인물은 아니었다고 믿는 이탈 교인들의 비율은 이보다 약간 더 많았다(DE 20%, DM 5%, DRC 4%). 우리가 조사한 이탈 교인들의 절반 이상은 성경이 하나님의 영감으로 된 책이어서 믿을 수 있다고 생각하며 실제 천국과 지옥의 존재를 믿는다. 교회를 떠난 복음주의자들 중 무려 85%는 여전히 성경의 하나님께 기도한다.

비교인 친구들과 교제할 때처럼 이탈 교인들에게 믿음이 전혀 없다고 가정하고서 그들을 대하는 것은 현명하지 못하다. 주요 교리에 관한 이탈 교인들의 신념은 우리와 매우 일치한다. 따라서 우리는 그들이 이미 품고 있는 믿음을 자기 삶에 어떻게 적용할지를 보여 주어야 한다. 실제로 어떻게 해야 할까?

우리 도시에서 우리는 이탈 교인들과 믿음에 관한 대화를 나누면서 많은 희망을 보았다. 그들은 핵심 교리를 잘 알 뿐 아니라 대체로 그 교리를 받아들이고 있었다. 이런 대화는 저녁 식탁이나 헬스클럽에서 서로 신뢰가 쌓인 사람들 사이에 자연스럽게 이루어진다. 우리가 여전히 정통 교리를 유지하고 있는 이탈 교인들과 대화를 나누다 보면, 이탈 교인들 대부분은 교회로 돌아가야 하고 또 돌아갈 의향이 있다고 말했다.

2020년 나(짐)는 생활 리듬이 무너졌고 수년간 꽤 꾸준히 해 오던 운동을 더 이상 하지 않게 되었다. 헬스클럽에 다시 가야 한다는 것을 알았다. 그곳에서 만난 사람들과의 관계가 그리웠다. 육체적으로 정서적으로 건강한 몸 상태가 그리웠다. 내 불안 수치가 높아지고 몸이 약해지는 것을 뚜렷하게 느낄 수 있었다. 하지만 나는 헬스클럽으로 돌아가지 않았다. 문제는 내 믿음에 있지 않았다. 문제는 내 동기에 있었다. 문제는 나의 라이프스타일을 바꾸어야 한다는 것을 알면서도 실천하지 않는 데 있었다. 잠자리에 드는 시간을 바꾸어야 했다. 알람 시간을 바꾸어야 했다. 식습관을 바꾸어야 했다. 나는 헬스클럽으로 돌아가야 한다는 것을 알면서도 매번 다음 주로 미루었다. 내게 필요한 것은 헬스클럽으로 돌아가라고 말해 줄 사람이 아니었다. 나를 격려하고 초대해 줄 사람이 필요했다. 내 손을 잡고 함께 가 줄 사람이 필요했다. 그리고 그런 사람이 나타났다.

우리는 교회를 떠났지만 정통 교리에 대한 믿음을 유지하고 있는 사람들에게도 이와 비슷한 것이 필요하다고 생각한다. 교회로 돌아가려면 주일 아침의 리듬을 새롭게 바꾸어야 한다. 토요일 밤의 패턴을 바꾸어야 한다. 새로운 관계들에 집중해야 한다. 하지만 교회를 떠난 많은 사람이 그렇게 해야 한다고 생각하면서도 계속해서 내일로 미룬다. 누군가가 그들을 하나님 백성의 공동체로 초대할 때까지는 그 상태가 계속해서 유지될 수 있다.

당신이 우리 연구에서 다른 것은 다 잊어버려도 이것 하나만은 꼭 기억하기를 바란다. 교회를 떠난 친구들의 손을 잡고 건강한 교회로 가라. 그들을 초대하라. 하지만 그들에게 영적 훈련이 있는 곳으로 돌아가라고 권면만 하기보다는, 이왕이면 당신 집의 문을 활짝 열고 그들을 당신의 식탁으로 초대하라. 교회로 돌아가야 한다고 그들에게 말로만 하지 말고, 그들을 교회가 포함되어 있는 우리의 삶 속으로 초대해야 한다.

교회에 소속되어 있는가

소속되는 것, 혹은 소속되지 못하는 것은 많은 이탈 교인이 느끼는 주된 문제점이다. 이탈 교인들이 교회로 돌아갈 조건 중에서 가장 중요하게 꼽은 조건이 소속이다. 우리는 교회를 떠난 사람들의 상황을 이해하기 위해 두 가지 중요한 질문을 던졌다. "무엇 때문에 교회를 떠났는가?" "어떤 경우에 교회로 돌아갈 것인가?" 이런 질문에 대한 답은 소속과 관련해서 여전히 기회가 우리 앞에 있다는 사실을 보여 준다.

이탈 교인들은 왜 교회를 떠났는가? 우리 조사에서 어떤 이들은 단순히 이사하면서 교회를 떠났다(DE 19%, DM 25%, DRC 13%). 새로운 도시에 가서 살다 보니 새로운 리듬과 관계가 형성되면서 주일 아침의 패턴이 변했다. 팬데믹 기간에 교회 출석을 그만두고 나서 끝내 돌아오지 않은 이들도 비슷한 경우다(DE 13%, DM 7%, DRC 8%). 교회를 떠난 대부분의 복음주의자들은 온라인으로 여전히 예배를 드리는데(이는 복음주의자들에게 더 흔한 상황이다), 자신이 편한 시간에 온라인 예배를 드린다. 많은 복음주의자가 이제 온라인 예배를 '온 디맨드'(on demand) 서비스, 곧 필요할 때면 언제든지 이용할 수 있는 서비스로 여기고 있다. 온라인 예배는 더 많은 사람이 교회에 들어올 수 있도록 새로운 입구로 만들려고 한 것이었는데, 오히려 교인들이 교회 뒷문으로 빠져나가는 정반대의 결과를 낳고 있다. 우리 연구는 이 소비주의 디지털 시대에 직접 교회에 가는 것이 불편해졌고, 사람들에게는 그들의 시간과 돈을 쏟을 다른 우선순위가 있다는 사실을 보여 준다.

2장에서 말했듯이 이들은 의도치 않게 교회를 떠난 이들이다. 학대나 스캔들은 없었다. 특별히 큰 문제는 없었다. 살다 보니 교회 출석을 그만두게 되었고 주일 아침에 다른 활동을 하는 것이 더 좋아졌다. 다른 갈 곳이 생겼다. 하지만 대개 그곳에서 소속감을 얻지는 못했다.

피해자가 되어 교회를 떠난 사람들은 좀 더 의도적으로 교회를 떠났다. 어떤 이들은 교회에 적응하지 못해 떠났다(DE 14%, DM 14%, DRC 14%). 함께 교회에 다니는 친구가 없어서 교회를 떠난 이들도 있다(DE 12%, DM 4%, DRC 4%). 또 다른 이들은 교인들에게 사랑을 받는다고 느끼지 못해서 떠났다(DE 14%, DM 8%, DRC 9%). 이혼이나 재혼 같은 가족의 변화로 인해 떠난 이들도 있었다(DE 12%, DM 9%, DRC 10%). 이들은 이런 변화로 인한 어려움을 잘 해결하도록 도와주는 공동체를 교회 안에서 찾지 못했다. 수많은 사람이 자신을 잘 알고 사랑해 주는 사람들과 함께 예배를 드리고 싶었지만, 교회에서 그런 경험을 하지 못했기에 교회를 떠났다. 그들은 소속감을 느낄 수 있는 공동체 안에서 예배 드리기를 원한다.

어떻게 해야 이 사람들이 교회로 돌아올 수 있을까? 그들은 우리에게 이렇게 말했다. 어떤 이들은 새로운 친구만 사귈 수 있으면 충분하다고 대답했다(28%). 이사해서 새로운 친구가 필요해지거나(18%) 외로워지면(20%) 교회로 돌아갈 것이라고 대답한 이들도 있었다. 어떤 이들은 초대해 주는 친구가 있으면(17%) 혹은 좋은 공동체를 찾으면(17%) 교회로 돌아갈 것이라고 대답했다. 자녀(16%)나 배우자(18%)가 자신을 초대하면 교회로 돌아갈 것이라고 대답한 이들도 있었다. 좋은 목사(18%)나 마음에 드는 교회(14%)가 있으면 교회로 돌아가기에 충분하다고 대답한 이들도 많았다. 이것은 기독교 공동체에 그리 높거나 불합리한 기준이 아니다.

교회 지도자로서 이탈 교인들을 비난하거나 그들은 헌신과 훈련이 부족하다는 점을 지적하기 쉽다(실제로 그것이 문제일 때도 있다). 하지만 그렇게 남을 비난하기보다는 거울을 우리 앞에 놓고 우리 자신을 보고 성경에서 기독교 공동체에 소속되는 것에 관해서 어떻게 말씀하시는지를 살펴보는 것이 어떨까? 우리 교회는 교인들의 소속감을 키워 주기 위해 무엇을 하고 있는가? 너무도 많은 사람이 자녀의 스포츠 활동을 중심으로 한 공동체를 교회 공동체보다 더 매력적으로 여기는 현실 앞에서 교회는 부끄러워해야 한다.

교회는 행사를 벌이는 곳이 아니다. 교회는 가족이다. 물론 완벽한 가족은 아니지만 진정한 영적 가족이다. 우리는 신비로운 방식으로 예수님의 몸에 함께 접붙여졌다. 이것은 '온전한 그리스도'(Christus totus)라

불리는 교리다. 교회의 머리이신 그리스도와 그분의 몸인 교회가 완전히 하나를 이룬다. 그래서 우리는 예수님의 일부다. 이것이 우리가 진정한 크리스천의 소속을 교회 밖에서 찾을 수 없는 이유다.

골프 친구들이나 사교 클럽, 아이들의 학교에서 좋은 공동체를 찾을 수 있지만, 그 공동체에서 느낄 수 있는 소속감은 우리가 건강한 교회에서 누릴 수 있는 소속감과는 다르다. 교회를 떠난 사람들의 불안, 우울증, 외로움 수치가 신앙 공동체에 적극 참가하는 사람들보다 높은 것은 전혀 이상한 일이 아니다. 크리스천들을 향한 예수님의 주된 목적 하나는 우리가 성화라는 과정을 통해 점점 그분의 형상으로 변화해 가는 것이다. 좋은 친구들과의 모임, 기도 모임, 성경 공부 모임도 이 과정에 도움이 될 수 있다.

하지만 이런 모임이 교회와 동떨어져서 이루어지면 예수님이 우리에게 원하시는 열매들을 얻을 수 없다. 교회 안에서 우리는 찬양하고, 가르침을 받고, 공동 기도에 참여하고, 돌봄과 감독을 받고, 섬길 수 있는 기회를 얻고, 성찬과 세례의 성사에 참여한다. 교회 안에서 우리는 우리와 비슷하지 않은 사람들, 곧 교회 밖에서라면 함께 어울릴 일이 없었을 사람들을 알고 사랑하는 복을 누린다.

따라서 우리는 먼저 우리 교회가 행사를 벌이는 곳인지, 아니면 영적 가족인지, 이 중에서 어느 쪽에 가까운지를 스스로 물어야 한다. 우리 교회가 교인들에게 크리스천으로서 소속감을 누릴 수 있는 모든 요소를 제공하고 있는가? 아니면 주변의 고립되고 개인화된 문화에 맞춰 영적 기준을 낮추고 있는가?

수많은 교회가 하나의 영적 상품이요 서비스로 전락한 지금, 많은 사람은 자신이 교회에 무엇을 드릴 수 있을지가 아니라 교회에서 무엇을 얻을 수 있을지를 따지고 있다. 하지만 우리가 가진 것을 교회에 드릴 때 오히려 우리가 많은 복을 받는다. 교회 지도자들이 교인들에게 희생을 최소화한 편안한 경험만 제공하려고 노력하면 교인들이 시간이 나거나 아쉬울 때만 교회에 들르는 것은 너무도 당연하다. 우리는 교인들에게 더 많은 것을 요구해야 한다. 우리가 교인들에게 주기만 하면, 받기만 하는 교인들이 양산된다.

또 다른 위험도 있다. 교리가 공동체의 분열을 낳을 수 있다는 이유로 우리를 크리스천으로 만드는 핵심적인 기독교 교리는 강조하지 않고 공동체를 이루는 데 필요한 환경만 제공하기 위해 노력할 수도 있다. "내가 가진 질문에 교회가 실질적인 답을 갖고 있지 않기" 때문에 교회를 떠났다고 대답하는 이들의 이면에 이런 문제가 있다. 교회 가족이 다른 공동체들과 차별성이 없다면, 하나님이 그분의 백성에게 원하시는 실질적인 관계적 깊이가 사라진다. 교회의 유익이 사람들을 공동체로 모으는 것뿐이라면 이왕이면 재미있는 운동을 하거나 술집에서 어울리며 공동체를 이루는 것이 더 낫지 않은가. 다른 곳에서도 얼마든지 똑같은 공동체 의식을 느낄 수 있다면 사람들이 교회를 떠나 그런 곳으로 가는 것은 너무도 당연한 일이다.

우리가 예수님이 그분의 백성에게 원하시는 깊은 관계를 경험하고 있다면, 이 관계 안으로 친구들을 초청하고 있는가? 우리가 그렇게 하고 있기를 바란다. 교회로서 우리는 사람들이 원하는 것을 갖고 있고, 우리의 연구는 그들도 그것을 원하고 있음을 보여 준다.

믿는 대로 행하는가

무언가를 믿는 것과 믿는 대로 행하는 것은 전혀 다른 문제다. 수많은 사람이 흡연이 건강에 나쁘다고 믿지만 담배를 끊지는 않는다. 수많은 사람이 몸에 좋은 음식을 먹어야 한다고 믿지만 그렇게 하지는 않는다. 우리의 데이터에서 발견된 사실 하나는 사람들의 믿음과 행위 사이의 불일치다. 교회를 떠난 복음주의자들의 51%는 예배에 참여하는 것이 중요하다고 믿지만 실제로 예배에 참여하지는 않는다. 교회를 떠난 주류 개신교 신자들(23%)과 교회를 떠난 로마 가톨릭 신자들(33%)의 경우, 이 수치는 적지만 여전히 의미가 있다. 앞서 말했듯이, 좋은 소식은 많은 이탈 교인이 교회에 가야 한다고 믿는다는 것이다. 우리 앞에 놓인 과제는 그들이 믿는 것과 행하는 것 사이에서 보이는 불일치에 주목하고 그 부분들을 이해하는 것이다. 12장 '복음의 선함을 행동으로 증명하다'에서 우리는 사람들이 교회에 가지 않기로 한 공통된 이유들을 어떻게 다룰지를 살펴볼 것이다. 하지만 일단 여기서는 우리가 생활하면서 만나게 되는 많은 이탈 교인에게 정기적인 교회 출석이 중요하다는 사실을 설명할 필요가 없다는 점을 강조하고 싶다. 단지 그들이 이미 알고 있는 것을 행하도록 격려하기만 하면 된다.

성 윤리에 관한 행위의 문제는 좀 더 복잡하다. 우리 연구에서 교회를 떠난 복음주의자들의 11%는 교회가 성적 자유를 너무 제한한다고 대답했다. 교회를 떠난 복음주의자 10명 중 한 명 이상이 자신들의 성적 행위에 동의하지 않는 교회에 다니지 않겠다고 말한다. 성적 윤리 문제를 어떻게 다룰지 깊이 파헤치는 것은 이 책에서 다 다룰 수 없는 영역이다. 하지만 많은 사람이 이 문제로 교회를 떠난 일은 이 문제를 제대로 다루지 못한 교회의 책임이 크다는 점을 지적하고 넘어가야 함을 의미한다.

많은 교회가 기독교 성 윤리를 올바로 이해하지 못하는 사람들을 지나치게 단순화하고 그들에게 망신을 주기까지 했다. 우리는 그들의 말을 듣기보다 우리의 말만 많이 하거나 가혹하고 무감각했기 때문에 그들의 마음을 얻어 그들의 행동에 관여하는 일에 실패했다. 아니면, 그와는 정반대로, 사람들을 밀어내게 될까 봐 너무 걱정한 탓에 그 문제를 아예 다루지 않았다.

행위의 문제는 양방향이다. 즉 우리는 교회 밖에 있는 행위의 문제를 다룰 뿐 아니라 교회 안에 있는 행위의 문제도 다루어야 한다. 우리가 조사한 많은 이탈 교인은 교회를 떠난 이유로 교회 안의 위선을 지목했다. 그들은 일관된 성경 윤리에 따라 살며 성장하는 교회를 보면 얼마든지 교회로 돌아갈 수 있다고 말한다. 이들 중 많은 사람이 우리와 똑같은 교리를 받아들이고 있다. 하지만 그들은 교회가 성경적 평등을 적극적으로 옹호하지 않거나 불의에 강하게 반대하지 않는 식으로 그 윤리를 적용하지 않는 모습에 실망했다. 그들은 교회가 이 타락한 세상을 향해 성경적 윤리를 선포하고 그 윤리대로 살기를 원한다. 교회가 그렇게만 한다면 그들 중 다수가 돌아올 것이다.

우리 연구에서 부모가 중요하다는 점도 배울 수 있었다. 2016년, Z세대의 약 39%는 무교인들(특정 종교에서 속하지 않은 사람)이었다. 오늘날, 이 수치는 44.4%까지 올라왔다. 10장 '젊은 세대에게 영적 멘토가 되어 주라'에서 이 문제를 자세히 파헤치겠지만, 일단 한 가지 지점을 짚고 넘어가자. 우리는 행위 문제를 다루기 위해 이탈 교인들에게 부모가 어떻게 하면 교회로 돌아가고 신앙을 가질 생각이 있는지 물었다. 그 결과 우리는 자녀와의 상호작용에서 부모가 자녀의 말을 경청하고 성령의 열매를 더 일관되게 보여 주기만 해도 모든 것이 달라질 수 있다는 점을 알았다.

믿음, 소속, 행위는 서로 연결되어 있다

크리스천의 삶은 전체적이다. 믿음은 소속되게 하고 행위를 통제한다. 이런 요소 중 한두 가지만 중시하고 나머지를 무시하면 크리스천 삶의 어떤 부분은 놓칠 수밖에 없다. 사실, 이 중에서 한 가지를 무시하고서 다른 두 가지를 제대로 하기는 불가능하다. 믿고 소속되어 있다고 주장하면서 행위가 따르지 않는다면, 야고보서 2장에 따르면 그 믿음은 죽은 것이다. 잘못된 행위는 믿음에 문제가 있음을 보여 주는 것이다. 사도 바울은 고린도 교회에 보낸 편지에서 신자이고 교회에 속했다고 주장하면서 계모와 성관계를 하는 사람의 문제를 다루었다. 바울은 이 행위를 참아 주지 말아야 한다고 명시했다. 심지어 바울은 그가 죄를 깨닫고 회개하도록 교회에서 쫓아내라고 말했다.

믿고 행한다고 주장하면서 교회에 소속되지 않으면 외로운 늑대와 같은 크리스천이 된다. 질병이나 장애로 바깥출입을 할 수 없는 것처럼 교회에 갈 수 없는 상황도 있겠지만, 성경은 우리가 직접 만나서 공동체를 이루어야 한다고 분명히 말한다. 소속되지 않는 것 자체가 행위의 문제다. 히브리서 기자는 함께 모이는 것을 소홀히 하지 말라고 말한다. 사도행전을 보면 복음이 전파된 모든 도시에서는 새로운 신자들이 교회에 연결되어 있다. 성경에 '서로'에 관한 명령이 많이 있다. 이 명령은 우리가 교회에 속할 때만 따를 수 있다. 소속에 관한 성경의 권고를 무시하면 믿음이 정체되고 무뎌질 수밖에 없다.

소속과 행위를 제대로 하고 있다고 주장하면서 기독교 신앙의 근본적인 믿음을 받아들이지 않으면 신앙에 속한 것이 아니다. 바울은 고린도 교회에 보낸 편지에서 이렇게 말했다. "내가 받은 것을 먼저 너희에게 전하였노니 이는 성경대로 그리스도께서 우리 죄를 위하여 죽으시고 장사 지낸 바 되셨다가 성경대로 사흘 만에 다시 살아나사 게바에게 보이시고 후에 열두 제자에게 그 후에 오백여 형제에게 일시에 보이셨나니 그중에 지금까지 대다수는 살아 있고 어떤 사람은 잠들었으며 그 후에 야고보에게 보이셨으며 그 후에 모든 사도와 맨 나중에 만삭되지 못하여 난 자 같은 내게도 보이셨느니라"(고전 15:3-8). 크리스천이 소속감을 갖게 하는 것은 바로 믿음이다.

이탈 교인들을 교회로 회복시키기 위해서는 그들의 삶 속에 나타나는 일관되지 못한 모습들을 일깨워 주는 것만으로는 부족하다. 예수님이 복음을 믿는 이들에게 제시하시는 풍성한 삶을 그들에게 보여 주어야 한다. 복음은 오직 교회 안에서만 경험할 수 있는 소속감을 갖게 하고 우리를 창조하신 하나님의 뜻대로 살고 그분을 더 온전히 경험하게 하는 행동을 하게 한다. 바로 이것을 그들에게 보여 주어야 한다.

희망적인 미래를 위해서는 힘든 결정을 해야 한다

우리가 직시해야 할 안타까운 현실은, 믿음과 소속과 행위를 제대로 구현하기 위해 변화를 단행할 수 있는 교회도 있지만 그렇지 않은 교회도 있다는 것이다. 그렇다고 해서 희망이 없다는 뜻은 아니다. 교회들이 하나님의 나라를 넓혀 가기 위한 뜻밖의 방식들이 있다. 2019년에 교회 세 개가 문을 닫을 때, 한 교회가 새로 개척되었다.[2] 수적으로는 마이너스처럼 보일 수 있지만, 새로운 교회들은 새로운 생명을 품고 있다. 한 라이프웨이 연구에서 당시 라이프웨이 리서치의 대표였던 에드 스테처는 이렇게 말했다. "새로운 회심자를 얻는 일에서 개척 교회는 평균적인 교회보다 몇 광년은 앞서 있다. 개척 교회는 교회를 다니지 않는 이들에게 다가가는 데 초점을 맞추기 때문이다."[3] 새로운 교회가 생존할 길은 무엇보다도 새로운 신자를 얻는 것이다.

당신의 교회가 꽤 오랜 역사를 갖고 탄탄하게 자리를 잡은 교회라면, 그 지역에서 새로운 교회 개척에 참여하고 있는가? 교회 개척에 자금과 인력을 투자할 의지만 있는 것이 아니라 계획도 있는가? 당신의 교회가 변화할 여력이 없다면, 당신의 교회에 모임이 없을 때는, 개척 교회가 당신의 교회 건물을 사용하게 하는 편이 더 낫지 않을까?

내가 개인적으로 아는 많은 교회의 모습을 단적으로 보여 주는 두 죽어 가는 교회를 비교해 보자. A 교회는 불과 25년 전까지만 해도 전성기를 누리고 있었다. 당시만 해도 주일에 다섯 번 예배를 드리고 매주 2천 명 넘는 교인들이 모였다. 하지만 믿음, 소속, 행위의 영역에서 점점 쇠퇴해 가더니 이제는 주일에 백 명밖에 모이지 않는 교회로 쇠퇴했다. B 교회는 원래부터 큰 교회가 아니었다. 하지만 이 교회도 지난 20년 동안 내리막길을 걸었다. B 교회는 믿음 영역에서 쇠퇴했지만, (규모는 작지만) 소속 영역에서 꽤 강한 상태를 유지하는 것 같다. A 교회의 지도자들은 교인들이 계속해서 떠나가는데도 현실을 부정하고 있다. A 교회는 건물을 온전히 소유하고 있고 교역자들의 월급을 충당할 만큼 헌금이 나오고 있지만 교회의 미래는 분명하다. 그 교회는 교인들이 계속해서 떠나가면서 결국 죽을 것이다. 민간 개발업자들이 들어오면, 한때 도시의 빛이었던 그 교회는 완전히 사라질 것이다.

반면, 역시 훌륭한 건물을 소유하고 있는 B 교회는 생존과 번영에 필요한 변화를 단행할 수 없다는 점을 인정했다. 그래서 B 교회는 성장하고 있는 한 개척 교회에 시설을 빌려주고, 나중에는 그 개척 교회가 아예 인수하도록 했다. 이 죽어가는 교회는 마지막 숨을 내쉬면서 이 새로운 교회에 필요한 것을 내주고 있다. 우리 자신의 작은 왕국에만 시선을 고정하면 모든 것을 잃은 것처럼 보이지만, 더 큰 하나님 나라의 시각으로 자신의 교회를 보면 더 많은 것을 얻을 수 있다. 교회는 심지어 죽음 가운데서도 승리할 수 있다.

2천 년 전 예수님이 십자가에서 돌아가셨을 때 제자들은 모든 것을 잃은 것만 같았다. 3년간의 세월이 헛수고인 것만 같았다. 제자들은 예수님을 만나기 전 삶으로 돌아갔다. 그들이 느꼈던 상실과 패배와 혼란은 상상하기 힘들 정도다. 하지만 궁극적인 패배처럼 보였던 것이 사실은 승리를 위한 예수님 계획의 일부였다. 사흘 뒤, 그들은 그 계획을 똑똑히 보게 되었다. 죽음에서 부활하시고 우리와 항상 함께하겠다고 약속하신 예수님이 지금 성령을 통해 우리 안에 거하신다. 예수님은 음부의 권세가 교회를 이기지 못할 것이라고 선포하셨다. 이 데이터가 아무리 희망적이라 해도, 우리의 희망은 어디까지나 예수님께, 그리고 그분의 능력과 영광에 있다.

예수님은 그분 백성의 구속을 위한 사명을 감당하도록 우리를 이끄셨다. 교회들은 이 사명에서 중요한 역할을 감당한다. 희망이 있다. 개인적으로 고민할 때, 그리고 공동체에서 함께 고민할 때 희망이 있다. 이탈 교인들을 프로젝트의 대상이 아니라 친구로 여기며 그들 곁에 다가갈 때 희망이 있다. 우리 교회의 믿음, 소속, 행위를 점검할 때 희망이 있다. 하나님 나라의 관점을 가질 때 희망이 있다. 이렇게 할 때 큰 희망이 있다. 이 상실의 시기가 교회 역사상 가장 큰 열매를 맺기 위한 밑거름이 될 수 있다.

9.

차분한 호기심으로 열린 질문을 던지라

교회를 떠난 4천만 명을 전체적으로 보면 한 가지 문제가 분명하게 눈에 들어온다. 그것은 교회에 다니는 사람들과 교회 자체가 모두 교회를 떠날 위기에 처한 사람들과 관계를 맺는 방식에 문제가 있다는 것이다.

이 책의 2부에서 소개한 모든 프로필을 종합적으로 고려하면, 사람들이 교회를 떠난 여러 이유에는 관계적인 요소가 많다. 사랑을 경험하지 못한 것에서부터 교회에 적응하지 못한 것과 정치적 의견 차이까지 대부분 관계적인 문제다. 관계적인 문제가 큰 요인이라는 점에서 찾을 수 있는 좋은 소식은, 이는 얼마든지 개선할 수 있는 문제라는 것이다. 즉 사람들이 우리를 어떤 사람으로 여기게 할지는 우리가 통제할 수 있는 문제이며, 얼마든지 우리는 자신의 성숙을 위해 의도적으로 노력할 수 있다.

문화적 분위기는 급속도로 변하고 있다. 거대한 문화적·사회적 변화는 사람들이 서로 관계를 맺는 방식을 근본적으로 바꿔 놓고 있다. 이런 변화는 교회 안팎에서 나타나고 있다. 그 결과, 이 21세기에 "교회를 떠난 사람들과 어떻게 관계를 맺어야 할까?"라는 질문에 대한 답도 급속도로 변하고 있다. 우리는 참되고 선하고 아름다운 복음을 갖고 있다. 하지만 20세기에 복음의 초점은 복음이 참되다는 것에 맞추어져 있었다. 이는 서구 교회가 현대인들의 질문에 대응하는 과정에서 나타난 당연한 결과였다. 그러나 지난 50년간 "예수님은 참되신가?"라고 묻는 사람은 별로 없고 "예수님은 선하신가?"와 "예수님은 아름다우신가?"라고 묻는 사람이 훨씬 많다. 세속주의와 같은 복잡한 사회학적, 경제적, 정치적, 심리학적, 기술적 요인들이 사람들을 문화적으로, 관계적으로, 개인적으로 분열시켰다. 이에 사람들은 주로 실용주의적, 존재론적, 심미적인 질문들을 던지고 있다. 사람들은 더 나아진 자기 자신, 더 좋은 도시, 더 좋은 나라, 더 좋은 세상을 갈망하지만 아무도 답을 갖지 못한 것처럼 보인다.

이런 질문의 변화가 지난 몇 년 동안 더 크게 나타났다. 이런 상황을 잘 헤쳐 나가기 위해서는 몇 가지 핵심 역량을 키울 필요성이 있었다. 교회가 영향을 미치고, 효과적으로 주도하고 효과적으로 목회하기 위해서는 이런 역량이 점점 더 중요해질 것이다. 관계적인 지혜와 성숙을 갖추기 위해서는 최소한 여섯 가지 핵심 인식을 키워야 한다. 하나님, 자기 자신, 타인, 자신의 정서, 우리를 바라보는 남들의 시각, 문화에 대한 인식이 바로 그것이다.[1]

하나님을 알고, 그분을 의식하라

존 칼뱅의 《기독교강요》에서 도입부는 이런 심오한 통찰로 시작된다. "우리가 지닌 거의 모든 지혜, 즉 참되고 지혜롭게 들리는 것은 두 부분으로 이루어져 있다. 곧 하나님에 대한 지식과 우리 자신에 대한 지식이다."[2]

이탈 교인들과 인간관계를 맺을 때 하나님에 대한 확실한 인식의 필요성은 아무리 강조해도 지나치지 않다. 사실, 우리를 단단하게 붙잡아 주고 다른 모든 인식을 가능하게 해 주는 것은 바로 하나님에 대한 인식이다. 이는 하나님이 구속의 목적을 이루기 위해 우리와 우리 주변 사람들의 삶 속에서 세밀하고도 주권적으로 역사하신다는 사실을 확실히 알게 한다. 그래서 하나님께 의지하며 담대히 세상으로 나아가게 해 준다. 또한 우리가 행해야 할 선한 일을 하나님이 이미 예비하셨다는 확신으로 나아갈 수 있게 해 준다(엡 2:10). 나아가서, 하나님이 교회를 떠난 이들이 있는 지역과 일터와 관계 속에 우리를 두심으로 우리의 이야기와 그들의 이야기를 하나로 엮으셨다는 확신을 품을 수 있다(행 17:26).

이런 인식의 결과로, 우리는 사람들이 "복음서를 열어 그 안의 노래를 다시 듣고"[3] "들은 것에 더욱 유념함으로 흘러 떠내려가지 않도록"(히 2:1), 하나님이 우리에게 그들을 지혜롭고도 부드럽게 설득할 임무를 주셨다는 것을 깨달을 수 있다. 또한 누구도 "멜로디에 대한 기억만으로는 살아남을" 수 없고, "우리는 (복음의) 노래를 들어야 한다. 우리는 우리 앞에서 그 복음이 실현되고 삶으로 드러나게 해야 한다"라는 사실을 알고서 교회에 대한 신뢰를 회복하기 위해 겸손히 노력할 수 있다.[4]

그러므로 오늘날 우리 사회에 깊이 뿌리내린 모든 가치에서 하나님을 의식하면 "(그들의)[5] 비판을 더 진지하게 받아들일" 수 있다.[6]

자신의 한계와 동기를 분명히 알라

먼저 하나님에 대한 깊은 인식이 있어야 자기 자신을 바르게 인식할 수 있다. 이탈 교인들과의 상호작용에서 하나님을 의식하지 않으면 자기 인식이 부족하여 자신을 너무 대단하게 생각할 수 있다. 주변 사람들이 교회로 다시 돌아오는 것이 전적으로 자신에게 달려 있다고 착각할 수 있다. 물론, 사실은 전혀 그렇지 않다. 자기 인식이 부족하면 거래를 성사하기 위해 억지로 밀어붙이는 중고차 판매상처럼 될 수밖에 없다. 그런 식으로 하면 사람들을 복음 쪽으로 이끌기보다는 오히려 복음에서 더 멀어지게 할 가능성이 높다. 반대로, 하나님에 대한 인식이 부족하면 자기 인식이 부족하여 자신을 너무 하찮게 볼 수도 있다. 그러면 하나님이 "하나님의 은혜에 이르지 못하는 자가 없도록" 우리의 노력에 개입하신다는 점을 보지 못하게 된다(히 12:15).

나아가서 바울은 골로새 교인들에게 보낸 편지에서 복음 전도에서 자기 인식의 중요성을 분명히 지적했다. 그는 자신이 "마땅히 할 말로써 이 비밀(복음)을 나타"낼 수 있도록 기도해 달라고 그들에게 부탁했다(골

4:4). 자기 인식의 결과는, 우리가 말할 때 의도를 분명하게 나타낼 수 있는 능력을 갖게 되는 것이다. 이 능력은 경청과 커뮤니케이션 기술을 포함한다. 말에서 분명함을 추구하는 사람들은 상대방이 항상 자신의 의도를 알고 있다고 확신하지 않는다. 마찬가지로, 자신이 항상 상대방의 의도를 알 것이라고 가정하지도 않는다. 그래서 자기 인식이 있는 사람들은 복음이 분명하게 전달될 수 있도록 커뮤니케이션에서 분명함을 추구한다. 말과 개념에 많은 감정적 의미가 포함되는 이 시대와 문화 속에서는 분명함을 추구하는 것이 특히 중요하다.

자기 인식에서 또 중요한 것은 자기 동기를 인식하는 것이다. 우리가 이탈 교인들에게 다가가는 '이유'를 돌아보는 것이 매우 중요하다. 하나님의 진정한 사랑에서 흘러나오는, 그들을 향한 진심 어린 사랑에서 우러나온 것이 아닌 다른 이유로 그들에게 접근해서는 안 된다. 영적 교만, 성공, 남들의 칭찬을 바라는 것 같은 동기를 품지 않도록 조심해야 한다. 이런 동기는 건강하지 못한 것이며, 사람들을 더 밀어낼 위험이 있다. 사람들은 프로젝트의 대상이 아니다. 그들은 하나님의 형상을 품은 인간들이다.

상대방의 배경과 필요를 정확히 이해하라

하나님 인식과 자기 인식의 가장 자연스러운 열매는 타인에 대한 인식이다. 이것은 전혀 놀라운 일이 아니다. 하나님을 인식하고 타인을 인식하는 것은 다름 아니라 예수님이 주신 대계명이기 때문이다. "네 마음을 다하고 목숨을 다하고 뜻을 다하여 주 너의 하나님을 사랑하라 /

네 이웃을 네 자신같이 사랑하라"(마 22:37, 39). 하나님 인식과 자기 인식의 결과로 나타나는 타인 인식은 주변 사람들에게 무엇이 중요하고 그들이 세상을 어떻게 바라보는지를 이해하는 것이다. 타인 인식은 관계 속에서만 얻을 수 있다. 타인 인식은 그 사람과 그 사람의 배경을 정확히 본다는 뜻이다. 이 지식은 남들을 바라보는 우리의 시각을 하나님의 시각에 최대한 맞추는 것이다. 하나님은 그 사람과 그 사람의 배경을 정확하게 보시기 때문이다. 단순히 사람들을 설득하는 것이 우리의 목표가 되어서는 안 된다. 우리는 모든 영역에서 사람들의 필요, 특히 그들의 가장 깊은 필요를 채워 주고 하나님처럼 그들을 사랑하려고 노력해야 한다.[7]

바울이 골로새 교인들에게 한 지시에서 이 점이 분명히 나타난다. "외인에 대해서는 지혜로 행하여 세월을 아끼라 너희 말을 항상 은혜 가운데서 소금으로 맛을 냄과 같이 하라 그리하면 각 사람에게 마땅히 대답할 것을 알리라"(골 4:5-6). 외인에 대해서 지혜로 행하고 우리 말을 항상 은혜 가운데서 소금으로 맛을 냄과 같이 하기 위한 유일한 방법은 우리가 대화하고 있는 상대방과 최소한 어느 정도라도 관계를 쌓아서 그를 아는 것이다. 지혜는 지식을 적절한 때에 적절한 방식으로 적용하는(그래서 세월을 아끼는) 것이기 때문이다. 상대방을 알아야만 지식을 언제 어떻게 적용할지 알 수 있다.

마찬가지로, 우리의 말에 은혜와 '소금의 맛'이 있으면 남들을 설득할 수 있다. 서로 극심하게 분열된 이 시대에 이것이 그 어느 때보다도 중요해졌다. 이것도 우리가 복음을 전하는 상대방에 관한 관계적 지식을 필요로 한다. 정치적인 말로 상대방의 기분을 상하게 하기 쉬운 시대

이니만큼 상대방을 이해하기 위해 시간을 내는 것이 현명하다. 그래야 복음을 잘 전하기 위해 어떤 주제를 제시하고 어떤 주제를 피할지 잘 분간할 수 있다. 그러기 위해서는 겸손함과 호기심의 자세로 듣고, 말하기는 더디 해야 한다(약 1:19).

이 자세를 유지하기 위한 가장 좋은 방법은 좋은 질문을 던지는 것이다. '좋은' 질문은 대개 정해진 답을 유도하지 않는 개방형 질문, 진짜 호기심에서 비롯한 질문이다. 이를테면 다음과 같다.

> "어떻게 해서 _______에 관해 그런 확신을 갖게 되었나요?"
>
> "_______에 관한 신념이 일상생활에서 도움이 되는 것 같나요?"
>
> "당신의 신념이 남들의 신념과 비교해서 어떤 것 같나요?"
>
> "신앙을 통해 무엇을 얻고 싶은가요?"

이런 질문을 하면 상대방이 무엇을 믿는지 이해하는 데 도움이 될 뿐 아니라, 복음의 진리를 전할 만한 관계적 기초가 그 사람과의 사이에 얼마나 마련되었는지를 알 수 있다. 이 접근법은 조슈아 채트로가 그의 책 *Telling a Better Story*(더 좋은 이야기를 하라)에서 강조한 것이다. 그는 "크리스천은 상대방에게 호소하기 전에 지금 자신과 대화하고 있는 그를 이해하기 위해 더 주의 깊게 귀를 기울여야 한다"라고 강조한다. 그는 "그렇게 하면 상대방의 상황을 알고, 지적할 점을 찾기 전에 인정해 줄 점을 찾을 수 있다"라고 말한다.[8] 교회를 떠날 합당한 이유가 많은 교회 내 악행 피해자들에게는 특히 이런 접근법이 중요하다. 말을 잘 들어주다 보면 교회를 떠난 친구들에게 우리가 "(그들의) 비판을 **더** 진지하게 받아들일" 수 있는 것이 기독교 신앙 때문이라는 점을 말해 줄 기회를 얻을 수도 있다.[9] 태미의 딸이 성폭력을 당했다는 뉴스가 터졌을 때 누군가가 그녀의 삶 속으로 들어가는 모험을 했다면, 상황은 어떻게 달라졌을까?(5장 참조)

자신과 상대방의 마음 상태에 주목하라

오늘날 세상은 팬데믹 격리 등으로 인한 외로움, 불안, 우울증이 만연해 있다. 뉴스와 소셜 미디어도 우리를 불안으로 몰아간다. 이런 시대에 이탈 교인들에게 다가갈 때 정서적 인식의 중요성은 아무리 강조해도 지나치지 않다. 물론 복음을 들고 '남들에게' 다가갈 때만 정서적 인식이 중요한 것이 아니라 무엇보다도 먼저 '우리 자신'의 정서를 인식하는 것이 중요하다. 우리 자신과 다른 사람들의 정서적 상태를 모두 인식하면 복음 전도에 큰 도움이 된다.

예를 들어, 이사야 선지자는 오실 메시아에 관한 예언을 하던 중에 그분에 관해서 이렇게 말했다. "주 여호와께서 학자들의 혀를 내게 주사 나로 곤고한 자를 말로 어떻게 도와줄 줄을 알게 하시고 아침마다 깨우치시되 나의 귀를 깨우치사 학자들같이 알아듣게 하시도다"(사 50:4). 오실 그리스도의 이 특징은 예수님이 복음을 전하실 때 정서적인 인식을 보여 주시는 모습으로 나타났다. 예수님은 상대방의 정서적 온도를 측정하는 법을 아셨고 "곤고한 자를 말로 어떻게 도와줄 줄을" 아셨다. 다시 말해, 예수님은 "상한 갈대"를 꺾지 않고 "꺼져 가는 심지"를 끄지 않는 온유함으로 사람들을 대하는 방법과 그렇게 해야 할 때를 아셨다(마

12:20).

예수님은 청중이 그분의 메시지에 정서적으로 적대적일 때도 아셨다. 그리고 그때가 "미련한 자의 어리석은 것을 따라 대답하지" 말아야 할 때임을 아셨다(잠 26:4). 예를 들어, 대제사장들과 장로들이 그분의 권세에 도전하기 위해 찾아왔을 때(마 21:23-27) 예수님은 그들이 그분의 대답을 겸손히 받아들이기 위해 온 것이 아님을 아셨다. 그래서 그들의 질문에 답하지 않고 대화를 끝내기 위한 질문을 그들에게 던지셨다. 그렇게 해서 불필요한 감정적인 소모를 피하실 수 있었다. 감정적으로 격앙되어 봐야 질문자들의 마음이 더 완악해져서 자신들의 불합리한 입장을 더 고수할 뿐이다.

우리 자신의 마음과 남들의 마음속에는 있지만 말로는 표현하지 않은 단서들에 주목하는 법을 배워야 한다. 그 단서들을 발견하면 남들과의 대화에 어떻게 접근할지 판단할 수 있다. 상대방의 정서적 온도에 맞는 말을 더 정확히 선택하는 법을 배우면 복음 전도의 문이 더 열리고, 좌절과 혼란밖에 낳지 않을 불필요한 적대적 대화를 피할 수 있다. 샘이 저녁 식사 자리에서 코너에게 호기심 어린 질문을 던지며 이 부분에서 매우 잘했던 것을 생각해 볼 수 있다(7장 참조).

상대방의 입장에서 내 말과 행동을 판단해 보라

상대방의 입장이 되어서 그가 나를 어떻게 생각하는지를 알면 큰 도움이 된다. 상대방이 내 말과 행동을 부적절하다고 생각하거나 불쾌해하거나 부담스러워하거나 불편하게 여기고 있다면 접근법을 수정해야 한다.

사도 바울이 다만 몇 명이라도 더 구원하기 위해 여러 사람에게 다양한 모습이 되려고 했던 것도 같은 맥락이다(고전 9:22). 바울은 복음을 명확하게 전달하지 못하도록 방해하는 걸림돌을 인식하고 제거해서 청중이 오직 십자가의 부담 외에는 다른 부담을 느끼지 않게 하고자 했다. 그러기 위해서는 자기 인식과 타인 인식, 그리고 남들이 자신을 어떻게 보는지에 관한 인식이 필요했다. 마찬가지로, 우리도 바울처럼 남들에게 복음을 전하는 데 걸림돌이 될 만한 것을 찾아서 제거해야 한다.

남들이 우리를 어떻게 보는지를 이해하지 못하면 이탈 교인들에게 효과적으로 다가갈 수 없다. 물론 남들이 우리를 어떻게 볼지가 궁극적으로 우리의 책임은 아니다. 하지만 우리에 관한 오해나 부담스러운 점을 이해하고 바로잡으면 복음을 전할 때 도움이 될 수 있다.

레베카 맥클러플린이 지적했듯이 얼룩진 기독교 역사로 인해 많은 사람이 크리스천 하면 무조건 "얼간이"(jerks)로 여긴다.[10] 따라서 자진해서 "우리의 개인적인 약점과 교회사 속에 있는 잘못을 고백하는" 자세를 취하는 것이 좋다.[11] 그렇게 하면 상대방이 경계심을 풀고 우리를 편안하게 대할 수 있다.

마지막으로, 여기서 투명성(transparency)과 취약성(vulnerability)을 구분해야 한다. 취약성은 방어막이 없어서 육체적으로나 감정적으로 상처받기 쉬운 상태로서, 투명성보다 훨씬 더 깊은 것이다. 투명성은 상대방에게 우리의 진짜 모습을 보여 주는 것이다. 취약성은 여기서 한 걸음 더 나아가, 우리가 투명하게 행동할 때 사람들이 우리에게서 관찰한 것을 말할 수 있도록 우리가 방어기제를 내려놓고 이를 허용하는 것이다. 관계적인 지혜는 어떤 상황에서 투명성과 취약성이 적절한지를 판단하는 데 도움이 된다. 깊은 우정과 공동체 안에서는 건강한 수준의 투명성과 취약성이 나타난다. 여기서 우리는 온라인상의 취약성이 아니라 실제 삶 속의 취약성을 이야기하는 것이다. 온라인상의 취약성은 문제가 많고 거짓인 경우도 적지 않다. 진정으로 취약한 관계에서는, 즉 기꺼이 상처를 받고자 하는 관계에서는 자칫 불편할 수도 있는 영적 대화가 자연스럽게 이루어질 수 있다.

상대방의 문화를 이해하고 존중하라

정확한 타인 인식에서 가장 자연스럽게 나타나는 결과는 아마도 정확한 문화적 인식일 것이다. 바울은 타인 인식의 필요성을 다루면서 더 큰 문화적 인식의 필요성까지 보여 주었다. "외인에게 대해서는 지혜로 행하여 … 그리하면 각 사람에게 마땅히 대답할 것을 알리라"(골 4:5-6). 각 사람의 특정한 상황에 맞게 복음을 전하려면 오늘날 문화를 최소한 기본적으로는 이해해야 한다. 우리는 스스로 의식하든 의식하지 못하든 환경과 문화적 풍토의 영향을 받아 형성되기 때문이다. 상대방의 문화를 이해하려는 겸손한 자세를 보여 주면 상대방은 경계심을 풀게 된다. 그렇게 하면 복음 전파에 방해가 되는, 영적이기보다는 문화적으로 불필요한 걸림돌들을 제거할 수 있다.

상황화(contextualization)는 양보를 의미하지 않는다. 예를 들어, 우리는 성경적인 성 윤리를 고수해야 한다. 이 외에도 양보하지 말아야 할 것들이 많다. 하지만 문화적 인식과 상황화를 이용해서 우리는 어려운 대화에 어떻게 참여할지 판단할 수 있다. 성소수자의 종교적 태도에 관한 큰 규모의 연구에서 "성소수자의 76%는 종교적 공동체와 활동으로 돌아가는 데 마음이 열려 있다"라는 결과가 나타났다.[12] 같은 연구에서 성소수자의 86%는 신앙 공동체에서 자랐고 "4분의 3 이상은 **신학적으로 보수적인** 종교 공동체에서 자랐다"라는 사실이 드러났다.[13] 나아가서, 교회로 돌아올 의향이 있는 응답자 중 8%만이 신앙 공동체가 신학을 바꾸어야 돌아갈 것이라고 대답했다.[14] 이것은 우리 시대에 복잡하고 어려운 대화 중 하나다. 하지만 관계적인 지혜를 발휘하면 우리 시대의 가장 까다로운 대화 속에도 다리를 놓을 희망이 있다.

팀 켈러는 《탈기독교시대 전도》에서 독자들이 문화적 무지에서 벗어나도록 도와준다. 그 책에서 켈러는 우리 문화에서 흔히 나타나는 일곱 가지 기본적인 문화적 가정(assumption) 혹은 내러티브를 규명한다. 이 문화적 가정들은 "이제 광고나 트위터 메시지, 음악, 이야기, 의견 등으로 하루에도, 아니 한 시간 동안에도 수십 번씩 우리를 폭격한다." 켈러의 다음 목록은 정확하고도 설득력이 있다.

- 정체성: "너 자신으로 살아야 해."
- 자유: "남에게 해를 끼치지 않는 이상, 네가 원하는 대로 살 자유가 있어."
- 행복: "네가 가장 큰 행복을 느끼는 것을 해야 해. 누구를 위해서도 그것을 포기하지 말아야 해."
- 과학: "과학과 객관적인 사실을 통해서만 우리가 가진 문제를 해결할 수 있어."

- 도덕: "누구나 옳고 그름을 스스로 결정할 권리가 있어."
- 정의: "우리는 세상 모든 사람의 자유와 권리와 유익을 위해 노력할 의무가 있어."
- 역사: "역사는 사회적 진보 쪽으로 향하는 동시에 종교에서 멀어지고 있어."[15]

팀 켈러는 우리 문화 속에서 복음을 전할 때 "우리 문화의 내러티브들이 그 자체의 도덕적 이상에 맞기는커녕 인간의 본성에도 맞지 않고 생명을 위한 가장 중요한 제도에도 맞지 않는다는 점을 보여 줌으로써 그 내러티브들의 주된 흠을 드러내야" 한다고 말한다.[16] 그렇게 하기 위한 가장 쉬운 방법은 복음에 관한 "질문에 답하는 것"이 아니라 "**상대방의 답에 의문을 제기하는 것**"이다.[17] 그러기 위해서는 우리의 친구와 가족들이 믿고 있는 것을 우리도 알고 있어야 하고 그들의 믿음이 통하지 않는다는 점을 부드럽고도 친절하게 증명해 보여야 한다.

구체적인 예를 들면, 친구에게 이렇게 묻는 것이다. "너의 어떤 부분이 너의 '참된 자아'인지 어떻게 알 수 있니?" "'해'를 끼친다는 것을 어떻게 정의해야 할까?" "인간이 왜 권리를 가져야 한다고 생각해?" 이런 질문을 던지면 사람들은 자신이 품고 있던 가정을 의식하고 자신의 문화적 내러티브를 돌아보게 된다. 그때 우리는 오직 복음만이 줄 수 있는 더 나은 내러티브를 제시할 기회를 얻을 수 있다.

더 구체적인 예를 들면, 때로 문화적 인식은 단순히 존중의 차원에서 상대방의 문화를 우리의 문화보다 우선시하는 것이다. 최근 월드컵 결승전이 주일 아침에 벌어졌다. 우리 교회에서 예배 끝에 축도를 하는 시간에 두 팀이 동점을 이루어 연장전에 돌입했다. 우리 교회에는 외국인이 많고, 그들 중 상당수는 스페인어를 사용하는 1세대 이민자들이다. 첫째, 그들은 그 경기를 다시 볼 수 있는 시간적 여유가 없었기 때문에 그 경기 생중계를 틀어 주는 것이 그들에 대한 우리의 사랑의 표현이었다. 그들 생애의 최고 월드컵 결승전이 벌어지는 시간에 교회에 온 그들이 우리는 존경스러웠다. 둘째, 우리도 그 경기를 좋아했지만 스페인어 중계방송을 틀어 주는 것이 옳다고 판단했다. 이는 우리가 그들에게 해 줄 수 있는 아주 작은 배려였지만 그들에게는 큰 의미가 있었다. 게다가 솔직히 스페인 방송 아나운서가 훨씬 낫다.

때로 문화적 인식은 큰 개념이나 요인들과 관련이 있지만, 그저 그들에 대해 적극적으로 생각하는 것과 그들에게 존중과 배려를 보여 줄 방법을 찾는 것을 의미할 때도 많다. 높은 수준의 문화적 인식은 신뢰를 통해, 더 깊은 관계에 필요한 문화적 겸손함을 만들어 낸다.

조용하고 차분한 호기심을 보이라

우리가 이 여섯 가지 인식을 모두 갖추면 어떻게 될까? 가장 기본으로, 조용하고 차분한 호기심을 갖게 된다.[18] 하나님에 대한 지식과 경험이 우리 안에 단단히 자리를 잡으면 남들에 대해 차분한 자세를 유지하고 호기심을 발휘할 수 있다. 우리의 목표는 논쟁을 통해 사람들을 하나님 나라로 억지로 끌고 오는 것이 아니다. 물론 얼마든지 우리의 신앙에 관해서 논리적인 설명을 제시할 수 있다. 하지만 더 좋은 방법은 더 나은 이야기로 그들을 설득하는 것이다.

방어적인 자세를 호기심으로 바꾸는 것이 현명하다. 각자 분명한 의견을 갖고 있는 주제를 이야기할 때, 논쟁에서 이기고 싶을 때, 우리의 주장을 옹호하고 싶을 때, 그럴 때 우리가 어떻게 반응하느냐에 따라 상대방은 자신을 투명하게 드러낼 수도 있고 마음의 문을 닫을 수도 있다. 진정한 호기심을 발휘하면 상대방은 우리가 귀를 기울이고 이해해 준다는 느낌을 받고 경계심을 푼다.

팬데믹. 국가적으로 양극화된 논쟁. 오랫동안 유지된 여러 집단의 분열[19]. 이렇듯 지난 10년 동안 두려움과 불안을 낳는 상황이 많이 증가해 왔다. 불안을 낳는 자극이나 상황을 만나면 우리는 감정을 조절하지 못하는 경향이 있다. 그럴 때 추론을 담당하는 우리의 부분(전전두엽)은 무시되고, 투쟁이나 도피, 경직을 담당하는 뇌의 부분(편도체)에 따라 상황에 반응하게 된다.[20] 스트레스나 불안 수치가 높은 상황 속에서 살면 호르몬 코르티솔이 계속해서 분비되어 심리적으로 온갖 부정적인 결과를 낳고 관계들이 심하게 망가질 수 있다. 남들을 돕고 싶다면 먼저 우리의 이성과 정신이 온전해야 한다. 이는 우리의 정체성, 믿음, 행동 방식에 내적 확신이 있어야 한다는 뜻이다. 이런 확신이 있으면 정서적으로 안정되고 차분한 상태를 유지할 수 있다. 우리가 침착하게 굴면 이성적인 사람들은 같은 차분함으로 반응할 것이다. 단, 화를 잘 내는 사람들의 경우에는 우리가 자신들처럼 부정적으로 반응하지 않으면 혼란스러워하거나 짜증을 낼 수도 있다.

차분함과 호기심은 그저 조용한 모습 그 이상이어야 한다. 많은 크리스천이 말을 해야만 남들에게 영향을 미칠 수 있다고 착각한다. 하지만 좋은 질문을 던져야 사람들이 자신에 대해서 깨달을 수 있다. 우리가 모든 것을 설명해 주는 것보다 상대방이 스스로 깨닫게 만드는 것이 훨씬 더 효과적이다. 다시 말해, 상대방이 주도하는 대화에 참여해 본 적이 있는가? 그럴 때 상대방에게 관계적으로 끌렸는가? 아마 그렇지 않았을 것이다. 사람들이 우리에게서 들어야 할 것이 있는가? 물론이다. 복음을 전하려면 말이 필요한가? 그렇다. 하지만 관계적인 지혜란 주로 조용하고 차분한 호기심을 발휘하는 것을 의미한다. 그럴 때 상대방은 경계심을 풀고 스스로 깨닫기 시작한다.

이 여섯 가지 인식 분야에서 능력을 키우면 우리는 담대함과 온유함, 열정과 지혜, 호기심과 확신으로 복음을 전할 수 있다.

이런 능력 중 한두 가지만 부족해도 사람들에게 교회를 떠날 이유를 제공할 수 있다. 사람들이 교회를 떠나려고 하거나 심지어 신앙을 버리려고 할 때, 그 이유가 그들이 복음을 거부하기 때문이지, 우리가 그들에게 관계적인 지혜를 발휘하지 못했기 때문이어서는 안 된다.

10.

젊은 세대에게 영적 멘토가 되어 주라

우리의 믿음을 세대에서 세대로 전해 주는 것이 예전에는 거의 기정사실이었다. 하지만 오늘날에는 이렇게 믿음을 전달할 때의 성공률이 곤두박질하고 있다. 내(짐)가 1980년대와 1990년대에 자랄 때만 해도 주일에 교회에 가서 둘러보면 거의 매주 조부모와 부모와 자녀로 이루어진 3대 가족, 심지어 4대 가족이 한 줄에 쭉 앉아 있는 모습을 볼 수 있었다. 그런데 불과 30년 전만 해도 흔하던 그 광경이 오늘날에는 많은 교회에서 희귀한 광경이 되었다. 1990년대 이후 젊은 세대의 신앙은 계속 추락해 왔고, 지금은 그 추락 속도가 점점 더 빨라지고 있다.

〈표 10-1〉[1]

하나님을 의심 없이 믿는다

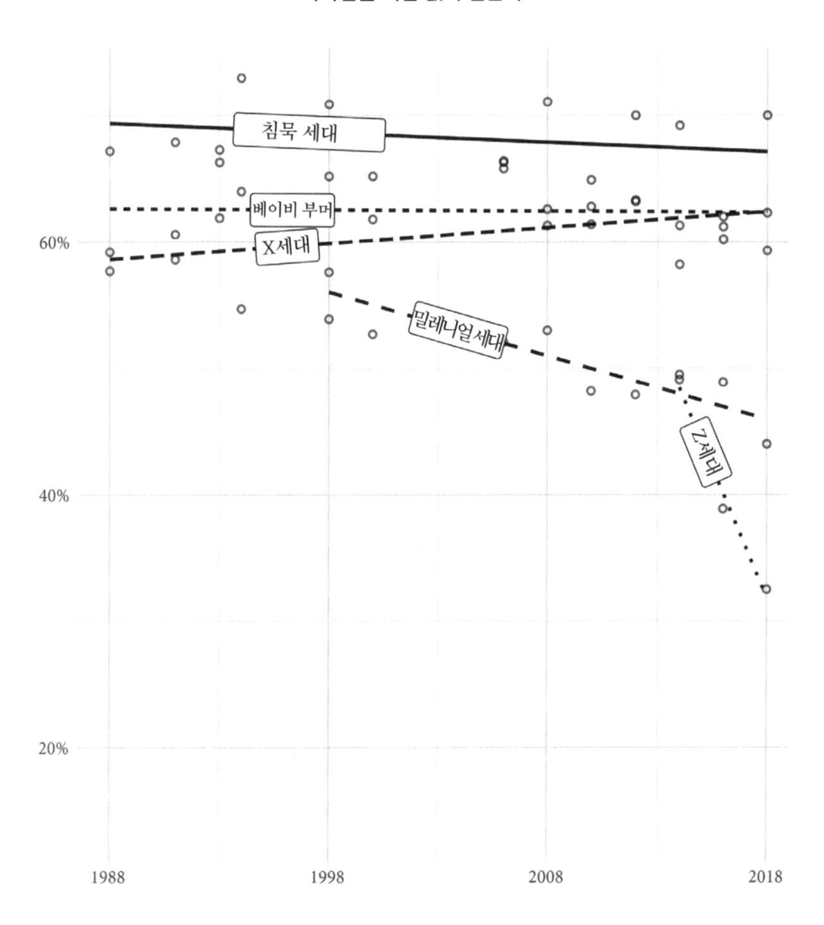

성경은 우리가 우리의 믿음을 다음 세대에 전해 줄 책임이 있음을 더없이 분명하게 말하고 있다. 그 옛날 모세 때부터 하나님의 백성은 하나님을 사랑하고 그 사랑을 다음 세대에 전해 주라는 명령을 받았다.

이스라엘아 들으라 우리 하나님 여호와는 오직 유일한 여호와이시니 너는 마음을 다하고 뜻을 다하고 힘을 다하여 네 하나님 여호와를 사랑하라 오늘 내가 네게 명하는 이 말씀을 너는 마음에 새기고 네 자녀에게 부지런히 가르치며 집에 앉았을 때에든지 길을 갈 때에든지 누워 있을 때에든지 일어날 때에든지 이 말씀을 강론할 것이며 너는 또 그것을 네 손목에 매어 기호를 삼으며 네 미간에 붙여 표로 삼고 또 네 집 문설주와 바깥문에 기록할지니라(신 6:4-9)

〈표 10-2〉

신앙을 유지하기 가장 어려운 시기

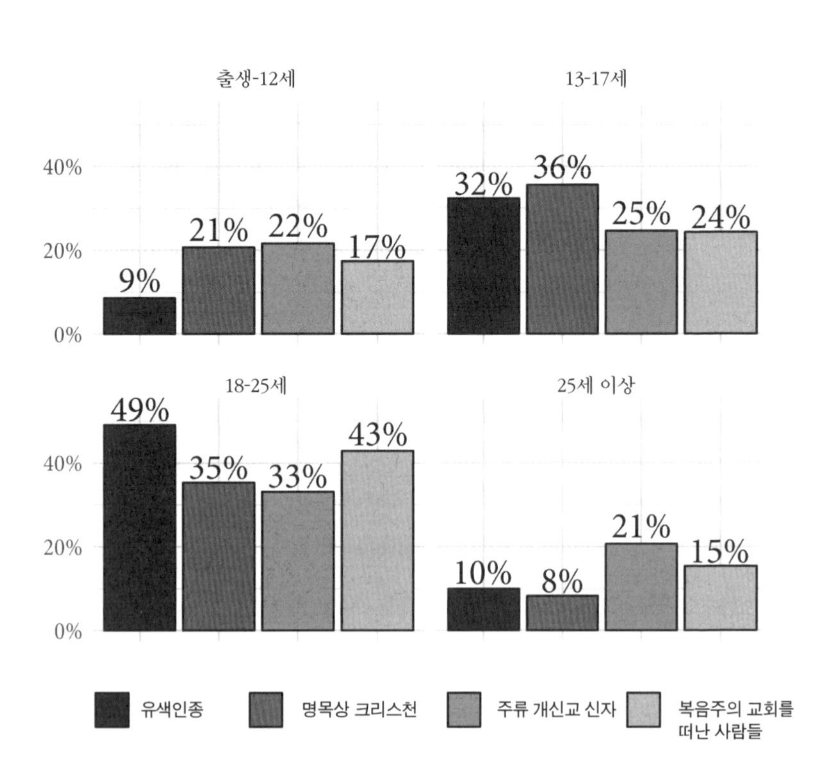

우리의 조사에서 응답자들에게 인생의 어느 시기에 종교 활동에 가장 열심이었는지 물었더니 종교 활동에 가장 열심이었던 시기는 0-18세였고 종교 활동을 가장 소홀히 했던 시기는 18-25세라는 응답이 나왔다. 이 조사 결과만 봐도 청년들이 부모 집을 떠나 독립하기 시작하는 시기가 신앙을 유지하기 어려운 시기라는 점을 분명히 확인할 수 있다.

사회학적 분석

종교가 없는 사람들이 급격히 늘어나다

지난 몇 년간 미국 종교에 관해서 널리 알려진 사실은 무교인들의 숫자가 급격히 상승했다는 것이다. 하지만 이런 상승세는 불과 몇 십 년 사이에 일어났을 뿐이다. 1972년, 미국 성인 중 어떤 종교에도 속하지 않는다고 대답한 사람은 5%에 불과했다. 20년 뒤 그 수치는 2% 올랐다. 하지만 그 이후부터 무교인의 숫자는 계속해서 매년 1-2%씩 증가했다. 2021년 무교인인 미국인은 약 30%였다.

종교가 없는 환경에서 자랐다고 대답한 사람들의 비율은 더 낮았다. 1950년대에 태어난 사람 중 불과 4%만 가정에서 아무런 종교적 영향을 받지 못했다고 대답했다. 1990대에 태어난 사람 중에서는 그 수치가 14%로 증가했다. 하지만 현재는 가장 어린 미국인들 중에서 무려 4분의 3이 25세가 될 때까지 아무런 종교가 없었다고 말한다.

무교인 중 절반은 종교가 없는 가정에서 자랐다. 나머지 절반은 십 대와 대학생들이 이십 대 말에 접어들면서 종교를 떠나는 경우다. 하지만 대학 교육이 꼭 사람들을 교회에서 떠나게 만드는 요인은 아니다. 오히려 정반대일 수 있다.

18-22세 사이의 연령대에서 대학교에 다니는 사람들 중 27%는 "특별히 종교가 없다"라고 말한다. 같은 연령대에서 대학교에 다니지 않는 사람들이 그렇게 대답한 수치는 37%다. 대학교에 다니는 청년들과 대학교에 다니지 않는 청년들 사이에서 무신론자와 불가지론자의 수치도 같은 양상을 보인다. 따라서 교육이 세속화로 몰고 가고 있다는 증거는 별로 없다. 사회과학이 아직 완전히 규명하지 못한 다른 요인들이 작용하고 있다.

- 라이언 버지

우리는 13-17세 사이 이탈 교인들과 18-25세 사이 이탈 교인들의 탈교회 원인을 조사했다. 주류 개신교와 로마 가톨릭교회의 이탈 교인들이 이 시기에 교회를 떠난 비율이 가장 높다는 점을 언급할 필요성이 있다. 고등학교 졸업 직후에 교회를 떠난 경우가 가장 많았다.

신앙을 유지하기가 가장 어렵고 세대 간 믿음의 전달이 가장 잘 이루어지지 않는 세 시기는 고등학교 시절, 고등학교 졸업 후 4년(대개 대학교에서), 새로운 경력을 쌓기 시작하거나 직장에서 자리를 잡기 시작하는 시기다. 이번 장에서 우리는 이 세 시기의 특징을 보여 주기 위해 이탈 교인들에 관한 데이터를 근거로 가상의 인물들을 만들었다.

하나님을 의심하는 고등학생

먼저, 루시를 소개하고 싶다. 루시는 부모와 함께 내슈빌에 사는 17세 라틴계 소녀다. 루시는 어릴 적부터 초교파 교회에 다녔지만, 그곳에서 잘 어울리지 못했다. 그 교회는 십 대들을 참여시키려고 중학생들만 모이는 예배 시간을 따로 마련했다. 루시는 고등학교에 들어가서 교회 고등부에 적응하려고 노력했지만, 친구들을 사귀는 데 어려움을 겪었다. 루시는 특히 운동에 소질이 있었다. 그렇다 보니 주일에 축구부 연습에 참여하는 경우가 많아졌다. 그래서 교회 안에서 의미 있는 관계를 맺기가 더더욱 힘들어졌다.

루시가 고등학교 1학년 때, 그의 부모님은 교회에 그만 다니게 되었다. 그들에게 교회 안에서 특별한 문제가 있었던 것은 아니다. 단지 루시의 주된 활동이 학교, 특히 축구부에서 이루어지게 된 것이 이유였다. 그해에 루시는 운전면허증을 땄고, 학교에서 애덤과 사귀게 되었다. 애덤은 성경의 가르침을 믿지 않고 교회의 역할에 심하게 반대하는 불가지론자였다.

루시는 그전까지는 하나님을 의심한 적이 없었지만 이제 남몰래 의문을 품기 시작했다. 루시는 애덤이나 부모에게 그런 말을 하지는 않았다. 루시는 이 문제를 놓고 누군가와 이야기를 하고 싶었지만, 자신의 의심에 관해서 부모에게 털어놓고 싶지는 않았다.

그해는 루시가 처음 성관계를 가진 해이기도 했다. 루시는 결혼 전까지는 성관계를 갖지 말아야 한다는 말을 듣고 자랐기 때문에 애덤을 향한 사랑과 적지 않은 죄책감 사이에서 괴로웠다. 물론 최근에는 교회를 가는 날이 극히 드물었기 때문에 한동안 그런 말을 들은 적이 없었다. 루시의 가족은 크리스마스이브나 부활절처럼 특별한 날과 축구 연습이나 시합이 없을 때만 교회에 갔다.

한번은 교회에 갔을 때 루시는 답을 얻고 지도를 받고 싶었지만, 찾아갈 만한 사람이 없었다. 교회에서 들은 메시지들은 루시가 하나님과 성 윤리에 관해서 씨름하고 있는 깊은 질문들에 비해 턱없이 피상적으로 보였다. 고등부 아이들에게 이 문제를 털어놓았다가는 손가락질을 받을까 봐 무서웠다. 그렇다고 어른들 중에는 잘 아는 사람이 없었다. 그래서 아무 말도 하지 않고 돌아왔다. 자신이 하나님을 의심하고 남자친구와 잠자리를 했다는 사실을 믿고 털어놓을 만한 사람이 교회에 아무도 없었다.

그다음 해에는 루시에게 큰 변화가 있었다. 고등학교 2학년 때 루시는 부모가 가자고 하지 않는 이상 교회에 가지 않기로 결심했다. 부모는 크리스마스이브나 부활절 혹은 어버이날 같은 특별한 날에만 가끔 루시를 데리고 교회에 갔다. 루시는 애덤과 헤어졌지만, 고등학교 축구팀에서 선발 출전 선수가 되어 운동에 전념하느라 아픔을 빨리 잊을 수 있었다. 학교 성적도 좋았다. 루시의 눈에는 자기 장래가 밝아 보였다.

루시는 자신이 아직 하나님을 믿고 있다고 생각했지만, 하나님이 더없이 멀게 느껴졌다. 루시는 교회가 좋은 제도라고 믿었지만, 자신의 삶과는 별로 상관이 없어 보였다. 여전히 가끔은 예수님께 기도하기도 했지만, 하나님께 가는 또 다른 길이 있을 거라고도 생각했다. 루시는 고등학교 졸업 후에 근처 대학교에 입학했다. 거기서 1학년 때는 축구를 했지만 그 후에는 축구를 그만두었다. 대학교에 다닐 때 교회에 다니지는 않았지만 미래의 남편이 원한다면 함께 갈 마음은 있었다.

루시가 가는 길이 바뀌기 위해서는 무엇이 필요했을까? 아마 루시에게 직접 물어보면, 부모님이 교회를 중시했다면 상황이 전혀 달라졌을 것이라 대답할 것이다. 부모님이 조금 더 편한 상대였다면 자신의 의심에 관해 상의할 수 있었을 것이다. 또한 루시는 교회가 자신의 문제를 다루어 주고 교회에서 어른들과 이야기를 나눌 수 있었다면 좋았을 것이라고 말할 것이다.

영적 멘토가 되어 주는 목회자

우리 조사에서 교회를 떠난 복음주의자들의 28%는 이 시기에 믿음을 유지하기가 가장 어려웠다고 대답했다. 그 이유에 대해서 12%는 적응하거나 소속되기 힘든 점을 꼽았고, 10%는 어울릴 또래가 없는 점을 꼽았으며, 9%는 교회에서 겪은 나쁜 경험을 꼽았다. 또 다른 9%는 단순히 삶이 바빠지거나 다른 우선순위가 생겼다고 대답했다.

루시는 교회를 떠난 복음주의자들 중 부모가 바빠서 교회를 그만둔 것을 이유로 꼽은 13%에 속했다. 루시는 교회가 성경을 분명히 혹은 충분히 자주 가르치지 않았고(23%) 교회에서 하나님을 경험하지 못했다고(20%) 생각했기 때문에 교회가 도움이 되지 않았다고 느꼈다. 루시는

〈표 10-3〉

십 대에서 청년까지의 시기에 왜 힘든가?

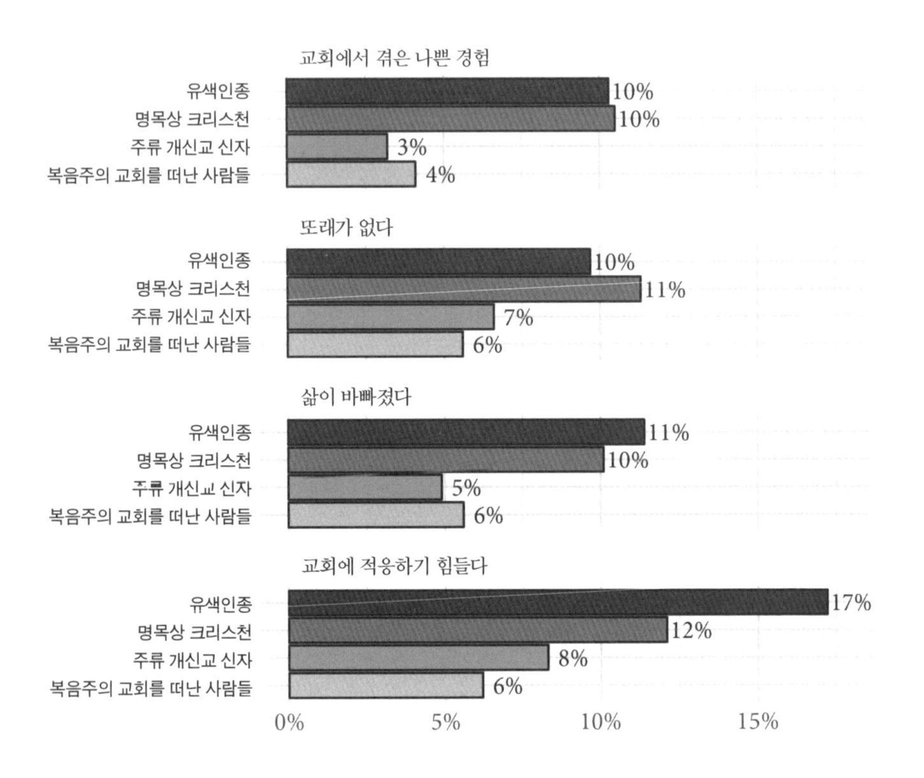

자신의 성적인 행위로 인해 손가락질을 받을까 봐 어린 나이에 복음주의 교회를 떠난 사람들(17%) 중 한 명이다.[1] 안타깝게도 15-25세 사이에 교회를 떠난 많은 이들이 자신의 의심을 인정하는 것(23%)이나 교회 안에서 절박한 질문들을 던지는 것(36%)을 부담스럽게 여긴다.[2]

부모님의 위선에 실망한 대학생

드루(Drew)는 노스캐롤라이나주 샬럿에 있는 보수주의 기독교 고등학교에 다녔고, 부모님은 주일마다 빠짐없이 그를 장로교회(PCA)에 데리고 다녔다. 부모님은 그가 무엇을 보고 누구와 어울릴지에 심하게 간섭했다. 그의 말에 귀 기울여 주지 않았고, 그가 부모님의 세계관과 주장에 동의할 수 없어서 질문을 할 때마다 방어적으로 대했다. 그가 볼 때 그의 부모님은 인종에 관해서 불관용적인 관점을 가지고 있었고, 다른 사람을 사랑할 때도 위선적인 태도를 보였다. 부모님은 성에 관한 전통적인 기독교적 관점을 가지고 있었는데, 특히 아버지는 그런 문제에 관해서 말할 때마다 가혹하고 오만한 모습을 보였다.

드루에게 교회는 따분한 곳이었다. 하지만 부모님 집에서 사는 동안에는 교회에 나갈 수밖에 없었다. 고등학교를 졸업하고 조지아 대학교에 가면서 난생처음으로 어떤 문제든 스스로 결정을 내릴 수 있게 되었다. 그는 부모가 반항적이고 어리석은 짓이라고 할 것이 분명한 행동들을 하기 시작했다. 좋은 성적은 유지했지만, 머릿속에서는 늘 파티와 여자 생각뿐이었다. 전에는 자신이 친구를 선택해 본 적도 없었다. 항상 '적절한 친구들'을 부모가 골라 주었다.

드루는 남학생 사교 클럽에 가입하고 싶었다. 하지만 부모님은 크리스천 삶에 악영향을 미칠 것이라며 가입비를 내 주지 않을 것이 분명했다. 부모님은 그에게 캠퍼스 사역이나 학생회에 참가하라고 강권했다. 하지만 그는 캠퍼스 사역에 조금도 관심이 없었다. 사실상 부모님의 강요 때문에 교회에 다닌 것뿐이라는 사실을 깨달았기 때문에 그는 더 이상 그 신앙을 품지 않았다. 여전히 하나님의 존재는 믿었지만, 하나님을 추구하거나 캠퍼스 사역이나 교회에 참여할 생각은 전혀 없었다. 학생회에 들어가려고 해도 문화 전쟁을 지나치게 강조하는 부모님이 생각나서 내키질 않았다. 솔직히 부모님이 정치와 예수님 중에서 무엇에 더 관심이 있는지 헷갈렸다. 아버지는 고향에 있는 교회의 지도자였다. 그가 본 아버지는 공화당에 관해서 이야기할 때나 주일에 교회에서 투표 안내서를 나눠줄 때 가장 열정적이었다.

드루가 대학교 2학년일 때, 여동생이 그에게 자신이 동성애자라고 털어놓았다. 여동생은 그런 욕구를 어떻게 해야 할지 몰랐지만, 부모님에게 말해서는 안 된다는 것은 알았다. 그 사실을 이야기하면 부모님이, 특히 아버지가 길길이 날뛸 것이 분명했다. 동성결혼에 관한 아버지의 장황한 연설을 수년간 듣고, 그 주제만 나오면 열을 올리는 아버지의 모습을 수없이 봤다. 드루는 동생을 사랑했고 도와주고 싶었다. 동생을 보면서, 숨 막히도록 고루한 부모의 관념과 다른 성 관념을 가지는 것이 옳다는 생각을 더욱 굳혔다. 기독교 집안 환경이 더욱 답답하게 느껴지기 시작했다. 그리고 어릴 적에 교회에서 터부시하던 일을 하는 것이 그렇게 즐거울 수 없었다.

드루는 부모님이 또 무엇을 잘못했는지를 따지기 시작했다. 2학년을 지나 3학년이 되면서, 드루는 부모님이 모든 답을 다 알고 있는 것처럼 행동했던 모습이 생각났다. 부모님은 동성애 문제에서 다른 답의 여지를 두지 않았고, 그가 대학교에서 배우고 있는 과학의 세계에 담을 쌓고 사는 것처럼 보였다. 대학 교수들은 그가 어릴 적에 당연하게 받아들였던 창조론을 비웃었다. 그는 여전히 창조주를 믿었지만, 어릴 적에 성경에서 배운 가르침 외에 다른 방법으로도 창조주 하나님과 관계를 맺을 수 있을 것 같았다. 이제 그가 인생에서 원하는 것은 돈과 여자, 두 가지뿐이었다.

3학년 때 드루는 졸업 후에 조지아주 북부에 머물면서 경영학 학위를 이용해 돈을 벌기로 결심했다. 교회에 가지 않고 주일 아침에 자유로운 것이 좋았다. 이 새로운 삶을 포기하고 싶은 마음은 추호도 없었다. 그는 재정 정책에 관해서는 보수주의자였지만 성, 알코올, 교회에 관한 시각은 어릴 적의 시각에서 벗어나 좌파 쪽으로 크게 기울어져 있었다. 교회에서 제시하는 모든 것을 돈과 여자라는 우상에서 얼마든지 얻을 수 있을 것 같았다. 그는 어릴 적 기독교 문화에서 해방된 것이 좋았지만 명절에 집에 가면 여전히 부모와 함께 교회에 갔다.

자녀의 말을 경청하는 부모

우리 조사에서 교회를 떠난 복음주의자들의 13%와 이 시기에 교회를 떠난 이 그룹의 9%처럼, 드루는 자신의 신앙 때문이 아니라 부모님을 따라 교회에 다녔을 뿐임을 느꼈다. (우리 연구에서 인생의 이 전환기에 복음주의 교회를 떠난 이들의 13%처럼) 그는 어릴 적 부모의 신앙 교육을 받아들이기 힘들었다. 부모는 그가 세상 속에서 잘 살아가도록 그를 성장시키는 것이 아니라 세상으로부터 그를 보호하려고 했기 때문이다. 그는 교회나 부모가 용납하지 않는 방식으로 성을 추구하기를 원했고(5%) 동성애 성향을 인정한 여동생으로 인해 자신의 성 윤리를 더 적극적으로 밀어붙이게 되었다.

교회를 떠난 복음주의자들 중 상당수(30%)는 부모가 사랑, 희락, 온유, 자비의 본을 더 보여 주거나 그들의 말에 더 귀를 기울였다면(30%) 교회를 떠나지 않았을지 모른다고 말했다. 또한 그들은 부모가 다른 가치관을 모욕하지 않고 존중했으면 좋았을 것이라고 말했다(17%). 대학 졸업 후 드루의 삶은 바빠졌고, 주일 아침과 토요일 밤에 새로운 우선순위가 생겨서 교회에 갈 시간이 없어졌다(12%). 하지만 그는 교회에서 겪은 나쁜 경험 탓에 교회를 그리워하지 않았다(11%). 이제 그는 재정적인 풍족함을 즐기고(10%), 뒤를 돌아보지 않는다.

대학 시절에 캠퍼스 사역에 참여하는 사람들이 대학 졸업 후 교회에 남아 있을 가능성이 세 배나 높다는 사실도 주목할 만하다. 물론 약간의 선택 편향이 있기는 하다. 캠퍼스 사역에 참여하는 사람은 대학 졸업 후에도 교회에 남을 가능성이 당연히 높기 때문이다. 그렇다 해도 이 점은 주목할 만하다. 캠퍼스 사역자들의 사역은 중요하고, 우리는 그들의 사역을 지원해야 한다.

2장에서 언급했듯이 대학 자체는 믿음을 갉아먹는 요인이 아니다. 드루는 교회를 떠나기 전에도 믿음이 없었다. 대학 생활 때문에 그가 신앙에서 멀어진 것이 아니다. 단지 어릴 적에는 어른들이 잘못된 것이라고 말하는 것들을 시도할 자유가 없었지만, 대학이 그 자유를 준 것뿐이다.

우울증에 시달리는 직장인

존은 어릴 적 플로리다주 탬파에서 부모와 함께 침례교회에 다녔다. 그는 플로리다 대학교에 입학했고, 처음 2년 동안은 주기적으로 캠퍼스 사역에 참여했지만, 그 뒤로는 그만두었다. 그는 대학 시절 내내

〈표 10-4〉

대학 시절 복음주의자들의 종교적 참여

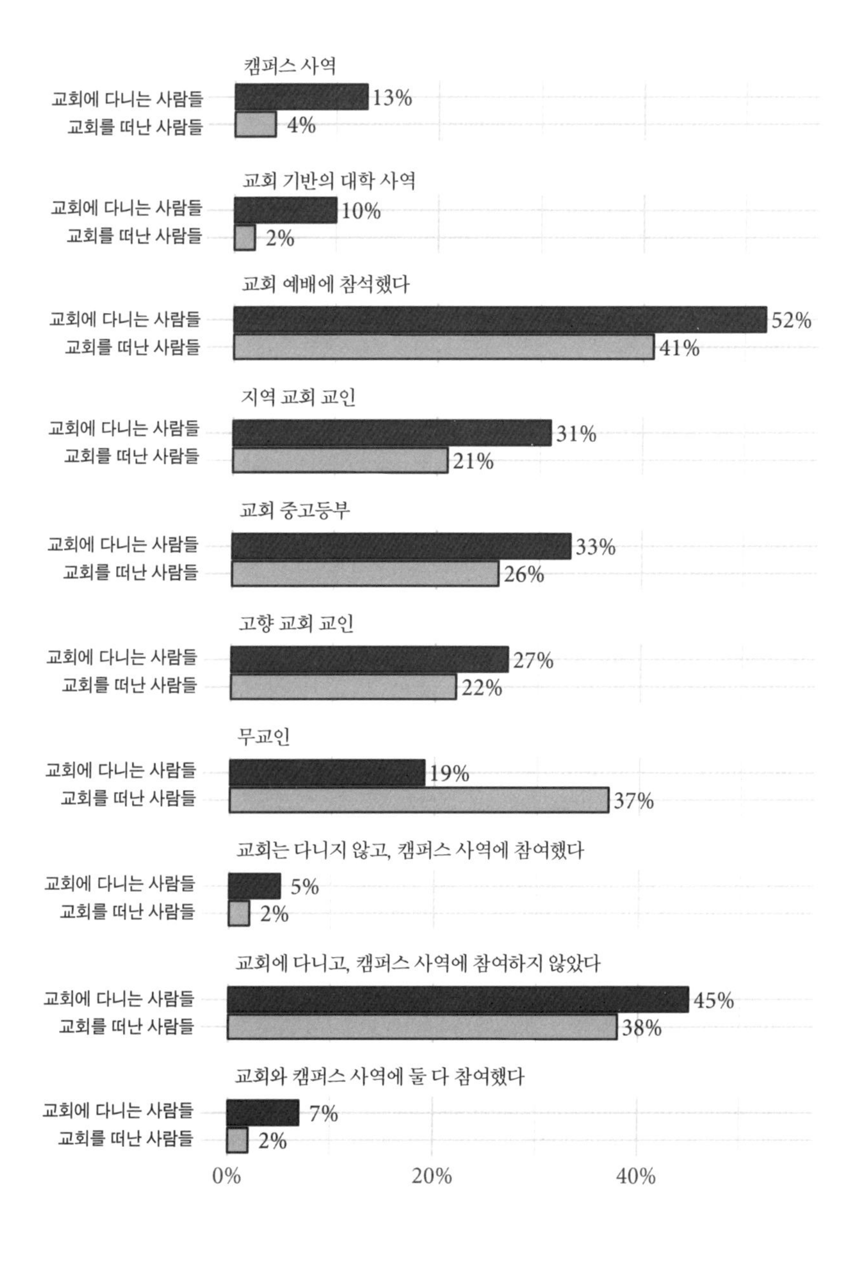

〈표 10-5〉

교회를 떠날 때 부모의 영향을 얼마나 받았는가?(유형별)

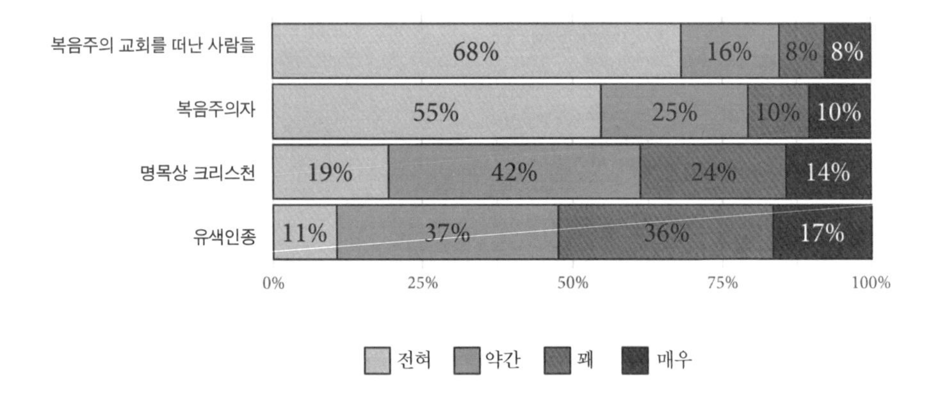

우울증과 싸웠다. 그는 우울증에서 빠져나올 길을 신앙에서 찾지 못했다. 2학년과 3학년 때는 여자 친구의 요구로 한 달에 한 번쯤 교회에 갔지만 두 사람은 4학년이 되고 얼마 지나지 않아 헤어졌다. 존은 졸업한 뒤 탬파로 돌아가 의료 기기 판매원으로 취직했다.

존은 처음에는 부모님과 함께 교회에 다녔지만, 자신이 단지 부모님 때문에, 그리고 여자를 만날 수 있다는 가능성 때문에 교회에 간다는 사실을 깨닫게 되었다. 그는 퇴근 후에 직장 동료들과 술집에서 어울리기 시작했다. 처음으로 돈을 벌면서 주말이면 근사한 파티에 가서 더 많은 친구를 사귀었다. 그의 취미는 낚시와 골프였다. 취미가 같은 친구들을 찾는 일은 매우 쉬운 일이었다. 바닷가로 낚시를 갈 수 있는 돈도 시간도 친구도 있었다. 바하마 여행을 가기도 했다. 스물다섯 살에 그는 직장에서 승진하고, 지역 골프 클럽에 가입했다.

존의 삶은 완벽해 보였다. 하지만 우울증이 그를 지긋지긋하게 따라다녔다. 상담자를 찾아가 봤지만 별로 도움이 되지 않았다. 교회에 가봐도 별로 도움이 될 것 같지 않았다. 부모님은 틈만 나면 좋은 교회를 찾으라고 존에게 권했지만, 그때마다 존은 너무 바쁘다는 핑계를 댔다. 하지만 그것은 거짓말이었다. 그는 주말마다 여행을 다니고, 그렇지 않은 주일에는 골프를 치거나 전날 과음한 숙취로 집에 종일 누워 있었다. 지금 그에게 가장 중요한 것은 직장에서 경력을 쌓는 일이었다.

어느 주일 아침, 존은 골프를 즐긴 뒤 클럽하우스에서 친구들과 점심을 먹다가 서로 아는 친구를 통해 안젤라를 만났다. 안젤라는 올랜도에서 온 이십 대 중반의 아름답고 젊은 부동산 업자였다. 둘은 한눈에 반했다. 그때부터 몇 달간 두 사람은 거의 매일 만나 시간을 보냈다. 안젤라는 어릴 적에 교회에 다닌 적이 없었다. 교회를 싫어하는 것은 아니었지만 교회에 관해 잘 몰랐고 교회가 삶에 필요하다고 생각하지 않았다. 만난 지 6개월 만에 두 사람은 동거하기로 했다.

존의 부모는 아들의 동거가 반갑지는 않았지만, 아들이 행복해하는 모습에 그냥 넘어가기로 했다. 현재 존은 교회에 관한 생각은 거의 하지 않는다. 하지만 하나님에 관한 생각은 한다. 가끔 힘들어지면 기도도 하고, 자신이 받은 복에 감사하기도 한다. 기도는 "예수님의 이름으로 기도합니다"로 마무리한다. 삼위일체와 예수님의 부활은 믿지만 예수님 구원의 배타성이나 성경의 신뢰성에 관해서는 확신하지 못한다. 언젠가 아이들이 생기면 다시 교회에 나갈까 하는 생각을 가끔 한다. 결혼하면 안젤라를 설득하게 될지도 모르겠지만 지금은 괜한 이야기로 분란을 일으키고 싶지 않다. 현재 존은 교회에 다니지 않는다.

복음이 인생 문제의 해답임을 전하는 교회

우리 조사에서 교회를 떠난 복음주의자들 중 60% 이상과 함께 존은 가장 중요한 기독교 교리를 믿고 안젤라가 원하면 교회로 돌아갈 의향이 있다(18%). 그는 여전히 삶의 허무함을 느끼고 오직 하나님만이 그 허무함을 채워 주실 수 있다고 믿는다. 하지만 교회가 해답이라고 보지는 않는다. 그가 어릴 적에 교회는 우울증을 다룰 효과적인 방법을 제시해 주지 못했기 때문이다. 그의 부모가 내린 답은 그를 전문 치료사에게 데려가는 것이 아니라 성경을 더 많이 읽게 하는 것이었다.

존은 직장에서 새로운 공동체를 찾았나(우리 연구에서 복음주의 교회를 떠난 젊은 직장인 중 9%). 하지만 언젠가, 아마도 자녀가 생기면, 교회로 돌아갈 생각이다(51%).

젊은이들이 원하는 교회

우리는 이 외에도 많은 이야기를 해 줄 수 있다. 유색인종 크리스천 중 교회에 적응하기 힘들어하는 17%에 속하는 안토니오에 관한 이야기를 할 수도 있다. 어릴 적에 주류 개신교 교회에 다녔지만, 교회에서 복음을 분명히 들은 적이 없는 트레이시에 관한 이야기를 해 줄 수도 있다. 하지만 우리가 이 세 가지 이야기를 선택한 것은 믿음을 유지하기 가장 힘든 시기에 있는 수백만 젊은이들의 이야기를 아우르고 있기 때문이다.

우리는 다음 주자에게 배턴을 전달해 주는 이미지를 사용했지만, 그 이미지가 믿음의 가족이 지니는 목표를 제대로 보여 주지는 못한다. 아마도 더 좋은 이야기는 3대가 집을 짓는 이미지가 아닐지 싶다. 우리는 한 번 배턴을 전해 주고 마는 것이 아니라, 아름다운 무엇인가를 짓기 위해 수십 년간 함께 노력해야 한다. 루시도 드루도 존도 그런 경험을 하지 못했다. 기성세대는 그들의 부모가 한 대로 하기만 하면, 그들의 자녀도 교회를 가장 우선시할 것이라고 단순하게 생각하고 있다.

하지만 그들의 자녀와 손자들은 그들과는 완전히 다른 세상에서 자라고 있다. 1960년대와 1970년대, 1980년대의 미국은 사람들이 교회에 소속되도록 격려했다. 하지만 이제는 그렇지 않다. 나아가서, 과외 활동과 스포츠 활동 때문에 사람들은 교회에서 더 멀어지고 있다. 오늘날 젊은이들은 전자기기를 통해 원하는 모든 세계관과 윤리를 남몰래 탐구할 수 있다. 그들에게는 함께 머리를 맞대고 까다로운 질문들에 관해서 고민해 줄 부모가 필요하다. 그들은 모르면 모른다고 인정할 뿐 아니라 답을 찾는 여행을 함께 해 줄 부모를 원한다.

젊은이들은 그저 교회 자리를 채우기보다는 영혼을 얻는 데 더 관심을 갖는 교회를 원한다. 젊은이들은 정치인들이 세상을 예전으로 돌려주리라 희망하는 목사님보다 이 세상에서 나그네로 살면서 예수님을 따르도록 도와줄 목사님을 원한다. 젊은이들은 자신의 질문에 대한 진정한 답을 원한다. 그것은 바로 성경 안에서 발견되고 복음 안에 담겨 있는 답이다. 그것은 성령의 능력으로 인생들을 변화시킬 수 있는 답이다.

다음 세대를 믿음으로 키우려면, 몇 명이 그럴듯한 주일 예배 이벤트를 만들어 내기 위해 노력하는 것이 아니라, 온 교회가 다음 세대를 위한 아름다운 뭔가를 짓기 위해 함께 노력하고 기도해야 한다. 이 일은 얼마든지 가능하다. 기도하고 귀를 기울이기로 결심하고 성령의 열매를 보여 주는 사람들이 있으면 된다. 우리는 모두 예수님의 은혜로 영광을 향해 나아가는 미완성 존재이니, 부족해도 용납해 줄 수 있는 공동체가 있으면 가능하다.

11.

‘불완전한 교회’에 임하는 ‘은혜의 완전함’을 전하라

내(짐)가 어릴 적 올랜도에서 자랄 때, 내가 아는 사람들 대부분은 교회에 다녔다. 그러다가 내가 스물한 살 때 한 남자에게 어느 교회에 다니느냐고 물은 적이 있다. 그런데 그는 교회에 다니지 않는다고 대답했다. 당시에는 그 대답이 너무 이상했다. 어찌나 이상하게 느껴졌던지 지금까지도 그 기억이 생생하다. 지금은 내 주변에, 과거에는 교회에 다녔지만 더 이상 다니지 않는 사람이 수두룩하다. 그들 중에는 교회에서 나쁜 일을 당한 피해자들도 있다. 하지만 의도치 않게 교회를 떠난 이들이 훨씬 더 많다. 이 책은 이런 상황에 더 잘 개입하고 싶은 마음에서 탄생했다. 자, 우리는 어떻게 해야 할까? '도움이 되는 방식'으로 해야 한다. 실제로 효과가 있어야 한다.

사도행전 17장은 바울이 아레오바고에서 한 일을 기록한다. 아레오바고는 우상 숭배의 중심지 아테네에서 그리스 신 아레스를 숭배하던 언덕이다. 거기서 바울은 세상을 다루기 위한 선교적인 동시에 신앙고백적인 방식의 본을 잘 보여 주었다. 바울의 모델은 이해하고 칭찬하고 그다음에 비판하는 것이었다.[1] 우리가 다루는 세계관이 어떤 것이든 바울이 아테네에서 다루었던 세계관에 비하면 양호한 편일 것이다. 바울은 먼저 자신이 다루고자 하는 세계관을 이해했다. 그는 말하기 전에 먼저 듣고 연구했다. 마찬가지로, 이탈 교인들은 독특한 세계관을 갖고 있다. 우리는 먼저 그 세계관을 이해해야 그것을 효과적으로 다룰 수 있다.

그다음에, 바울은 이 사람들을 칭찬했다. 그는 이 이교도들의 예배에 관해서 무엇인가를 칭찬했다! 그들의 우상 숭배를 비난할 이유가 많이 있었지만, 그는 비난부터 하지 않았다. 그는 이렇게 말했다. "아덴 사람들아 너희를 보니 범사에 종교심이 많도다"(행 17:22). 그가 그들의 우상 숭배를 인정한 것은 아니었다. 그는 단지 눈에 보이지는 않아도 예배할 만한 뭔가가 있다고 믿는 그들의 믿음을 칭찬한 것이다. 그는 그들의 예배가 옳은 것이 아니라 예배하는 행위 자체가 옳다고 인정해 주었다. 우리의 이탈 교인 친구들도 칭찬받을 수 있고, 또 칭찬받아야 한다.

이탈 교인 세계관의 특정한 측면을 칭찬할 수 없으면 그것을 제대로 이해하지 못한 것이고 그 어떤 비판도 그들에게는 도움이 되지 않는다고까지 말할 수 있다. 하나님은 진리가 100% 결여된 세계관은 나타날 수 없도록 이 세상을 설계하셨다. 사탄은 진리를 왜곡하고 그릇되게 적용하지만, 그 진리를 완전히 제거할 수는 없다. 다른 세계관의 믿음과 행위를 칭찬하면 우리의 마음이 옳은 상태에 있다는 점을 확인하는 데도 도움이 된다. 다른 세계관의 어떤 면이라도 칭찬할 수 없다면, 당신은 다른 사람들을 도와주려고 하기 전에 자신의 강퍅한 마음부터 회개해야 한다.

칭찬한 다음에는 비판할 수 있다. 바울은 이교도들의 세계관을 즉각적으로 비판하지 않았다. 그는 그 세계관을 자신의 신앙으로 흡수하지도 않았다. 그는 이 헬라인들이 들을 수 있는 방식으로 예수님을 제시했다. 그는 그들이 알지 못하는 신을 위한 제단을 쌓았다는 사실을 알고 이렇게 말했다. "내가 두루 다니며 너희가 위하는 것들을 보다가 알지 못하는 신에게라고 새긴 단도 보았으니 그런즉 너희가 알지 못하고 위하는 그것을 내가 너희에게 알게 하리라"(행 17:23). 그런 다음, 그들에게 복음을 전했다. 바울은 같은 방식을 로마 제국 전역의 유대 문화에도 적용했다. 조슈아 채트로의 말을 빌리자면 "이렇게 하면 상대방에게서 지적할 점을 찾기 전에, 그의 상황을 알고 인정해 줄 점을 찾을 수 있다."[2]

이제 바울의 방식을 이탈 교인들에게 적용하여, 사람들이 교회를 떠난 가장 큰 이유들을 토대로 그들이 교회에서 들어야 할 여섯 가지 메시지를 찾아보자. 이번 장에서는 우리 연구 2단계에서 얻은 데이터를 사용할 것이다. 그 데이터는 모든 교단에서 교회를 떠난 이들에 관한 것이다.

복음은 윤리도 중요하게 다룬다

많은 사람이 정치적 의견 차이로 교회를 떠났다. 그들은 단순히 어

〈표 11-1〉

교회를 떠난 이유

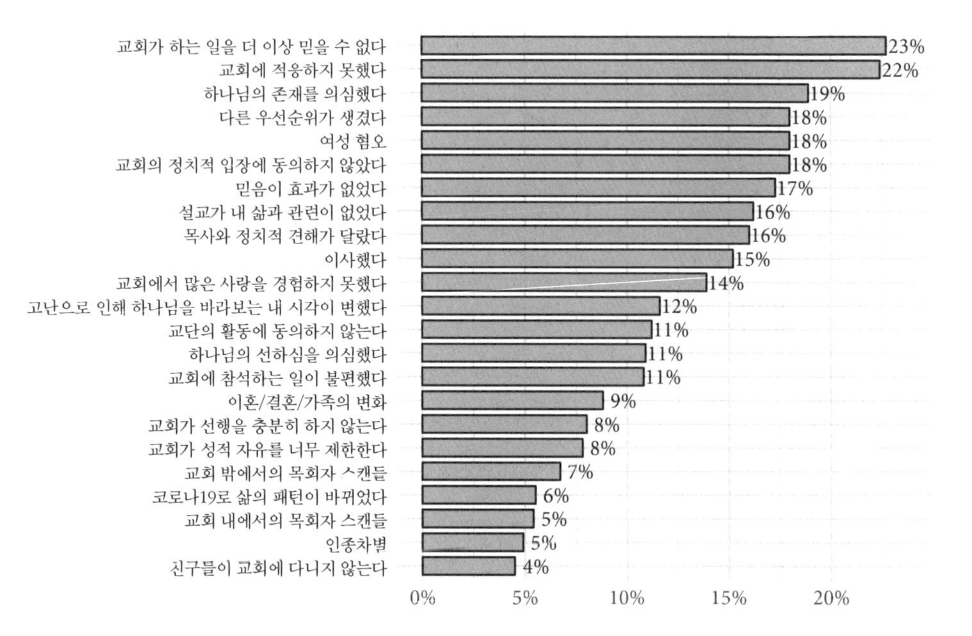

느 한 교회를 떠난 것이 아니라 교회 자체를 떠났다. 18%는 교인들과의 정치적 의견 차이로 교회를 떠났다. 16%는 목회자와의 정치적 의견 차이로 교회를 떠났다. 어떤 이들은 "목사와 정치적 의견이 달라서, 내가 눈엣가시가 되느니 그냥 떠나겠다"라고 말했다. 어떤 이들은 "교회가 복음보다 인종과 정치에 더 관심이 많은 것 같다"라고 말하며 떠나갔다.

우리는 이들과 나란히 앉아서 이들이 제시하는 문제에 귀를 기울여야 한다. 이 문제를 어느 정도라도 직접 느끼기 전까지는 이 문제를 진정으로 이해한다고 말할 수 없기 때문이다. 오늘날 우리는 극도로 분열된 시대를 살고 있다. 따라서 교회 안에서도 이런 분열을 느낄 수 있는 것은 너무도 당연하다.

이런 사람들을 대할 때, 우리는 그들의 어떤 점을 칭찬할 수 있을까? "당신의 우려에 공감합니다"라고 말할 수 있다. 세속 좌파와 세속 우파 모두에서 탈교회 현상이 나타나고 있으며, 예수 그리스도의 복음보다 정치에 더 열을 올린다면 잘못된 것이다. 11월에 교회에서 우파 투표 안내서를 나눠 주는 것이 적절한지를 놓고 교회 지도자들 사이에서 계속해서 극심한 논쟁이 있었다. 또한 교회 안의 좌파들은 지도자들의 도덕적 실패를 분명하게 지적하지 않고, 사람들이 낙태 문제에 반대하는 상황에만 목소리를 높여 왔다.

그럼에도 불구하고, 우리는 정치적 입장이 없는 기독교라는 것은 있을 수 없다고 비판할 수 있다. 교회 안에서 인종과 정의에 관한 정치적 입장을 표현하지 말아야 한다고 주장하는 정치 우파 지지자들은 낙태 반대에 관해서는 목소리를 가장 크게 내는 경향이 있다. 이것은 극도로 정치적인 행보라고 할 수 있다. 복음에는 윤리가 따르며, 윤리는 언제나 정치적 대화를 요구한다. 문제는 교회 안에서 무엇이 더 우선이냐 하는 것이다.

주된 것은 주된 것으로 다루고, 부차적인 것은 부차적인 것으로 다루어야 한다. 기독교의 핵심 교리야말로 주된 것이다. 이 교리에는 예수님의 신성, 우리의 죄를 위한 예수님의 대속, 예수님의 부활, 예수님을 믿으면 죄에서 해방되어 하나님과 영원히 함께 살게 되는 것에 관한 확실한 소망이 포함된다. 이런 교리를 적용한 주요 문제들에 대해서도 우리는 의견의 일치를 이루어야 한다. 예를 들어, 우리가 모두 하나님의 형상을 따라 창조되었다면 인종차별은 나쁜 것이고 태아를 보호해야 한다는 점에 모두 동의해야 한다. 하지만 이런 신념을 정확히 어떻게 추구할지는 복잡한 문제다. '방법'은 지혜를 적용하는 문제다. 따라서 부차적인 문제다.

정치 때문에 교회를 떠난 이들은 먼저 자신이 주된 것을 주된 것으로 다루고 부차적인 것을 부차적인 것으로 다루었는지 스스로 물어야 한다. 그들이 너무 성급했던 것은 아닐까? 그들이 부차적인 것을 주된 것으로 여긴 것은 아닐까? 아니면, 그들이 떠나온 교회와 그곳의 목회자들이 실제로 복음의 윤리에서 벗어난 것일까? 후자의 경우라면 두 번째 메시지가 도움이 될 수 있다.

떠나온 그 교회로 돌아갈 필요는 없다

우리 조사에서, 교회를 떠난 사람들의 22%는 교회가 자신에게 맞지 않다고 느꼈고, 14%는 교인들에게 사랑을 받지 못한다고 느껴서 교회를 떠났다. 하지만 통계를 보는 것보다 사람들의 이야기를 이해하는 것이 더 중요하다. 최근 나는 친구에게 이런 말을 들었다. "십 년 넘게 동네에 있는 큰 교회에 다녔는데, 건강이 나빠져서 더 이상 다닐 수가 없었어요. 그런데 그 교회에서 아무도 제게 신경을 쓰지 않았어요. 안부 전화를 걸어주는 사람이 단 한 명도 없었지요. 그래서 그 교회에 발길을 끊었어요. 그 교회에 다시는 가지 않을 거예요." 다른 사람은 내게 이렇게 한탄했다. "현실을 알고서 충격을 받았어요. 그 교회에서 저는 지도자들을 섬기기 위해서만 존재했어요. 목회자들은 교인들을 섬기는 데 아무런 관심이 없었어요."

여기서 우리는 무엇을 칭찬할 수 있을까? 적응하고 사랑받고 싶은 그들의 갈망을 칭찬해 줄 수 있다. 그것은 전혀 불합리한 바람이나 기대가 아니다. 고린도 교인들에게 주는 바울의 주된 권면은 서로 사랑하라는 것이었다. 예수님은 교회의 연합을 통해 세상이 하나님에 관한 뭔가를 알 것이라고 말씀하셨다(요 17:23).

어쩌면 우리는 그들이 교회를 떠난 것을 칭찬할 수도 있다. 그들이 그런 교회를 떠난 것은 좋은 결정이었을 수도 있다! 교회는 교인들을 알아야 한다. 그래야 교인들을 위해 기도해 줄 수 있고 아픈 교인들을 심방할 수 있다. 교회는 지도자들이 섬김을 받기 위해서가 아니라 섬기기 위해서 존재한다는 점을 이해해야 한다. 이런 것은 불합리한 가치가 아니며, 이런 이유로 교회를 떠난 사람들에게 해 줄 수 있는 가장 좋은 칭찬은 우리라도 그런 교회는 떠났을 것이라고 말해 주는 것이 아닐지 싶다.

때로 사람들은 훨씬 더 심각한 상처나 트라우마로 교회를 떠난다. 이런 경우에는 그들의 상처를 이해하기 위해 더욱 귀를 활짝 열어야 한다. 교회를 떠난 사람들의 9%는 여성 차별을 이유로 꼽는다. 교회를 떠난 많은 사람이 교회를 매우 계급적이고 가부장적이고 여성을 억압하는 곳으로 본다는 사실은 우리가 해결해야만 하는 안타까운 현실이다. 특히 당신이 교회 지도자로서 교회에 대한 그런 평가를 듣는다면 현실을 부정하거나 방어적이 되기 쉽다. 우리는 가혹하게 말하고 싶지는 않지만, 그런 통계에 저항하고 싶은 생각이 당신 안에서 강하게 일어난다면, 당신은 이 문제를 이해하기 위해 여전히 더 노력해야 한다.

이번에도 단순한 통계만이 아니라 누군가의 이야기를 들어 보자. 마크 드리스콜 목사가 담임하는 마스 힐 교회는 21세기 초반, 세상에서 영향력 큰 교회 중 하나였다. 그러다가 거의 하루아침에 무너졌다. 2001년 마크 드리스콜 목사는 다음과 같은 발언을 했다. "부인이 정규직으로 일하고도 자녀가 사랑을 받고 아무런 문제가 없는 가정이 어쩌다 하나 있다면, 그렇지 않은 가정은 수천입니다. 다수의 소리에 귀를 기울여야 합니다. 그리고 이 교회는 그 방향으로 갈 것입니다. 저는 거짓말을 하고 싶지 않습니다. 나는 가정들을 책임지고 있기 때문입니다. 나는 가정들의 상태를 책임지고 있습니다."[3]

그 교회의 목사였던 팀 스미스는 그때를 이렇게 회상했다. "여성이 집 밖의 어떤 것에 관심을 가지면 교회가 남성들에게 하는 조언과 질책은 아내를 더 잘 관리하라는 것이었고, 여성들에게 하는 조언은 아직 결혼하지 않았으면 결혼하고, 결혼했으면 아이를 낳으라는 것이었다. 그러면 다른 야망을 갖는 일에 신경을 쓸 틈이 없어진다는 것이었다. 여러 곳에서, 특히 교회의 초기에는 아내가 바깥일을 하는 것이 특히 장로직의 부적격 사유였다."[4]

그 교회의 한 여성은 이렇게 말했다. "내가 볼 때 문제는 안타깝게도 (성경적인 남성성이) 페미니스트들과 함께 무시되고, 여성 인권과 여성 취직, 그리고 가정 밖에서 어떤 식으로든 여성의 힘이 강해지는 것이 문제로 여겨지게 된 것입니다."[5]

그들의 이야기를 듣기 전까지는 제대로 이해한 것이 아니다. 그렇다면 여성 차별로 인해서 교회를 떠난 사람들의 어떤 점을 칭찬할 수 있을까? 먼저 하나님이 여성 차별을 비롯해서 불평등을 조장하라고 교회를 세우신 것이 아니라는 점을 인정해 줄 수 있다. 그 당시 주변 문화와 비교하면, 성경은 여성을 더 존중한다. 옛 이스라엘에서도 여성을 존중했고, 바울의 가르침으로 인해 심지어 로마 제국에서도 여성을 존중하는 모습이 나타났다. "너희는 유대인이나 헬라인이나 종이나 자유인이나 남자나 여자나 다 그리스도 예수 안에서 하나이니라"(갈 3:28). 여성들을 아무 이유로나 이혼할 수 있는 재산처럼 여기던 시대에 바울은 여성과 남성이 동일하게 귀하다고 선포했다. 바울의 청중에게 이는 충격적인 선포였다. 오늘날 우리도 이 선포에 귀를 기울여야 한다.

심지어 장로의 직분을 남성에게 제한하는 교회들도 여성들의 은사를 최대한 개발시킴으로 여성들을 높여 줄 성경적인 의무가 있다. 여성 차별로 인해 교회를 떠난 사람들에게 이렇게 말하는 것보다 더 큰 칭찬은 없을 것 같다. "떠날 만했습니다. 저라도 그런 교회를 떠났을 겁니다."

그렇다면 어떤 점을 비판해야 할까? 떠난 교회로 돌아갈 필요는 없다! 교회로 돌아가야 하지만 '그' 교회로 돌아갈 필요는 없다. 완벽한 교회는 없지만 많은 교회가 사람들을 이해하고 섬기고 사랑하는 일을 중시한다. 남녀를 똑같이 존중하려고 노력하는 교회, 성경적인 가치를 정확하게 실천하기 위해 기도하며 노력하는 교회가 있다. 그리고 당신의 이야기는 불완전하지만 노력하는 그 교회에 큰 도움이 될 수 있다.

'온라인 예배'는 모임이 아니다

2022년 퓨 리서치(Pew research)에 따르면, 종교 생활을 하는 크리스천의 21%는 코로나19 이후 온라인으로만 예배를 드린다.[6] 우리 연구에서는 그 수치가 더 높은 3분의 1 정도로 나왔다. 이번 장 첫머리에 소개한 〈표 11-1〉은 코로나19와 관련해서 훨씬 더 적은 수치를 보여 주지만,

그 수치는 온라인 예배가 가능해졌기 '때문에' 교회를 떠난 사람들이다. 여러 가지 이유로 교회를 이미 떠난 뒤에 온라인 예배가 가능해지면서 온라인 예배만 드리는 사람들의 수치는 그보다 훨씬 높아졌다.

이렇게 온라인 예배만 드리는 사람들이 코로나19 기간에 많이 늘어났다. 거의 모든 교회가 격리 기간에 참여할 수 있는 온라인 경험을 제공했기 때문이다. 우리 교회도 그렇게 했다. 팬데믹 기간에도 서로 연결될 수 있게 해 준 첨단 기술에 감사한다. 주중에도, 혹은 건강 등의 사유로 모일 수 없는 기간에도 기독교의 가르침과 훈련을 받으려는 개인들의 노력은 칭찬해야 마땅하다.

이번 장의 주된 목적은 교회를 떠난 이들에게 메시지를 전하는 것이지만, 우리는 교회 문제도 다루어야 한다. 교회가 더 많은 사람에게 다가가고, 사람들을 집과 차에서 불러내어 다른 크리스천들과 실제로 함께하는 예배의 장소로 모이도록 첨단 기술을 사용하는 것은 칭찬할 일이다. 첨단 기술을 사용하되, 진짜 목사들·현장에서의 성찬식들·공동기도들·제자 훈련의 대체제가 아니라 그 목적을 위한 도구로만 사용하면 그 기술은 하나님의 나라를 위한 큰 복이 될 수 있다.

최근 나는 메타 예배 경험을 제공하기 시작한 한 대형교회에 관한 이야기를 들었다. 처음에는 그런 시도에 고개를 갸웃거렸다. 하지만 그 교회는 그 메타 세상에 있는 사람들이 결국에는 진짜 사람들과 실제로 만나고 언젠가 진짜 예배당에서 예배를 드리도록 격려하는 사역 팀을 갖추고 있었다. 그 메타 세상에서 끝까지 실제 예배에 나오지 않는 한 사람이 있었다. 나중에 그는 자기 손 위에 가상 폭죽을 만들고 거기에 'China'(중국)라는 글자를 썼다. 중국에 있는 이 남자는 성경 공부를 안전하게 할 수 있는 방법이 없었다. 하지만 이 신기술은 중국 정부의 감시를 받지 않았기 때문에 그는 메타 세상에서는 안전하게 예배를 드릴 수 있었다. 그때 메타 예배에 대한 나의 모든 선입관이 깨졌다. 첨단 기술을 혁신적으로 사용하면 복음이 없는 곳에 복음을 전할 수 있다는 사실을 이해하게 되었다.

다만 직접 교회에 나와서 예배를 드릴 수 있는데도 교회에 나오지 않는 사람들을 우리는 정확한 명칭으로 불러야 한다. 그들은 바로 '이탈 교인'이다. 나는 2021년 5월 스카일러 플라워스(Skyler Flowers)와 함께 다음 글을 썼다.

> 교회의 예배는 개인 차원에서나 공동체 차원에서나 체현하는 행위다. 성경은 모이는 것이 교회 생활에 필수적이라고 분명히 말한다. 마태복음 18장 17-20절에서 예수님은 교회에 관해서 말씀하시면서 사랑하는 자들에게 약속을 주신다. "두세 사람이 내 이름으로 모인 곳에는 나도 그들 중에 있느니라." 바울은 크리스천들에게 함께 모여서 성찬을 행하라고 권고한다(고전 11:33). 히브리서 저자는 함께 모이는 일을 소홀히 하지 말라고 말한다(히 10:25).
>
> 우리는 단순히 기도, 가르침, 예배를 수동적으로 받아들이는 정신적 존재만은 아니다. 하나님의 형상을 따라 창조된 몸과 정신인 우리는 온 존재로 찬양하고 기도하고 배우고 예배해야 한다. 함께 목소리를 높여 찬양하며 믿음을 고백해야 한다. 함께 순복하는 자세로 기도하면서 우리 마음을 하나님 앞에 내려놓아야 한다. 우리의 몸으로 함께 모여서 성찬의 자리에서 함께 먹어야 한다. 우리는 축도 시간에 함께

하나님께 복을 받아야 한다. 많은 교단에서 설교는 이 회중 모임의 클라이맥스다. 설교를 통해 하나님은 그분의 백성에게 말씀하신다.

이런 것은 언약의 백성이 언약의 모임에서 언약의 하나님을 예배하는 행위다. 온라인으로 혼자 이런 것을 하는 것은 진짜에 비할 바가 못 된다. 실시간 예배 방송에서 이 경험의 희미한 흔적 정도는 느낄 수 있을지 모른다. 하지만 실시간 예배 방송은 영적으로 기껏해야 전장에 나간 병사가 아내와 화상통화를 하는 것과 같다. 필요한 일이기는 하지만, 이것에 익숙해져서는 곤란하다.[7]

이런 예배 방송이 소비주의적인 교회를 양산하고, 게으름을 낳고, 사람들로 하여금 자신이 잘 양육을 받고 성장하고 있다고 착각하게 만든다는 점을 데이터가 증명한다. 온라인 교회는 진짜 예배의 값싼 대용품에 불과하다.

해외에서 살 때 나는 미군 기지에 자주 갔다. 기지의 정문을 통과하면 바로 미국 땅에 들어서는 것이다. 모든 표지판이 영어로 쓰여 있다. 옷차림도 미국식이다. 피자헛과 버거킹 같은 미국의 유명한 체인점들이 보이기 시작한다. 그곳에서는 미국 달러를 사용하며, 무료 리필과 미국식 건축물, 미국식 경광등 소리를 내는 경찰차까지 있어서 나는 고향의 냄새를 맡을 수 있다. 미군 기지에 들어가면, 우리는 고향에서 멀리 떠나와 살고 있는 매우 작은 집단이면서도 어떤 면에서는 고향 안에 있다.

바로 이것이 주일 모임에서 우리가 얻을 수 있는 것이다. 지금 우리는 본향에 있지 않다. 하지만 교회에서 영적으로 우리는 세상을 떠나 다양한 사람들과 함께 새로운 나라의 왕을 예배한다. 우리가 실제로 본향에 있는 것은 아니지만 교회에서 잠시나마 우리가 그토록 갈망하는 본향을 맛볼 수 있다. 주일 모임은 하나님께 집중할 수 있게 한다. 이 모임을 소중히 여기는 만큼 우리는 참된 본향을 맛보고 이 땅에서 하늘 시민으로 번영할 수 있다.

이 공동 예배라는 선물을 우리 아이들에게 주는 것도 중요하다. 이 선물은 아이들의 세계관을 형성하는 데 큰 영향을 미친다. 우리가 삶 속에서 예배 모임을 중시하지 않으면 아이들이 나중에 그렇게 하리라 기대할 수 없다. 그렇게 되면 우리 아이들은 어떤 영향을 받을까? 하나님의 백성이 모여서 예배하는 시간에는 초자연적인 능력이 임한다. 공동 예배는 우리가 자녀에게 줄 수 있는 가장 큰 선물 중 하나다. 따라서 우리는 우리의 삶 속에서 이 모임을 중요하게 여겨야 한다.

예배 중에 우리는 우리가 하나님께 사랑받는 자녀라는 사실을 다시 기억한다. 우리가 영원히 끊어지지 않는 영적 가족의 일부라는 사실을 다시 기억한다. 우리가 제멋대로 길을 갔지만 아버지께서 우리를 찾으셨다는 사실을 다시 기억한다. 우리가 방황하고 있지만 아버지께서 우리를 집으로 데려가실 것이라는 사실을 다시 기억한다. 주일마다 이 지구상의 모든 교회에서 우리의 정신과 마음은 인생에서 가장 중요한 것을 다시 기억하게 된다. 크리스천들은 교회 모임에 적극적으로 참여하도록 창조되었다.

사회학적 분석

온라인 예배의 장단점

코로나19 팬데믹 기간에 교회들은 정부의 명령, 공중보건 문제, 교인들의 영적·정서적 필요를 다루기 위해 수만 가지 힘든 결정을 내려야 했다. 퓨 리서치 센터는 코로나19가 한창 기승을 부리던 2021년 3월 첫 주에 여론조사를 했는데, 그때 나온 응답들을 보면 대다수 교회는 제한 조치로 인해 예배 방식을 바꾸었다. 한 달에 한 번씩 교회에 출석하는 교인 중 12%만 교회가 아무런 제약 없이 개방되어 있었다고 대답했다. 18%는 교회가 대면 예배로 전혀 모이지 않았다고 대답했다. 나머지 사람들은 대면 예배로 모이긴 했지만 마스크, 인원 제한, 사회적 거리 두기 같은 제약이 있었다고 말했다.

많은 교회가 모임을 계속 가지기 위한 방편으로 집에서 편하게 드릴 수 있는 온라인 예배로 전환했다. 응답자의 82%는 팬데믹 봉쇄로 인해 집에서 온라인 예배를 드리고 있다고 응답했다. 하지만 팬데믹 종식 이후 많은 교회가 대면 예배와 함께 온라인 예배 방송을 계속해서 내보내야 할지 고민하고 있다. 데이터를 보면 흥미로운 내용이 있다.

지난달에 온라인 예배 방송을 보고 있다고 대답한 이들 중 30%는 지난 4주 동안 직접 교회에도 갔다고 대답했다. 이는 온라인 예배 방송을 본 사람들 대부분은 직접 교회에 가지 않았다는 뜻이다. 온라인 예배가 그들이 교회와 접촉하는 유일한 창구였다. 하지만 대면 예배에 참석한다고 응답한 이들 중 57%는 온라인 예배 방송도 본다고 응답했다. 많은 사람에게 온라인 예배는 대면 예배를 보완하는 수단이 되었다.

따라서 교회에 갈 수 없는 사람들과 여전히 교회에 열심히 다니는 사람들이 모두 온라인 예배를 이용하고 있었다. 그래서 온라인 예배를 없애거나 크게 줄이는 것은 쉬운 선택이 아니다. 정상으로 돌아가려는 마음과 교회에 가기 싫거나 갈 수 없는 사람들에게 복음을 전하는 것 사이의 적절한 균형은 모든 교회 지도자가 깊이 고민해야 할 문제다.

- 라이언 버지

연약한 사람들에게 안전한 교회

2004년 로마 가톨릭교회에서 의뢰한 조사 결과, 지난 50년간 4천 명의 가톨릭 신부가 만 명 이상의 아동에게 성폭력을 저지른 혐의를 받은 것으로 드러났다.[8] 한 개인이 조사하여 2022년 5월 발표한 충격적인 보고서에 따르면, 남침례회연맹의 지도자들은 지난 20년간 신빙성 있는 성폭력 혐의를 제대로 다루지 않았고 피해자와 그 옹호자들을 위협했으며 개혁 시도에 저항했다.[9] 나는 목회 초기에 소아 성폭력 의심 사례들을 알고서 즉시 경찰에 신고했다. 그런데 경악스럽게도 교회 지도자들이 이와 비슷한 상황에서 신고를 하지 않은 사례가 많다는 사실을 알게 되었다.

어떻게 가장 큰 힘과 영향력을 가진 이들이 가장 약한 자들에게 그토록 심한 해를 끼칠 수 있는가? 어떻게 사건을 무시하거나 심지어 은폐하여 가해자들이 계속해서 다른 아이들에게 해를 끼치게 방치할 수 있는가? 우리가 2단계에서 연구한 이들의 7%는 교회 밖에서 일어난 목회자 스캔들을 보고 교회를 떠났고, 5%는 교회 내에서 일어난 목회자 스캔들 때문에 교회를 떠났다. 교회를 떠난 복음주의자들에게만 초점을 맞추면 수치는 둘 다 12%로 올라갔다. 이런 스캔들이 교회 내 여성과 아이들을 상대로 한 학대만 있는 것은 아니며, 이 모든 스캔들은 권력 남용을 의미한다.

이런 문제로 교회를 떠난 이들에게 우리는 철저히 크리스천답지 않은 이 악행에 관련된 자들이 당장 파면당해야 마땅하다고 분명히 말해야 한다. 교회 안에서는 그 어떤 종류의 학대도 벌어져서는 안 된다. 교회는 하나님이 세상에서 가장 안전한 곳으로 마련하신 곳이다. 예수님은 이런 가해자들이 누구인지 다 아시며 그들의 악행에 대해 이생과 내세에서 책임지게 하실 것이다.

크리스천으로서 우리는 교회 안에서 온갖 악행을 저지르는 악한 지도자들로 인해 교회를 불신하는 이들의 우려에 더없이 강한 목소리로 공감을 표시해 주어야 한다. 그런 다음에는 그들을 어떻게 인도해 주어야 하는가? 그들의 말에 귀를 기울이고 공감을 표시하고 함께 눈물을 흘려 준 뒤에는 그들의 손을 잡고 예수님이 그분의 백성을 위해 진정으로 의도하신 목적을 향해 함께 천천히 나아갈 수 있다.

물론 이 사람들은 트라우마를 극복하도록 도와줄 전문가의 도움을 받아야 한다. 교회에서 학대를 경험한 사람이 교회로 금방 돌아오지 못하는 것은 너무도 당연하다. 그들에게는 크리스천 공동체가 필요하지만, 일단 공동 예배 외에 기도 모임이나 성경 공부 모임 같은 소그룹으로 시작할 수 있다. 그러다 때가 되면 그들 혼자서 교회에 가는 것이 아니라 믿을 만한 친구들과 함께 가게 해야 한다.

그들이 교회로 돌아가는 일에 경계심을 갖는 것은 전혀 잘못이 아니다. 오히려 그렇게 해야만 한다! 적절한 질문을 던져야 한다. 이 교회는 지도자들에게 마땅한 책임을 지우는 시스템을 마련하고 있는가? 이 교회는 과거에 이런 문제를 어떻게 처리했는가? 아이들을 돌보기 위한 규정이 마련되어 있는가? 이 교회 지도자들은 그들의 이야기에 어떻게 반응하는가? 그들은 이 불확실한 여행 속에서 예수님의 힘과 지혜에 의지하면서 이런 힘든 질문을 던져야 한다.

교회로 돌아가는 여행은 힘들지만 고생할 만한 가치가 있다. 앤 보스캠프의 말을 빌리자면 "안전한 곳에서 이야기할 때 수치(shame)는 사라진다."[10] 우리 크리스천들은 상처를 입은 이들에게 교회 안팎에서 안전한 장소가 되어 주어야 한다. 학대를 100% 방지할 방법은 없지만 책임성과 투명성을 중시하고 가장 약한 자들이 진정으로 안전할 수 있는 환경을 조성하기 위해 애쓰는 교회가 많다. 학대로 인해 교회를 떠난 이들에게, 그들이 원하는 보호와 정직과 정의가 예수님도 원하시는 것이라고 말해 주어야 한다. 그리고 안전한 환경을 제공해 주는 일에 직접 참여할 수 있는 교회가 그들 주변에 있다고 말해 주어야 한다. 다른 사람들이 더 안전해질 수 있도록, 자신의 상처와 이야기를 사용하는 것이 얼마나 큰 복인가.

당신은 교회가 필요하다, 교회도 당신이 필요하다

크리스천이지만 교회에 나가지 않는 내 친구는 이유를 이렇게 설명했다. "팬데믹 이전에도 아이들 방과 후 활동을 돕느라 정신없이 바빴네. 일요일 아침이 사실상 쉴 수 있는 유일한 시간이었지. 주일 아침마다 복작대는 교회 성도들을 피하기 위한 이기적이고 편의적인 이유는 얼마든지 댈 수 있어." 안타깝게도 이 친구와 같은 사람이 한둘이 아니었다. 우리가 조사한 이들 중 11%는 교회에 가는 것이 불편하다고 대답했다. 이번에도, 교회를 떠난 복음주의자들에게 초점을 맞추면 그 수치는 17%로 올라갔다. 14%는 시간과 돈을 쓸 다른 우선순위가 있다고 대답했다. 이 그룹은 내가 자주 가는 동네 커피숍의 한 여성을 생각나게 한다. 그녀는 크리스천인데 "올랜도로 이사를 온 뒤 정신없이 살다 보니 교회에 다니지 않게 되었다"라고 말했다. 현재 그녀에게는 주일 아침에 해야 할 더 급한 일들이 있다. 언젠가 교회로 돌아갈 수도 있지만, 당분간은 계획은 없다.

네 자녀의 아버지로서 나는 현대인의 삶이 정신없이 바쁘다는 점을 이해한다. 이사를 해서 새로운 교회를 찾기가 얼마나 힘든지도 이해한다. 심지어 코로나19로 주일에 골프를 치거나 해변으로 놀러 가거나 밀린 잠을 잘 수 있게 된 것이 좋게 느껴질 수 있다는 것도 이해한다. 그럼에도 교회를 떠난 이 크리스천들에게 교회는 꼭 필요하다는 말을 해주어야 한다.

히브리서 기자는 이렇게 썼다. "서로 돌아보아 사랑과 선행을 격려하며 모이기를 폐하는 어떤 사람들의 습관과 같이 하지 말고 오직 권하여 그날이 가까움을 볼수록 더욱 그리하자"(히 10:24-25). 우리가 한 교회에 정착해서 사람들과 꾸준히 관계를 맺어야 서로를 돌보고 그리스도를 닮아 갈 수 있다. 함께 모이는 것이 우리를 위한 하나님의 계획이다. 함께 모일 때 교만과 고립과 분열을 막을 수 있다.

나는 전에 다니던 교회에서, 교회가 아니었다면 같이 어울리지 못했을 사람을 만났다. 그 여성은 크리스천이 되었는데, 육체적, 정서적, 물질적으로 삶이 몹시 힘들었다. 교회 식구들은 그녀의 집을 찾아가 빨래를 해 주고 식사를 챙겨 주고 힘든 상황에 관한 이야기를 들어 주고 함께 기도해 주었다. 심지어 임대료와 공과금도 보태 주었다. 그런데 2년쯤 지나서 그 여성은 스스로 목숨을 끊었다. 그녀의 장례식에서 J. D. 쇼(Shaw) 목사가 했던 말을 평생 잊지 못하리라. "아만다는 우리에게 사랑하는 법을 가르쳐 주었습니다." 그 순간, 아만다가 교회에서 어떤 복을 받았든 우리는 더 많은 복을 받았다는 사실을 깨닫게 되었다.

우리에게는 교회가 필요하다. 내게는 교회가 필요하다. 교회는 우리를 진정한 관계, 더 깊은 사랑, 진정한 인간의 삶으로 이끌어 준다. 콜린 핸슨과 조너선 리먼의 말을 빌리자면 "누구도 자신이 원하는 교회를 찾지 못하지만 모두가 자신에게 필요한 교회를 만난다."[11]

교회에 직접 나오지 않으면 당신에게 손해다. 하지만 당신을 얻지 못한 교회도 손해다. 영어 성경을 읽으면 교회의 공동체적인 속성을 온전히 이해하기 힘들다. 하지만 이 속성이 명확히 표현된 성경이 있다. "너희가 모두 성전이다. 너희가 모두 산 위의 동네다. 너희가 모두 그리스도의 몸이다(Y'all are the temple. Y'all are the city on a hill. Y'all are the body of Christ.)"(DSV 역본). 우리는 교회이며, 당신이 빠지면 우리는 온전한 '우리'가 아니다.

복음은 복된 소식이다

사람들이 교회를 떠나는 이유로 가장 많이 꼽은 것(23%)은 믿음의 변화였다. 한편 그와는 다른 이유로 교회를 떠난 이들도 있다. 교회에 관한 부정적인 이야기를 듣고 교회를 떠난 이들도 있다. 성에 대한 관념이 달라져서 믿음의 위기가 찾아온 경우도 있다. 교회 지도자들에게 끔찍한 일을 당하고 그들이 가르친 메시지에 의심을 품게 된 경우도 있다. 하지만 기억하라. 복음은 복된 소식이다.

우리는 모두 자기 죄의 노예다. 우리는 반역의 본성을 품고 이 세상에 태어났다. 우리는 우리 삶을 운영할 방법을 하나님보다 더 잘 안다고 주장했다. 우리는 우리 자신이 더 나은 신이라고 선포했다. 죄는 우리가 내리는 나쁜 선택이 아니다. 죄는 나쁘고 자기 파멸적인 선택을 하게 만드는 우리 안의 질병이다. 이것은 나쁜 소식이며, 바로 이것이 예수님이 오신 이유다.

삼위일체의 두 번째 위격이신 예수님은 우리가 살 수 없었던 완벽한 삶을 살기 위해 자신을 낮춰 육신을 입으셨다. 그분은 우리가 경험하는 모든 시험을 경험하셨다. 그분은 우리가 받아 마땅한 하나님의 진노를 온전히 받고, 그분의 의를 우리에게 주시기 위해 대신 십자가로 가셨다. 그분은 하나님의 완벽하신 아들로서, 완벽한 삶을 통해 얻으신 모든 것을 우리에게 값없이 주셨다. 사흘 뒤 그분은 부활하셔서 그분을 믿는 모든 자를 위해 죽음을 이기셨다고 세상을 향해 강력하게 선포하셨다. 신자에게 죽음은 우리가 받아 마땅한 진노로 가는 문이 아니라 은혜와 자비와 사랑 가운데 창조주와 영원히 함께하는 삶으로 가는 문이다.

예수님을 믿으면 그분 몸의 일부가 된다. 단순히 비유적인 의미에서가 아니라 불가사의한 방식으로 실제로 그분의 몸이 된다. 그리고 손이 팔에 연결되거나 눈이 얼굴에 있는 것처럼 서로 하나로 묶인다. 우리는 이 몸을 교회라 부른다. 물론 지금 교회는 불완전하다. 우리는 실망하기도 하고 때로는 추문을 경험한다. 하지만 교회는 여전히 그분의 백성을 위한 하나님의 계획이다. 예수님은 곡식 가운데 가라지가 있고 양의 탈을 쓴 늑대가 있을 것이라고 말씀하셨고, 때가 되면 그것들을 다루실 것이다. 하지만 당신이 교회 안에서 어떤 실망스러운 일이나 해를 경험했다 해도 그곳에서 더 큰 복이 당신을 기다리고 있다.

복음을 당신이 받을 좋은 소식으로 인정하면 교회는 당신의 몸이요 가족이 된다. 이탈 교인들은 다른 무엇보다도 이 메시지를 들어야 한다. 복음은 좋은 소식이며 우리를 하나로 묶어 준다.

Part 4

세상이 기다리는 교회, 세상이 신뢰하는 교회로

— '처음 교회'에서 길을 찾다

THE GREAT DE CHURCH ING

12.

복음의 선함을 행동으로 증명하다

우리는 영적 형성의 위기에 처해 있다.

우리는 소비자의 관심을 파악한 후 그에 맞는 서비스를 제공해 소비자를 유인하는 관심 경제(attention economy) 속에서 살고 있다. 이는 영적 형성의 위기를 초래하는 한 가지 원인이다.

관심은 곧 돈이다. 2020년 페이스북 내부 문건 유출에 관한 〈월스트리트 저널〉에 "우리의 알고리즘은 그냥 두면 … 분열에 끌리는 인간 뇌의 성향을 이용한다."라는 문장이 있었다. 페이스북은 "사용자의 관심을 끌고 플랫폼 사용 시간을 늘리기 위해, 점점 더 분열을 초래하는

콘텐츠"를 사용자들에게 보낸다.[1]

페이스북은 당신이 그 플랫폼에 더 오래 머물면서 더 많은 광고를 보게 해야 한다. 그래야 많은 돈을 벌 수 있고, 그래야 주주들에게 더 많은 수익을 안겨 줄 수 있다. 당신을 화나게 만드는 내용을 제시하는 것이 당신의 관심을 사로잡고 그 플랫폼에 더 오래 머물게 하기 위한 가장 효과적인 방법이라면, 그들은 서슴없이 그 방법을 사용한다. 왜냐하면 주주들(아이러니하게도 뮤추얼펀드나 상장지수펀드에 가입한 당신도 그 주주일 수 있다)이 그것을 요구하기 때문이다. 대기업들이 당신에게 무상으로 서비스를 제공하는 것은 당신이 곧 상품이기 때문이다. 그들은 당신에게 최대한 많은 광고를 노출해야 한다. 사회적으로 큰 파장을 일으키지 않는 한, 그들은 그 광고의 내용에는 전혀 신경 쓰지 않는다.

첨단 기술과 소셜 미디어 기업들의 모든 알고리즘은 이미 성경에서 인간의 상태에 관해서 말해 준 것을 알고 있다. 그것은 우리가 본성적으로 분열과 분쟁, 분노에 빠지기 쉽다는 것이다. 우리의 뇌를 스트레스 호르몬인 코르티솔 분비 상태로 몰아가는 콘텐츠 앞에 오래 앉아 있으면 우리의 뇌를 재구성하여 성령의 열매를 맺기가 점점 더 어려워진다.

우리의 친구인 패트릭 밀러 목사는 이 사실을 정확하게 짚어냈다.

> 미국의 모든 목사와 마찬가지로 나는 새로운 난관과 씨름하고 있다. 인공지능은 신경망과 정교한 기계 학습 알고리즘을 사용하여 우리 교회를 사망의 어두운 골짜기로 인도하고 있다. 시편 139편에 '알고리즘'을 넣어서 이렇게 말해 볼 수 있다. 알고리즘은 우리 교인들을 살펴 그들의 마음을 안다. 알고리즘은 그들을 시험하여 그들의 뜻을

안다. 인공지능은 그들에게서 계속 들어오는 데이터를 가장 높은 값을 부르는 곳에 팔고 그들이 온라인 플랫폼에 중독된 상태를 유지하도록 실리콘 모태에서 그들의 디지털 모델을 만들었다.[2]

우리를 형성하는 콘텐츠

우리가 만나는 모든 사람이 음식만 먹는 것이 아니라 정보도 먹는다는 사실에 관해서 생각해 보라. 사람들은 소셜 미디어, 팟 캐스트, 유튜브, 라디오 방송, 책, 블로그, 텔레비전 방송, 영화를 소비한다. 우리가 인식하든 인식하지 않든 이 정보들은 참되고 선하고 아름다운 것에 관한 우리의 비전을 끊임없이 형성하고 있다.

당신은 해당 콘텐츠가 당신에게 노출되고 있는 '이유'를 분명히 인식한 상태에서 그 정보를 받아들이고 있는가?

당신은 해당 콘텐츠가 당신의 영혼에 '무슨 영향'을 미치고 있는지 분명히 인식한 상태에서 그 정보를 받아들이고 있는가?

당신은 자신이 해당 콘텐츠에 '얼마나 많은 신뢰성'을 부여하고 있는지 분명히 인식한 상태에서 그 정보를 받아들이고 있는가?

이런 질문에 집중해 보면, 정보를 통해 들려오는 온갖 목소리가 우리에게 어느 정도까지 영향을 미치도록 허용해야 할지 판단할 수 있는 인지 능력과 종합적인 관점을 향상시킬 수 있다. 추가적인 도구를 사용하여 무의식을 더 의식하는 방법에 관해서 계속해서 살펴보자.

영향력을 강화하는 요소

우리는 모두 자신이 상호작용하는 콘텐츠와 사람들을 끊임없이 평가하고 있다. 우리가 관념이나 사람의 영향을 얼마나 허용할지 판단하는 과정은 대체로 무의식적이다. 이 무의식적인 평가에 따라 우리는 콘텐츠나 사람의 영향을 증폭시키거나 줄이거나 차단한다. 예를 들어, 당신이 특정한 사상가나 지도자를 매우 진지하게 받아들인다고 해 보자. 당신은 무의식적으로 그 사람의 영향을 보통 사람보다 몇 배나 많이 허용할 수 있다. 당신이 진지하게 생각하지 않는 다른 사람이나 관념의 영향은 거의 혹은 전혀 허용하지 않을 것이다. 마지막으로, 당신이 불신하는 사람들이 당신에게 영향을 미치려고 하면 그들의 행동은 오히려 그들의 의도와 정반대 효과를 낳는다. 우리가 받는 영향을 강화하는 무의식적인 요소들의 다섯 가지 범주가 있다.

1. 매우 영향력 있음
2. 영향력 있음
3. 평균적인 영향력
4. 평균 이하의 영향력
5. 부정적인 영향력

말씀 듣기 30분 vs. 넷플릭스 시청 10시간

교회에 다니고 있고 교회 목사님을 '정말' 좋아하는 수잔을 예로 들어 보자. 수잔은 목사님을 매우 높은 영향력의 범주 안에 있는 분으로 여기고 그의 설교를 매주 30분씩 빠짐없이 듣는다. 수잔이 매주 90분간

소그룹 활동에도 참석한다고 해 보자. 이 소그룹은 수잔에게 영향력 있는 범주 안에 있다.

교회 밖에서 수잔은 주중에 케이블 뉴스 14시간, 소셜 미디어 스크롤 14시간, 넷플릭스 시청 10시간, 팟 캐스트 청취 2시간, 유튜브 시청 1시간, 라디오 청취 3시간, 독서 2시간으로 정보를 얻는다.

교회 활동에 사용하는 2시간을 주중 내내 수잔을 형성하는 다른 많은 활동 시간과 비교해 보면, 교회 활동 시간은 너무 미미하다. 수잔이 목사의 설교와 소그룹을 아무리 가장 영향력 높은 범주로 여긴다 해도 교회 활동 시간은 다른 정보 소비 시간에 비해 너무 적다.

영적 형성의 위기는 피할 수 없는 현실이다. 심지어 교회 안에서 가장 신실한 신자들에게까지 영향을 미치고 있는 막대한 양의 정보를 이길 만큼 큰 영향력을 가진 사람은 없다. 이것은 목회자들에게 특히 힘든 상황이다. 우리와 이야기를 나눈 많은 목사들은 목회가 불가능하다고, 심지어 때로는 시시포스의 일(Sisyphean task)[3]처럼 느끼고 있다고 말한다. 수잔의 영적 건강은 교회 밖에서 얻는 정보가 참됨과 선함과 아름다움에 관한 하나님의 비전과 일치하느냐 어긋나느냐에 따라 좋아지거나 나빠질 것이다.

디지털 콘텐츠의 왜곡된 정보를 경계하라

이제 교회를 떠났고 복음주의 하위문화에 큰 의문을 품고 있는 맥스를 예로 들어 보자. 그는 모든 것을 알아내려고 하다 보니 혼란한 상태에 빠져 있다. 그는 수잔과 마찬가지로 미디어를 많이 소비한다. 단, 그의 미디어 소비는 주로 복음주의의 위선과 경건하지 못한 정치적 동맹과 윤리적 문제를 지적하는 목소리들로 이루어져 있다. 그는 교회에서 나쁜 일을 당했기 때문에 이런 비판의 소리가 더욱 신뢰성 있게 다가온다. 그는 더 이상 교회에 속해 있지 않지만, 여전히 기독교 신앙의 핵심 교리를 믿고 이전의 윤리적 기준에 따라 행동한다.

수잔과 맥스는 단순히 콘텐츠를 듣고 마는 것이 아니다. 그들이 접하는 콘텐츠가 그들 새로운 생각의 패턴을 형성한다. 세속 좌파와 세속 우파, 심지어 현실에 근거하지 않은 음모 이론의 나쁜 내러티브를 받아들인 교회 안팎의 많은 사람들 안에서 이런 형성 과정이 이루어지고 있다.

우리는 우리가 특정한 디지털 콘텐츠에 노출되고 있는 '이유'를 더 분명히 인식해야 한다. 이런 알고리즘은 우리가 어떤 콘텐츠를 더 오래 보거나 더 자주 클릭하고, 어떤 콘텐츠에 더 길길이 날뛸지 정확히 알고 있다. 미디어 회사들은 이런 콘텐츠를 통해 우리가 자신들의 생태계에 더 오래 머물고 그들과 주주들의 수익을 위해 더 많은 광고를 보게 만든다.

또한 우리는 미디어 소비가 우리에게 어떤 작용을 하고 있는지 인식하고 경계해야 한다. 배경에서 계속 흘러나오는 케이블 뉴스나 우리가 반대하는 그룹이나 사람에 대한 비난, 혹은 우리가 긴 하루의 스트레스를 풀기 위해 보는 것들은 모두 우리와 우리의 영혼에 뭔가 작용을 하고 있다. 대개 이런 것은 우리를 건강하지 못한 뭔가로 형성해 가고 있다.

우리가 다양한 정보의 원천에 얼마나 많은 신뢰성을 부여하는지도 알아야 한다. 우리가 오랫동안 관계를 맺고 살아온 실제 인간들보다 디지털이나 텔레비전 속의 인물에 더 많은 무게와 가치를 부여하는 것은 위험한 일이다. 물론 실제 삶 속의 모든 사람은 각자의 문제점을 안고 있다. 하지만 최소한 우리가 디지털이나 텔레비전 속에 있는 것들에 얼마나 많은 영향을 받고 있는지는 알아야 한다.

이 문화적 순간 속에서 우리의 과제는 사람들이 더 건강한 정보를 습득하도록 돕는 것이다. 내가 어릴 적, 어머니는 항상 "쓰레기를 넣으면 쓰레기가 나온다"라고 말씀하셨다. 우리 문화에는 우리를 왜곡하고 잘못된 방향으로 형성시켜서 어리석은 사람으로 만들어 가려는 쓰레기가 가득하다. 사방에서 날아오는 쓰레기를 간파하여 차단하고 계속해서 지혜의 길을 걷기 위해서는 많은 지혜가 필요하다. 따라서 우리 자신의 영적 훈련과 교회를 떠난 이들을 돌보는 문제의 중요한 요소는 건강하고 지혜로우며 복된 삶을 증진하는 정보들을 추구하는 것이다.

온전한 복음을 전하라

건강한 정보 소비를 추구할 때 예수 그리스도의 복음을 정확히 이해하는 것보다 더 좋은 출발점이 있을까? 전체적으로 보면 기독교 신앙은 네 장의 복음으로 이루어져 있다.[4]

1장 창조: 하나님이 만물을 지으셨고 그것들은 좋았다.

2장 타락: 인간은 죄를 지었고 만물이 저주받았다.

3장 구속: 예수님은 죄인을 구원하시며 그분의 나라를 세우고 계신다.

4장 완성: 예수님은 그분의 나라를 완성하시고 그때 만물이 새로워질 것이다.

역사를 보면 시대와 집단마다 이 네 장의 복음 중 강조하는 장들이 달랐다. 20세기 복음주의 진영은 주로 타락과 구속의 두 장에 초점을 맞추었다.[5] 복음주의가 강조한 것은 지옥에 가지 않고 그리스도와 함께 부활할 수 있도록 예수님을 믿고 개인적인 구원을 받는 것에 관한 메시지였다. 이 메시지가 참이긴 하지만 중요한 부분이 잘려 나간 메시지다. 복음의 1장과 4장 역시 강조하지 않으면 하나님이 피조세계 속에서 행하고 계신 일에 관한 우주적인 비전을 놓치게 된다. 하나님은 만물을 새롭게 하고 계시며(계 21:1-8) 저주가 뻗친 곳까지 다 구속이 이루어질 것이다. 타락과 구속 두 장만의 복음으로는 기독교 운동의 전반적인 건강을 유지할 수 없고, 특히 복음에 대한 합당한 비판을 제대로 다룰 수 없다.

누가복음 15장에서 예수님은 탕자 비유를 말씀하셨다. 그 비유에서 우리는 잃어버린 두 형제를 볼 수 있다. 동생은 도덕적으로 타락했고, 형은 엄격한 규칙을 따르는 자다. 미국이 도덕적으로 해이해진 '동생' 문화에 가까웠을 때는 두 장 복음이 어느 정도 통했다. 죄와 수치의 문제들은 그리스도의 십자가와 부활로 고칠 수 있다. 당시에는 그것으로 충분했다.

하지만 점점 '형' 쪽으로 흐르는 21세기 초 문화에서는 두 장 복음만으로는 불충분하다. 서구는 전반적으로 1960년대에서 2001년까지의 타락하고 방탕한 동생 문화(성 혁명과 자유 시장)에서 9/11 이후 정의를 추구하는 형 문화(#MeToo 운동, "흑인의 목숨도 소중하다"[Black Lives Matter], 권력과 윤리의 상호작용을 새롭게 바라보는 시각들)로 이동했다. 서구 문화는 정의와 윤리 쪽으로 크게 기울었다. 인터넷과 소셜 미디어, 민주화의 약진으로 권력의 피라미드가 허물어졌고, 사람들은 소외되고 권리를 박탈당하고 물려받은 것 없는 흙수저들의 문제점을 인식하게 되었다. 형의 문화 속에서 두 장 복음은 불충분하다. 전체 이야기를 전해 주지 않기 때문이다.

앞서 말했듯이 이 문화의 질문들은 예수님이 참되신가보다 예수님이 선하시고 아름다우신가에 관한 것이다. 형의 문화 속에서는 온전한 네 장 복음이 필요하다. 이제 초점은 개인적인 죄 문제 해결보다 복된 삶을 살게 하고 불의를 억제하는 비전이 무엇인가 하는 것이다. 두 장 복음과 네 장 복음 사이의 차이를 달리 표현하면, 그것은 복음 신포와 관련해서 "내게 말하라" 접근법과 "내게 보여 달라" 접근법 사이의 차이다. 20세기에는 친구들을 빌리 그레이엄 집회에 초대하기만 하면 되었다. 그 방법으로 많은 사람이 복음에 응답했다. 이것은 전형적인 두 장 복음의 "내게 말하라" 접근법이다. 하지만 그런 시절은 지나갔다. 데이터로 보나 우리의 목회 경험으로 보나, 이제 대부분의 사람은 복음을 구체적으로 경험해야만 믿는다. 이제 사람들은 기독교 공동체에 연결되어 크리스천들이 믿음을 실천하여 실제로 사람들의 행복을 위하는 모습을 두 눈으로 직접 봐야 한다.

앞으로 나아갈 길

좋은 소식은 교회가 오랫동안 네 장 복음을 지녀왔고, 교회가 강하고 건강한 시기들이 있었다는 것이다. 로드니 스타크의 역작《기독교의 발흥》에 따르면 "기독교의 핵심 교리들은 지속적이고 매력적이고 자유롭게 하고 효과적인 사회적 관계들과 조직들을 촉진시켰다."[6] 초대 교회는 사회 변두리에 존재했고 극심한 핍박을 받았다. 크리스천들은 치명적인 질병이 휩쓸고 간 도시에 남은 유일한 사람들이었다. 초대 교회는 여성들을 존중했는데, 이는 당시로서는 극도로 반문화적이었다. 교회는 인종적, 사회경제적, 문화적 차이를 극복하고 독특한 공동체를 이루었다.

공동체 차원에서 서구의 기독교는 권력 피라미드의 밑바닥에 존재하는 이런 기독교의 많은 측면을 회복해야 한다. 세속주의는 좌파 진영에서나 우파 진영에서나 계속해서 서구를 휩쓸 것이다. 신앙을 지키고 싶은 크리스천들은 양쪽 어디와도 영합하지 말아야 한다. 우리는 낮은 곳에서 약한 사람들을 섬겨야 한다. 하지만 동남아시아의 형제자매들에게서 보듯이 제자의 길에 따르는 대가가 클수록 복음의 열매가 더 크게 맺히는 경우가 많다.

'이마고 데이'(Imago Dei)는 인간이 하나님의 형상을 따라 지음을 받았다는 사실을 지칭하는 신학 용어다. 이 형상은 외적인 조건에 상관없이, 그리고 문화나 사회나 시장에 쓸모가 있는지와 상관없이 모든 인간에게 큰 존엄성과 의미와 가치를 부여한다. 하나님의 형상을 품었다는 것은 내재 가치를 의미한다. 따라서 공동체 차원에서 우리는 '이마고 데이'를 더 깊이 이해함으로 윤리적인 문제들을 다루고 사회에서의 낮은 자리를 받아들여야 한다.[7] 문화 권력이 변하는 지금, 특히 사역 지도자들은 힘을 내려놓음으로써 사람들을 섬겨야 한다.

개인 차원에서 우리는 바울이 디모데에게 보낸 편지에서 전한 가르침으로 돌아가야 한다. "내 아들아 그러므로 너는 그리스도 예수 안에 있는 은혜 가운데서 강하고 또 네가 많은 증인 앞에서 내게 들은 바를 충성된 사람들에게 부탁하라 그들이 또 다른 사람들을 가르칠 수 있으리라"(딤후 2:1-2).

콘텐츠, 콘텍스트(배경), 습관

더 건강한 콘텐츠로 사람들의 정보 소비를 바꾸는 것만으로는 충분하지 않다. 우리는 단순히 지적 존재만이 아니다. 제임스 K. A. 스미스는《습관이 영성이다》란 책의 서문에서 다음과 같이 썼다.

> 우리가 인간이 생각하는 존재라는 가정이 아니라 인간이 무엇보다도 '사랑하는 존재'라는 확신에서 시작한다면? 당신이 아는 것이 아니라 당신이 '원하는' 것에 의해 당신이 정의된다면? 인간 존재의 중심이 지성이 있는 머리 부분이 아니라 마음이 있는 가슴 부분에 있다면? 그렇다면 제자도와 크리스천 형성에 관한 우리의 접근법이 어떻게 달라질까?[8]

우리에게는 콘텐츠, 콘텍스트, 습관이 필요하다. 세속 좌파의 파괴적인 정보, 아니면 기독교 국가주의의 근본주의적인 정보를 소비하고 있는가? 그런 쓰레기 정보는 끊어야 한다.

하지만 어떤 방법으로 그렇게 해야 하는가? 문화적으로 영적으로 성숙한 믿음의 형제자매들과의 안전하고 투명한 관계라는 콘텍스트가 필요하다. 이런 관계는 건강하지 못한 정보 소비의 두꺼운 막을 뚫고 들어갈 만큼 친밀해야 한다. 이런 관계는 우리가 추구하는 형성에 필요한 시간과 공간을 낼 만큼 은혜롭고 인내심이 있어야 한다. 이런 관계는 영적 생명력, 하나님 나라의 윤리, 복된 삶을 증진하는 쪽으로 우리의 습관을 바꿀 수 있을 만큼 우리의 삶 속으로 깊이 들어와야 한다.

우리의 정보 소비는 심장혈관 계통과 비슷하다. 인간의 몸에는 세 가지 종류의 혈관이 있다. 동맥과 정맥과 모세혈관이다. 동맥은 산소를 다량 포함한 피를 몸의 넓은 부위들로 보낸다. 모세혈관은 산소를 다량 포함한 피를 몸의 가장 깊은 곳으로 보내며, 그 자리에서 산소와 이산화탄소의 교환이 이루어진다. 모세혈관은 정맥과 연결되어 있고, 정맥은 이산화탄소를 다량 포함한 피를 모아서 다시 심장으로 보낸다. 우리가 살기 위해서는 이 세 가지 혈관이 모두 필요하다.

선포된 말씀이 산소를 다량 포함한 피를 몸의 다양한 넓은 부위로 나르는 동맥과 비슷하다는 점에 관해서 잠시 생각해 보자. 제자 훈련과 영적 형성은 복음에서 비롯한 지혜를 몸의 가장 깊은 곳으로 보내 거짓이 진리로, 악함이 선함으로, 추악함이 아름다움으로 대체되게 한다는 점에서 모세혈관과 같다. 정맥은 일방 판막을 가진 유일한 혈관이다. 정맥은 우리의 우상들을 하나님 앞으로 다시 가져가라고 계속해서 권면하는 온유하고 사랑 많은 교회 공동체와 비슷한 기능을 한다. 우리가 그렇게 할 때 하나님은 우리를 다시 만나 그분의 참되고 선하고 아름다운 복음을 더 많이 부어 주신다. 정맥의 일방 판막은 혈류가 산소를 공급하는 원천으로 가도록 방향을 바로잡아 준다. 그러면 생명을 주는 영양소들이 계속해서 몸 전체로 순환될 수 있다.

혈관들은 하나의 시스템으로서 기능한다. 시스템이 적절히 작동하면 몸 전체에 생명력을 제공해서 건강하게 만든다. 하지만 시스템에 질병이 생기면 몸이 고생한다. 때로는 치명적인 결과가 발생한다.

복음주의 세상의 너무도 많은 부분이 일종의 심장혈관 질환으로 몸살을 앓고 있다. 하나님 나라를 위한 노력이 세상의 정치적 동맹과 구분할 수 없는 지경이 되었다. 어떤 경우에는 이런 불경한 동맹이 몸 안에 괴사를 일으켰고, 그 괴사는 전신의 기능 이상을 일으켰다. 지나친 가부장제는 많은 이에게 막대한 해를 끼치고 트라우마를 남겼다. 성폭력을 제대로 심판하고 적극적으로 예방하지 않은 결과, 돌이킬 수 없는 피해가 발생했다. 개인적인 차원과 사회구조적인 차원에서 인종차별을 해결하려는 사람들이 조롱과 비방을 당했다. 목회자들의 비행은 사람들이 복음주의자들을 위선자로 여길 만한 근거가 되었다. 교회는 다양한 상황에 부닥친 사람들을 공평하게 대우할 제도를 만들지 못했다. 사람들이 교회로 돌아오기를 원한다면 건강한 교회와 제도들을 구축해야 한다. 건강한 교회는 참되고 선하고 아름다운 복음에서 더 자라 가려고 노력하는 교회다.

가짜 예수를 제거하고 온전한 복음을 전하라

심장혈관 질환은 의사의 차트를 살필 의지만 있다면 알아보기 어렵지 않다. 우리에게는 인류를 향한 하나님의 참되고 선하고 아름다운 비전을 강조하는 온전한 복음이 필요하다. 복음주의 진영이 실수를 책임지고 교회 안의 문제를 해결하지 않으면 계속해서 치명적인 결과들이 나타날 것이다. 우리가 사람들의 그릇된 욕구와 우상숭배를 통제할 수는 없지만 우리 자신의 문제는 바로잡을 수 있다.

성경에 기록된 진정한 예수님을 열심히 추구하는 모습이 나타나야 한다. 번영 신학의 예수, 백인 미국인 예수, 충격적인 발언으로 사람들의 이목을 끄는 예수 같은 온갖 가짜 예수들을 제거해야 한다. 하나님 나라 비유들, 산상수훈, 예수님과 종교 지도자들의 상호작용, 이런 것을 통해 예수님이 어떤 분이시며 어떤 나라를 세우고 계신지를 파악해야 한다. '형'에 가까운 서구 문화에서 개인적인 두 장 복음으로는 충분하지 않다. 점점 더 회의적으로 변하고 우리 예수님이 선하고 아름답고 참되신지에 더 관심을 가지는 세상에서는 오직 온전한 총 네 장의 복음이 있어야 충분하다.

세속 좌파의 유토피아 비전에 강하게 끌리는 친구나 이웃들과 이야기를 나눌 때 흥분하거나 미국의 죽음을 한탄할 필요는 없다. 정의와 평등, 복된 삶에 관한 갈망은 좋은 것이지만 그 갈망은 세속 좌파의 길을 통해서는 이룰 수 없다. 우리는 주먹으로 치고받는 권투 방식이 아니라 유도 방식으로 적의 운동력과 관성의 방향을 바꾸어야 한다.

주변에 교회를 공격하고 교회를 떠나고 심지어 기독교 신앙을 버리는 사람들이 있는가? 그들과의 관계를 끊지 말라. 오히려 진정한 호기심에서 나온 열린 질문을 들고 그들에게 다가가 귀를 기울이라. 그들과의 공통 기반을 찾고, 기독교 내 문제에 관한 그들의 비판을 받아들이라. 문제를 지적하는 말을 들으면, "맞는 말입니다. 정말 그것이 문제입니다."라고 말하라. 때로 사람들은 교회의 문제를 인정하고 그들의 주장이 틀린 것이 아니라고 말해 줄 누군가를 필요로 한다. 물론 사람들의 죄와 우상숭배를 인정해 줄 수는 없다. 하지만 우리는 그들과의 관계를 끊지 않고 그들을 있는 그대로 사랑해 주는 사람이 될 수 있다. 바로 이 부분에서 우리가 11장 "'불완전한 교회'에 임하는 '은혜의 완전함'을 전하라"에서 소개한 이해와 칭찬과 비판의 틀을 사용할 수 있다.

우리는 이들과의 관계 안으로 들어가야 한다. 그들의 말에 귀를 기울여야 한다. 그들이 한 말 중에서 맞는 부분에 대해서는 인정해야 한다. 잘못 행하는 일부 교인들이 있다고 해서 교회까지 버리면 안 된다고 말해 주어야 한다. 그들을 진짜 예수님께로 다시 이끌어 주어야 한다. 혹시 우리와 그들의 관계가 끊어지더라도 그들이 성경의 예수님과 관계를 맺도록 최대한 노력해야 한다.

이번 장에서 소개한 가상의 인물 수잔은 부정적인 뉴스를 강박적으로 보는 일을 그만두어야 한다. 성경을 읽고, 기도하고, 사람들을 섬기고, 미디어 금식으로 얻은 시간에 다른 신앙인들과의 공동체에 참가해야 한다.

맥스에게는 마음속의 분노를 식혀 줄 공동체가 필요하다. 그에게는 세상 문화에 물들지 않은 신앙을 품고서, 가짜 예수가 아니라 참된 복음을 보여 줄 수 있는 사람들이 필요하다. 우리는 그가 문제 많은 하위문화와 예수 그리스도의 복음을 구분할 수 있기를 원한다.

수잔과 맥스는 둘 다 온전한 네 장 복음, 건강한 정보 소비, 깊은 인간관계, 예수님께서 주시는 매일의 새로워짐이 필요하다. 우리는 수잔이나 맥스를 복음으로 인도하기 전에 먼저 우리 자신에게 온전한 네 장 복음을 전해야 한다. 네 장 복음을 받아들여야 현재 우리가 겪고 있는 영적 형성의 위기를 다루기 시작할 수 있다. 성경과 예수님과 성령의 영향이 시간과 양의 측면에서 더 많아져야 비로소 우리는 온전함을 찾고 그리스도의 형상으로 변해 가는 여행을 시작할 수 있다(롬 8:29).

13.

바른 신학 위에서 전도에 힘쓰다

2023년 NFL 각 팀의 샐러리 캡은 2억 2,480만 달러다. 이는 한 팀의 선수 연봉 총합이 이 액수를 넘을 수 없다는 뜻이다.[1] 그런데 한 NFL 팀이 공격진에 2억 1,000만 달러를 쓰고 수비진에는 1,480만 달러만 쓰기로 했다고 해 보자. 아니면 그와 정반대로 수비진에 큰 액수를 배분한 다른 팀이 있다고 해 보자. 그러면 팬들은 분노할 것이고 팀은 분명 좋은 경기력을 보이지 못할 것이다. 그렇다. 바로 이것이 많은 교회가 하는 행동이다.

두 교회 이야기

한 도시에 있는 두 교회를 상상해 보라. 하나는 '구속자 고백 교회'이고, 다른 하나는 '은혜 선교 교회'다. 구속자 고백 교회는 신학적 가르침의 중심지다. 이 교회는 등록 교인 교육, 공동 예배, 제자 훈련, 가르침과 설교를 중시한다. 문제는 이 교회가 신학적으로는 튼튼하지만, 선교는 제대로 하고 있지 못하다는 것이다. 우리 조사에서, 교회를 떠난 복음주의자들의 12%는 교회가 지역사회에서 선행을 충분히 하지 않아서 교회를 떠나게 되었다고 대답했다. 그들에게는 교회가 고립된 섬처럼 느껴졌다.

구속자 고백 교회는 해외 자매교회들과 해외 선교사들을 적극 지원하지만 자기 지역에서는 선교의 열매를 잘 맺지 못하고 있다. 이 교회는 교인들의 가족 외에 다른 사람들에게는 거의 세례를 베풀지 못하고 있다. 선교사들이 돌아와서 항상 하는 말은, 이 교회의 예배가 어렵게 느껴지고 설교는 이해하기 힘들거나 따분하며 음악이 고리타분하다는 것이다. 이 교회는 옳은 신학을 열심히 가르치지만, 교인들의 마음은 얻지 못하고 있다. 구속자 고백 교회는 콘텍스트보다 콘텐츠를 중시한다. 이 교회는 신앙고백을 강조하는 대신 선교를 소홀히 한다.

길 건너편에는 은혜 선교 교회가 있다. 마을에서 매우 유명한 교회다. 이 교회의 음악은 젊은이들이 좋아하는 스타일이고, 메시지는 사람들의 심금을 울린다. 이 교회에 출석하는 사람들은 구속자 고백 교회로 갈 생각이 전혀 없다. 심지어 그 교인들 대부분은 구속자 고백 교회가 존재하는지도 모른다. 은혜 선교 교회는 매번 많은 사람에게 세례를 베풀고 지역 학교를 물심양면으로 돕는다. 하지만 이 교회는 신학적으로 깊이가 없다. 교인들에게 부담을 줄 만한 주제는 피한다. 많은 사람에게 세례를 베푸는 것 같지만 세례를 받은 사람들 중에서 신앙고백을 하는 사람들은 3분의 1이 채 되지 않는다. 이는 진정한 제자 훈련이 잘 이루어지지 않고 있음을 보여 준다. 교회 지도자들의 노력과 헌금은 대부분 사람들이 원하는 예배 경험을 창출하는 데 들어간다. 은혜 선교 교회는 콘텐츠보다 콘텍스트를 중시한다. 이 교회는 신앙고백보다 선교를 중시한다.

신앙고백만 중시하는 교회가 위험한 이유

신앙고백과 선교를 둘 다 완벽하게 감당하기보다, 많은 교회가 하나에만 집중하고 다른 하나는 소홀히 하고 있다. 성경은 에베소 교회를 통해 선교는 버리고 신앙고백만 채택하는 교회를 향해 분명히 경고한다.

우리는 당시의 어느 교회보다도 에베소 교회에 관해서 많은 것을 알고 있다. 누가는 사도행전에서 이 교회의 초창기에 관해서 말해 준다. 바울은 이 교회에 긴 편지 한 통을 썼고, 요한은 계시록에서 예수님이 이 교회에 전한 말씀을 기록했다. 에베소 교회의 시작은 엄청났다. 기본적으로 이 교회는 모든 교회 개척자의 꿈이다. 수많은 사람이 회심했다. 기적과 치유가 얼마나 엄청나게 일어났던지 유대의 떠돌이 퇴마사들(흥미로운 집단임이 분명하다)이 예수님의 이름으로 같은 기적을 행하려고 시도했을 정도다(효과는 없었다). 사람들이 얼마나 철저히 회개했던지 에베소의 경제 전체가 바뀌었을 정도다. 사람들이 비싼 흑마술 서적들을 불태우고 우상들에게 돈을 주기를 거부한 탓에 폭동이 일어나기 시작했다.

누가는 결국 그 도시의 모든 사람이 예수님의 이름을 듣게 되었다고 기록했다.

에베소는 좋은 교리의 요새였다. 초기 교부들의 편지들을 보면 에베소는 이단이 번성할 수 없는 곳이었다. 하지만 요한계시록 2장에 이르면 교리에 대한 열정이 예수님을 향한 사랑을 앞지른 모습이 나타난다(계 2:2-4). 예수님은 그들이 처음 사랑을 잃었다고 말씀하셨다.

교회가 사람들의 마음에 다가가는 것보다 옳은 교리에 더 관심을 가지면 선교를 버리고 신앙고백에만 치우치는 교회가 된 것이다. 교회가 사람들에게 예수님을 보여 주는 것보다 옳은 교리를 주장하는 것에만 몰두하면 첫사랑을 잃은 것이다. 담이 높아진다. 더 이상 우리를 세상에 보냄받은 자들로 여기지 않고 언제라도 우리와 우리 자녀를 사로잡을 수 있는 적대적인 세상에서 우리와 우리 교리를 보호하는 데만 집중하게 된다. 예수님을 향한 사랑, 그리고 예수님이 구속하기 위해 오신 사람들을 향한 사랑이 옳은 교리에 대한 사랑의 뒷전으로 밀린다. 그러면 교만하고 고립된 교회가 탄생한다. 예수님을 향한 첫사랑을 잃고 나면 이웃을 향한 사랑을 잃고, 그 사랑의 자리에 자신의 옳음을 주장하는 교만한 사랑이 대신 들어온다.

교만한 교회는 부차적인 문제들을 중시하기 시작한다. 이런 교회는 세상을 자신과 다르게 보는 사람들을 경계한다. 자신과 달라 보이고 다르게 행동하는 크리스천들을 멀리한다. 그리고 이런 교회는 결국 죽는다. 예수님은 에베소 교회에 바로 이런 점을 경고하셨다. "그러므로 어디서 떨어졌는지를 생각하고 회개하여 처음 행위를 가지라 만일 그리하지 아니하고 회개하지 아니하면 내가 네게 가서 네 촛대를 그 자리에서 옮기리라"(계 2:5). 특정한 교리적 혹은 문화적 깃발이 예수님의 깃발보다 더 높이 휘날리는 교회는 생존할 수 없다.

신앙고백만 중시하는 교회에 던지는 질문

선교를 희생하고서 신앙고백에만 치우쳐 있다면 다음과 같은 몇 가지 실천적인 질문을 던져야 한다. 무엇이 당신의 세계관을 형성하고 있는가? 어떤 사람들과 교제하고 어떤 것을 읽고 있는가? 실제 사람들보다 주로 성경 이외의 말(책이나 소설 미디어)을 통해서 세계관을 형성하고 있다면 당신의 마음은 점점 냉담해지고 있을 것이다. 컴퓨터 스크린 앞에 앉아서 당신과 의견이 다른 사람들에 관한 기사를 읽기는 쉽다. 하지만 당신과 의견이 다른 사람들에게 예수님을 보여 주기 위해 그들을 이해하려고 노력하는 것은 훨씬 더 힘들다.

자신에게 물으라. 당신의 콘텐츠가 당신의 콘텍스트와 교차하고 있는가? 나(짐)에게는 도시의 크리스천 지도자라고 여길 만한 친구가 있다. 그 도시의 성장하는 지역에 있으면서도 쇠퇴하고 있는 교회의 목사가 그를 찾아와서 젊은이들이 교회에 찾아오지 않아서 답답하다고 하소연했다. 그때 내 친구는 부드러우면서도 직접적으로 문제점을 지적했다. "그것은 목사님의 교회가 그들이 던지는 질문에 도움이 될 수 있는 성경적인 답을 주지 않기 때문입니다. 목사님의 교회는 주변 문화를 이해하지 못하고 있습니다. 문화를 이해해야 성경에서 필요한 답을 찾아 제시할 수 있지요." 우리는 이 세상을 공부하는 학생이 되어야 한다. 우리는 성경을 해석할 뿐 아니라 콘텍스트를 해석할 수 있어야 한다. 신앙고백적인 동시에 선교적인 교회는 세상이 우리에 대해 쌓은 담을 허물 수 있다.

이 세상 속으로 들어가 이 세상을 다루기 위해, 자기 말을 하기보다는 남의 말 듣기에 집중하고 있는가? 20세기에 선교적인 삶은 정보 전달과 더 관련이 있었다. 그래서 〈사영리〉 같은 전도 전략을 비롯해서 사람들을 논리적으로 설득하여 믿음으로 이끌려는 변증법이 발달했다. 이런 도구들은 많은 도움이 되었지만, 이제 우리는 첫 시도로 이런 도구를 사용하는 것이 별로 도움이 되지 않는 콘텍스트에서 살고 있다. 듣기보다 말하기로 사람들에게 다가간다면 선교보다 신앙고백에 치우친 것이다. 사실, 우리 시대의 전도에는 고전적인 변증법 방식보다 전문 상담자의 기술이 더 효과적일 수 있다.

사람들에게 예수님을 잘 소개하려면 그들을 알기 위해 귀를 기울이고 호기심과 관심에서 비롯한 질문을 던져야 한다. 우리 조사에서, 교회를 떠난 복음주의자들의 30%는 부모가 자신들의 말에 귀를 기울여 주기만 했어도 상황이 전혀 달라졌을 것이라고 말했다. 교회 전체는 이 조언을 귀담아들어야 한다. 우리가 서로 소개해 주려는 두 사람을 다 알고 있어야 가장 의미 있고 유용한 소개가 이루어진다. 전도도 마찬가지다. 양 당사자를 다 알지 못하면서 소개를 해 봐야 어색하기만 하고 아무런 유익이 없다.

선교만 중시하는 교회가 위험한 이유

반면, 콘텐츠보다 콘텍스트를 더 중시하면 주변 문화에 부적절하게 적응하는 결과를 낳을 수 있다. 교회를 떠난 사람들을 돌아오게 하기 위해서 우리가 믿는 것을 희석해서 전하게 된다. 선교만 중시하는 교회들이 복음 전도의 열정을 품은 것은 칭찬할 만한 일이다. 하지만 그 교회들은 불균형에 빠져 있다. 성경은 이런 교회에 관한 이야기도 전해 준다. 이런 종류의 교회에 관한 가장 초기 사례는 아마도 역시 요한계시록 2장에 나오는 버가모 교회일 것이다.

버가모는 우상숭배의 중심지였다. 그곳은 로마의 아시아 지역 수도이기도 했다. 그곳에 교회가 있다는 것만으로도 예수님의 능력을 보여 주는 증거였다. 하지만 문제가 있었다. 그 교회는 교인들이 성적으로 타락한 행위를 하도록 허용하고 니골라 당의 거짓 가르침을 받아들였다. 다시 말해, 그 교회는 세상 문화의 관행들을 받아들이고 있었다.

우리는 이런 질문을 던져야 한다. 버가모 교회가 이런 식으로 세상 문화를 수용한 이유는 무엇이었을까? 필시 그것이 수적으로 성장할 수 있는 유일한 길이었기 때문일 것이다. 그 교인들은 예수님과 동행하기가 극도로 힘든 문화 속에서 살았다. 이것이 예수님이 이렇게 말씀하신 이유다. "네가 어디에 사는지를 내가 아노니"(계 2:13). 다시 말하면 "너희 도시에서 사람들을 전도하기가 얼마나 힘든지 안다. 충분히 이해한다. 하지만 그들에게 다가간다는 명목으로 나의 분명한 가르침에서 벗어나서는 안 된다." 버가모 교회는 신앙고백을 버리고 선교 쪽으로 극단적으로 치우친 교회였다. 그 교회는 신앙고백보다 콘텍스트를 훨씬 더 중시했다. 그 교회는 하나님의 분명한 가르침을 문화적 적응과 맞바꾸었다.

선교만 중시하는 교회에 던지는 질문

이것은 문화적 적응의 문제다. 이 문제를 믿음, 스타일, 지역 교회와의 연결이라는 세 영역에서 자세히 살펴보고자 한다. 당신의 교회는 변하는 문화에 적응하기 위해 중요한 교리들을 축소하거나 심지어 버리고 있는가? 미국의 역사적인 주류 개신교 교단 일곱 개(미국장로교〔PCUSA〕, 미국침례교, 연합감리회, 성공회, 연합그리스도교, 그리스도제자회, 미국복음주의루터교)는 모두 과학과 기술이 발전하는 상황에서 믿음의 문화적 적응과 싸워야 했다. 문화적 적응의 압박은 1700년대 독일에서 시작되었다. 하지만 그 압박은 20세기 초 미국 신학교까지 파고들었다. 처음에는 성경의 기적들에 의문을 품었다. 태양이 멈추고 홍해가 갈라지고 동정녀가 아이를 낳고 예수님이 부활하시는 일은 자연법 아래서는 일어날 수 없다. 따라서 그런 기적은 거짓임이 틀림없다.

그다음에는 예수님 구원의 배타성에 관한 의심이 나타났다. 그로 인해 모든 종교가 기본적으로 동일하며 예수님은 하나님께로 가는 많은 길 중 하나일 뿐이라는 관점이 나타났다. 물론 이것은 예수님의 가르침과 정반대다. 예수님은 이렇게 말씀하셨다. "내가 곧 길이요 진리요 생명이니 나로 말미암지 않고는 아버지께로 올 자가 없느니라"(요 14:6). 20세기에서 21세기까지 주류 개신교 교회들은 예수님이 유일한 길이라는 믿음을 희생하면서 다른 관점들을 수용하고 있다.

나중에는 성 윤리도 변하기 시작했다. J. D. 쇼의 말을 들어 보자.

> 아마도 버가모 교회에서 이런 일이 벌어졌을 것이다. 그 교회에서 한 집단이 이렇게 말했다. "물론 하나님께 순종해야지. 하나님을 따르고

> 성경에 충실해야 해. 하지만 성경은 이스라엘에서 유대인들에 의해 유대인들을 위해서 쓰였어. 우리는 이 점을 고려해야 해. 우리는 헬라인이고 로마인이야. 우리는 이방인이야. 우리는 예수님을 믿는 신자이지만 이스라엘에 있는 이들과는 달라. 우리는 성경에서 성에 관해 하는 말이 특정 문화에만 해당한다고 생각해. 그런 가르침을 모든 시대에 모든 사람에게 적용해야 하는 것은 아니야. 유대인 성경 기자가 버가모에서의 삶이 어떤지 알았다면 결혼 안에서 한 남자와 한 여자 사이에서만 성을 누려야 한다는 말은 하지 않았을 거야. 버가모에는 너무 많은 유혹이 있어. 성전 창기가 너무 많아. 여자가 너무 많아. 따라서 우리 시대와 장소에 맞게 성경을 재해석해야 해. 우리 자신이 숨 쉴 틈을 열어 주어야 해. 우리가 예수님께 속했다는 확신민 마음에 가지고 있으면 돼."[2]

둘째, 당신의 교회는 신학적으로 정통이지만 사람들이 교회에 오게 만들거나 기존의 교인들을 유지하기 위해 그들에게 반감을 살 소지가 있는 가르침은 잘 전하지 않는 편인가? 이것은 스타일의 문제다. 믿는 바의 문제가 아니기 때문이다. 이것은 믿는 바를 가르치지 않는 것이다. 내 친구 목사가 결혼하지 않고 동거하는 커플이 교회에 많이 오는데 그들이 교회를 떠날까 봐 성경적인 성 윤리에 따라 동거가 잘못이라고 가르칠 수 없었다고 고백했다. 이런 커플이 다른 교회에는 별로 없는데 이 교회에 많은 점은 칭찬할 만하다. 하지만 주일 예배 시간이 아니더라도 이런 커플을 위한 제자 훈련 프로그램이 반드시 있어야 한다.

복음을 전하려는 열정은 높이 사야 마땅하다. 하지만 하나님의 모든 말씀을 온전히 전하지 않으면 영적 수준이 낮아진다. 그러면 크리스천 삶에서 누려야 할 기쁨, 만족, 열매가 제한된다. 교회의 문을 활짝 열려는 마음은 칭찬할 만하다. 하지만 데이터를 보면, 제자 훈련을 제대로 하지 않는 교회는 사람들이 마지막으로 잠깐 들렀다가 신앙을 완전히 떠나는 최종 기착지로 전락할 수 있다. 그곳에서는 신앙생활을 하기가 점점 더 힘들어지는 세상 속에서 그리스도를 따르기 위해 필요한 것을 얻지 못하기 때문이다. 자기 자식에게 장난감 총을 들려서 진짜 전쟁터로 보낼 부모는 아무도 없을 것이다. 하지만 성도들을 무장시켜 세상으로 보내는 일을 소홀히 하는 것이 그와 같다. 우리는 예수님이 버가모 교회에 주신 격려의 말씀을 들어야 한다. "네가 어디에 사는지를 내가 아노니." 이는 우리가 자는 동안 몰래 찾아와 우리를 해치겠다는 위협이 아니다. 이는 이 세상 속에서 사는 것이 얼마나 힘든지 이해하기에 매 순간 우리와 함께하겠다는 격려의 말씀이다.

셋째, 당신이 참여하는 사역이 지역 교회와 실질적으로 연결되어 있는가? 나는 처음 사역을 할 때 유럽에서 4년 동안 전도 단체에서 사역했다. 그 시절에 대해서 매우 감사한다. 하나님은 매우 영향력 있는 사람들을 내 삶 속으로 보내셨다. 지금 그들은 나의 절친한 친구들이 되었다. 거기서 나는 전도, 성경 지식, 개인적인 거룩함에서 크게 성장할 수 있었다. 그 시절에 하나님은 나의 믿음을 크게 성장시켜 주셨다. 하지만 한 가지 중대한 흠이 있었다. 십여 명의 미국인 선교사가 그 사역에 일생을 바쳤고, 수백 명의 학생이 복음을 듣고 그 사역에 참여했다. 하지만 현재 나는 우리 사역으로 인해 예수님과 더 가까워진 그곳의 현지인을 단 한 명도 알지 못한다.

그 이유는 무엇이었을까? 우리는 선교를 열심히 했지만, 어느 지역 교회에도 연결되어 있지 않았다. 당시 그 도시 전체에 우리가 다닐 수 있는 교회가 한 곳도 없었다. 우리는 그 어떤 교회와도 협력하지 않는 기독교 사역 단체였다. 우리는 현지인 신자들과 함께 다닐 교회가 필요했다. 그들과 연결되고 그들에게서 배울 수 있는 곳이 필요했다. 우리는 수년이 지나 그곳으로 돌아가 다시 똑같은 사역을 했는데, 이번에는 액츠 29와 함께 교회도 개척했다. 10년이 지난 지금, 이 교회는 성장을 거듭하고 있으며 100% 현지인들이 이끌고 있다.

이것은 하나의 이야기일 뿐이지만, 지역 교회와 협력해서 사역하지 않는 전국의 많은 고등학교, 대학교, 전문 사역 기관에서 비슷한 패턴이 반복되고 있다. 우리는 대학에서 캠퍼스 사역에 참여했던 젊은 직장인들이 졸업 후에는 교회에 잘 다니지 않는다는 말을 목사들에게서 자주 들었다. 그것은 그들이 수많은 또래 학생과 사역하면서 경험했던 것이 교회 경험과 너무도 다르기 때문이다. 10장에서 말했듯이 캠퍼스 사역과 교회에 모두 참여했던 학생들이 나중에도 계속 교회에 다닐 가능성이 세 배나 높았다. 우리 사역이 교회와 연결되어 있지 않으면 열매를 기대할 수 없다.

신앙고백을 굳건히 하되, 선교에 더 열심을 내라

여기서 우리가 말하는 '선교적'은 해외 선교도 포함하지만 그것만 말하는 것이 아니다. '선교적'이란 용어는 훨씬 더 많은 것을 의미한다. 그것은 우리가 이 타락한 세상을 다루는 방식을 지칭한다. 그것은 올랜도그레이스교회에서 우리가 지난 4년간 해 온 것이다. 내가 부임하기 전에 있었던 목사님은 정말 신실한 분이었다. 그는 우리 교회의 신앙고백적인 측면에 많은 투자를 했고, 은퇴하면서 신앙고백적인 기초에 선교적인 사역을 세울 사람을 후임 목사로 택할 것을 교회 지도자들에게 간곡히 부탁했다. 그 후임 목사인 나는 그의 비전과 겸손 덕분에 더없이 큰 복을 받았다.

우리는 우리 교회에 신학적인 지식을 갖춘 사람들이 그토록 많은데도 회심하고 세례를 받는 사람은 그토록 적은 이유에 관해 심각한 질문을 던져야 했다. 우리는 제자 훈련 프로그램의 모든 측면을 점검해야 했다. 우리의 신앙고백 선언이 사실상 선교적인 문서라는 점을 가르치기 위한 수업을 마련했다. 우리의 예배가 사람들이 쉽게 접근할 수 있는 예배인지를 점검했다. 우리는 신앙고백 부분을 축소하는 것이 아니라 신앙고백에 선교를 더하는 노력을 하고 있다. 우리에게 정말 중요한 일은 사람들이 세상 속으로 나가 선교적인 삶을 살도록 훈련하는 것이다.

십중팔구 "세상 속에 있되 세상에 속하지는 말아야 한다"라는 말을 들어본 적이 있을 것이다. 이 개념은 요한복음 17장에서 나온 것인데, 예수님이 말씀하신 적이 없는 두 가지를 의미하는 것으로 오용되어 왔다. 어떤 이들은 교회 안에 세상의 것들을 더 많이 받아들여야 한다는 의미로 이 문구를 사용했다. 우리는 이 개념에 따라 교회 내 흡연을 허용하는 교회들을 보았다. 이는 '우리가 세상 속에 있다'는 예수님 말씀의 의미를 과장되게 해석한 사례다. 또 다른 극단적인 사례는 이렇게 말하는 것이다. "안타깝게도 우리는 이 타락한 세상 속에 살고 있기 때문에, 우리와 세상 사이에 장벽을 쌓아야 한다. 이 세상과 우리 아이들 사이에 장벽을 쌓아야 한다. 이 세상과 우리 교리 사이에 장벽을 쌓아야 한다." 이것이 지나치면, 우리가 세상을 떠나 있는 것과 마찬가지여서 이 세상을 제대로 다룰 방법을 알지 못하는 고립된 환경을 만들게 된다. 우리는 영화 〈볼트〉에서 온 세상을 돌아다니지만 플라스틱 공 속에서 나오지 않는 햄스터 라이노와 같아진다. 우리가 세상에 대해 이런 태도를 품으면 우리 자녀가 세상으로 잘 들어가도록 준비시키지 못하고 교회 밖에 있는 이들에게 다가갈 수 없다.

예수님은 요한복음 17장 14-18절에서 이렇게 말씀하셨다. "내가 아버지의 말씀을 그들에게 주었사오매 세상이 그들을 미워하였사오니 이는 내가 세상에 속하지 아니함같이 그들도 세상에 속하지 아니함으로 인함이니이다 내가 비옵는 것은 그들을 세상에서 데려가시기를 위함이 아니요 다만 악에 빠지지 않게 보전하시기를 위함이니이다 내가 세상에 속하지 아니함같이 그들도 세상에 속하지 아니하였사옵나이다 그들을 진리로 거룩하게 하옵소서 아버지의 말씀은 진리니이다 아버지께서 나를 세상에 보내신 것같이 나도 그들을 세상에 보내었고"

분명 예수님과 그분의 제자들은 이 세상에 속하지 않았다. 따라서 우리도 이 세상에 속하지 말아야 한다. 하지만 이 구절에서 강조점은 세상으로부터 도망치는 것이 아니라 세상으로 더 들어가는 것이다. 이것이 예수님이 "아버지께서 나를 세상에 보내신 것같이 나도 그들을 세상에 보내었고"라고 말씀하신 이유다. 예수님의 사명은 세상을 떠나거나 세상에 거리를 두는 것이 아니라 세상으로 깊이 들어가고도 죄 없는 삶을 유지하시는 것이었다. 우리는 세상처럼 되지 말아야 하지만 엉망진창인 세상 속으로 보내심을 받았다. 우리는 이 세상에 물들지 않으면서 이 세상으로 들어가는 법을 알아내야 한다. 데이비드 매티스는 "세상 속에 있되 세상에 속하지는 말아야 한다"라는 문구를 "우리는 세상에 속하지 않지만, 세상 속으로 보내심을 받았다"로 바꿀 것을 제안한다.[3]

누가는 초대 교회가 단순히 거룩한 무리가 아니었다는 점을 분명히 지적했다. 그들은 공동체나 수도원에서 따로 살지 않았다. 그들은 주변 문화에 참여했고, 매일 사람들이 그들의 숫자에 더해졌다(행 2:47). 단순히 교인들이 한 교회에서 다른 교회로 옮겨 가서 교인 숫자가 늘어난 것이 아니었다. 새로운 신자들이 더해졌다. 그들은 성령으로 충만했고, 하나님을 아는 지식과 예배와 깊은 교제는 그들이 세상에 더 깊이 참여하게 만드는 요인이 되었다. 그들의 삶 속에 넘쳐나는 하나님의 은혜와 사랑은 그들을 선교적인 교회로 만들었다. 존 스토트는 이렇게 말했다. "성령은 선교적인 교회를 창조하신 선교적인 영이시다."[4] 초대 교회의 선교적인 행위는 프로그램도 아니고 억지로 한 것도 아니었다. 그것은 그들이 경험하고 있는 것이 자연스럽게 표현된 결과였다.

선교적이란 하나님이 관심을 두시는 것에 관심을 둔다는 뜻이다. 하나님은 바로 잃어버린 사람들, 망가진 사람들에게 관심을 두고 계신다. 선교적인 마음은 세상 속으로 보내심 받기를 원한다. 선교적이란 우리가 비판하는 사람들에 대해서 알고 그들에게 관심을 갖는 것이다. 선교적인 사람들은 세리와 죄인들과 한 상에서 밥을 먹는다. 우리는 전도하려는 사람들과 함께 식사해야 한다.

선교를 열심히 하되, 신앙고백 곧 교리를 보호하라

신앙고백은 우리가 믿는 바를 명시한 진술이다. 신앙고백은 그 옛날 모세의 시대까지 거슬러 올라간다. “이스라엘아 들으라 우리 하나님 여호와는 오직 유일한 여호와이시니”(신 6:4). 여기서 모세는 오직 한 분 하나님이 계시며 그분이 우리의 하나님이시라고 고백한다. 사도 베드로는 자신이 예수님에 관해서 믿는 바를 고백했다. “주는 그리스도시요 살아 계신 하나님의 아들이시니이다”(마 16:16). 바울은 자신이 믿는 바를 더 자세히 고백했다. “내가 받은 것을 먼저 너희에게 전하였노니 이는 성경대로 그리스도께서 우리 죄를 위하여 죽으시고 장사 지낸 바 되셨다가 성경대로 사흘 만에 다시 살아나사”(고전 15:3-4). 바울이 에베소 교회에 보낸 편지에는 대부분의 학자들이 바울이 쓰기 전부터 이미 사용되었으리라 추정하는 고백이 포함되어 있다. “몸이 하나요 성령도 한 분이시니 이와 같이 너희가 부르심의 한 소망 안에서 부르심을 받았느니라 주도 한 분이시요 믿음도 하나요 세례도 하나요 하나님도 한 분이시니 곧 만유의 아버지시라 만유 위에 계시고 만유를 통일하시고 만유 가운데 계시도다”(엡 4:4-6).

2세기와 3세기 교부들도 신앙고백을 만들어 사용했다. 그 신앙고백들은 우리가 지금 신경이라 부르는 것들이다. ‘신경’(creed)은 ‘믿는다’라는 뜻이다. 신경은 초대 교인들이 성경의 핵심이라고 믿는 바를 명시한 것이다. 모든 신경은 거짓 가르침이 교회 안으로 들어오기 때문에 만들어졌다. 교회 지도자들은 자신의 믿음을 명시하여 기독교 교리와 거짓 가르침을 분명히 구분하고자 했다. 니케아 신경은 예수님을 하나님으로 믿지 않는 아리우스파에 맞서기 위해 만들어졌다. 사도신경은 교회 안으로 스며드는 영지주의에 맞서기 위해 만들어졌다. 훨씬 뒤인 16세기와 17세기 종교개혁 당시, 개신교 신앙과 로마 가톨릭교회의 믿음을 최대한 분명하게 구분하기 위해 더 포괄적인 새 고백들이 만들어졌다. 웨스트민스터 신앙고백, 하이델베르크 요리문답, 런던 침례교 신앙고백 등이 있다. 이는 교회가 믿는 바를 명시한 역사적으로 중요한 고백들이다. 이 고백들이 있기 때문에 우리는 새로운 세대에 접어들 때마다 새로운 고백을 만들지 않는다.

어떤 이들은 "신경이 아니라 그리스도만", 혹은 "신경이 아니라 성경만"과 같은 진술로 신앙고백의 개념을 완전히 부인했다. 하지만 이것은 몇 가지 면에서 잘못된 것이다. 무엇보다도 그것은 이런 진술 자체도 신경이기 때문이다. 신앙고백에 반대하는 이런 목소리는 신앙고백을, 성경의 자리를 찬탈하고 인간이 만든 문서를 따르려는 시도로 오해한 결과다. 신경이나 신앙고백의 목적은 성경의 자리를 찬탈하는 것이 아니라 성경의 메시지를 명확히 정리하는 것이다.

성경의 가르침이 분명해지면 좋은 교리가 보호된다. 그러면 믿음을 지키기 위해 싸우는 데 도움이 된다. 신앙고백을 통해 우리는 파도에 따라 이리저리 떠다니는 부목이 아니라 파도가 와도 든든히 서 있는 바위가 될 수 있다(엡 4:14). 또한 여러 교단의 교회가 가장 중요한 교리를 중심으로 연합할 수 있고, 부차적인 문제에서는 서로 다른 의견을 가질 수 있는 자유가 생긴다. 신앙고백을 통해 성경의 가르침이 분명해지면 우리 시대의 거짓 가르침에 현혹되지 않는다. 신앙고백에 동의하는 것은 우리 자신의 해석이나 특정 세대·특정 교단의 관점에 의존하는 것이 아니다. 그것은 수 세대에 걸쳐 쌓여 온 교회의 좋은 기초 위에 서는 것이다.

신앙고백적인 교회가 되어야 한다. 즉 성경의 가르침에 관해서 우리가 믿는 바를 분명히 알고 확실한 신학적 기초 위에 서야 한다. 신앙고백이 없으면 우리는 피사의 사탑과도 같다. 나는 그 사탑 가까운 곳에서 4년 동안 살았다. 개를 데리고 사탑 주변 풀밭으로 놀러 가서 탑의 꼭대기가 밑동보다 남쪽으로 6미터 정도 기울어진 그 거대한 종탑을 보곤 했다. 그 탑이 기울어진 것은 약한 기초 위에 세워졌기 때문이다. 그 탑이 놓인 땅은 바위가 아니라 구조물을 지탱해 줄 수 없는 부드러운 모래다. 하지만 교회는 "주는 그리스도시요 살아 계신 하나님의 아들이시니이다"라는 베드로의 고백과 같은 좋은 기초 위에 세워졌다(마 16:16).

선교적 DNA에 신앙고백을 더하려는 교회들은 먼저 자신이 무엇을 고백하는지 분명히 파악해야 한다. 그런 다음, 자신이 믿는 '모든 것'을 큰 규모 그룹, 중간 규모 그룹, 소그룹에서 어떻게 가르치고 교인들을 하나님이 정하신 복된 길로 어떻게 이끌지에 관해서 고민해야 한다.

신앙고백과 선교가 결합할 때

신앙고백과 선교의 교차점에서 사랑이 나타난다. 이것이 바울이 이렇게 말한 이유다. "내가 사람의 방언과 천사의 말을 할지라도 사랑이 없으면 소리 나는 구리와 울리는 꽹과리가 되고 내가 예언하는 능력이 있어 모든 비밀과 모든 지식을 알고 또 산을 옮길 만한 모든 믿음이 있을지라도 사랑이 없으면 내가 아무것도 아니요 내가 내게 있는 모든 것으로 구제하고 또 내 몸을 불사르게 내줄지라도 사랑이 없으면 내게 아무 유익이 없느니라"(고전 13:1-3). 성경적인 사랑이란, 예수님과 그분의 모든 가르침은 굳게 붙잡지만 우리가 사는 세상에 복음을 전하는 데 걸림돌이 될 수 있는 다른 모든 신념에 대해서는 그것을 부여잡은 손을 푸는 것이다. 성경적인 사랑은 다양성을 추구하기 위해 불편함과 어색함을 감수하는 것이다. 성경적인 사랑은 다른 사람들이 그리스도를 알도록 돕기 위해서 우리의 안위와 시간과 힘을 포기하는 것이다. 바로 이것이 에베소 교인들이 처음에 가졌던 사랑이며, 모든 교회가 촛대를 잃지 않기 위해서 꼭 가져야 할 사랑이다.

선교적인 것과 신앙고백적인 것은 서로 긴장 상태에서 균형을 유지해야 할 상충하는 개념이 아니다. 이것들은 서로 협력하도록 설계된 두 개의 진리다. 이 두 진리가 어떻게 서로 보완하는지를 예수님보다 더 잘 보여 준 사람은 없다. 예수님의 죄 없는 삶은 그분이 이 둘에서 모두 실패하신 적이 없다는 뜻이다. 그분은 둘 중 하나를 선택하셔야 했던 적이 없다. 그분 안에서 우리는 완벽한 모델을 본다. 그분은 세상으로 보내심을 받고 하늘의 안위를 떠나셨다. 그분은 우리가 죄로 인해 받아 마땅한 진노를 감당하시기까지, 이 악한 세상의 고통 속으로 온전히 들어오셨다. 인간 경험을 그분보다 더 잘 이해하는 사람은 없다. 하나님의 말씀을 그분보다 더 잘 이해하는 사람은 없다. 그분보다 더 신앙고백적이고 선교적인 사람은 없다. 이것이 그분이 우리에게 진리를 전해 주실 수 있는 독보적인 위치에 있는 이유다.

예수님은 우리를 경멸하지 않고 사랑하신다. 그분은 우리에게서 도망치지 않고 우리에게로 달려오신다. 그분은 우리의 모든 생각과 동기를 알고도 우리를 버리시지 않는다. 그분은 죄를 대수로이 여기지 않고 누구보다도 죄를 정확히 이해하신다. 그분은 우리를 깔아뭉개기 위해 진리를 사용하시지 않는다. 오히려 우리를 사랑하기 위해 진리를 사용하신다. 때로 그 진리는 우리 귀에 거슬리고 직설적이다. 때로 그 진리는 미묘하고 날카롭다. 때로 그분은 우리의 마음이 준비될 때까지 진리를 말씀하시는 것을 미루신다. 이 모든 방식으로 그분은 우리를 돌보고 바로잡기 위한 선교의 사명을 행하신다. 그분 없이는 신앙고백도 선교도 없다. 그분은 우리가 신앙을 고백하는 대상이고 우리에게 선교의 사명을 주신 왕이시다. 그분에게는 진리와 사랑이 서로 모순되지 않는다. 진리는 우리가 심판을 받아 마땅하다고 선포한다. 그분은 그 선포가 옳지 않은 것처럼 진리와 타협하거나 우리가 죄 속에서 뒹굴도록 방치하는 대신, 십자가에서 세상을 향한 완벽한 사랑을 보여 주시는 동시에 진리를 완벽히 고수하셨다.

티머시 조지는 비슨신학교 설립식 연설에서 이 점을 잘 담아냈다.

> 현대의 용어로 표현하자면, 우리는 불만을 품은 진보주의의 안식처도 아니고 거친 근본주의의 보루도 아닙니다. 우리는 복음주의적인 동시에 교단을 초월할 것이고, 보수적이지만 무책임하지 않을 것이며, 신앙고백적이지만 모든 교단을 아우를 것입니다. 무엇보다도 우리는 가슴과 머리가 함께 가는 학교가 되기를 원합니다. 여러분은 하나님께 부름을 받고, 성령께 능력을 받고, 그분의 교회에서 사역하기 위해 필요한 것들을 받고, 영생의 길이신 예수 그리스도 안에서 나타난 하나님의 은혜를 전하기 위해 세상으로 보내심을 받은 사람입니다. 여러분이 성장하는 과정에서 하나님을 사랑함과 진리를 추구함

이 함께 역사하는 곳이 이 학교가 되기를 기도합니다.[5]

신앙고백과 선교를 추구하는 교회들은 이 세상에 살면서 이 세상처럼 되지 않고 이 세상에 참여함으로 많은 열매를 맺을 수 있는 크리스천들을 배출해 낸다. 크리스천으로서 우리는 본향을 떠나 일종의 나그네로 살고 있다. 우리는 교인들이 이 세상에서 나그네로서 복된 길을 가도록 도와야 한다. 이것이 다음 장의 주제다.

14.

안락함을 떨치고 나그네요, 종으로 살다

선민과 나그네. 이것이 하나님 백성의 기본적인 상태다. 이것은 하나님의 설계가 아니라면 모순일 수밖에 없다. 베드로는 예루살렘에서 거세지는 핍박으로 인해 로마 제국 전역으로 흩어진 초대 교인들에게 쓴 편지를 이렇게 시작했다. "예수 그리스도의 사도 베드로는 본도, 갈라디아, 갑바도기아, 아시아와 비두니아에 흩어진 나그네"(벧전 1:1). 서구, 특히 미국에 사는 크리스천들, 특히 백인들은 수백 년 동안 권력의 자리를 누렸다. 하지만 이 상황은 급속도로 변하고 있다.

오늘날 크리스천들, 특히 다음 세대들은 권력의 변두리에서 살 가능성이 높다. 하나님 백성에게 이것은 특이한 상황이 아니다. 이것은 창세기 3장의 타락 이후로 내내 우리의 기본적인 상태였던 것으로 돌아가는 것이다. 하나님 백성의 가장 흔한 모습은 나그네 상태다. 우리는 이 단어를 대충 선택하지 않았다. '나그네'는 고향을 떠나서 사는 사람이라는 뜻이다. 기독교 국가에 살 때 많은 복이 있다는 사실은 인정해야 한다. 크리스천들이 도덕과 신념에 따라 투표하고, 공정한 재판을 받고, 핍박의 위협 없이 예배를 드릴 수 있는 것은 정말 큰 복이다. 하지만 크리스천들이 힘 있는 자리에 앉는 것이 항상 좋은 결과를 낳지는 않는다. 역사는 오히려 정반대의 결과를 자주 보여 준다.

이번 장의 목적은 나그네 상태에 따르는 복도 많고 교회가 나그네 상태에서 오히려 더 성장할 수도 있다는 점을 보여 주는 것이다. 나그네에는 두 가지 형태가 있다. 첫째, 하나님 백성이 지리적으로 고향에서 나오는 경우가 있다. 아담과 하와가 에덴동산에서 쫓겨난 것이 그 경우다. 아브라함도 나그네의 삶을 경험했다. 하나님의 약속에 따라 그는 남은 평생 외국인이요 나그네로 살아야 할 땅으로 이동했다. 이스라엘도 애굽에서, 그다음에 약속의 땅으로 가는 길에서, 그리고 나중에 바벨론이 쳐들어와 유다를 정복하고 다니엘을 비롯한 많은 이들을 끌고 갔을 때 나그네의 삶을 경험했다.

하지만 하나님 백성은 지리적인 이동을 하지 않고서도 나그네의 삶을 살 수 있다. 우리는 한 장소에 계속해서 머물러 있는데 그 장소가 변할 수도 있다. 나(짐)에게는 뉴멕시코주에 사는 멕시코계 미국인 친구가 있다. 그의 가족은 그곳에서 수 세대 동안 살았다. 그 가족들이 국경을 넘은 것이 아니고, 국경이 그들을 넘었다. 그들은 뉴멕시코를 떠나지 않았지만, 그곳이 멕시코 영토가 아니라 미국 영토가 되면서 그곳의 문화는 점점 멕시코 문화에서 미국 문화 쪽으로 바뀌었다. 오늘날 미국 크리스천들에게도 비슷한 일이 벌어지고 있다. 우리는 사는 지역의 지리적 위치는 바뀌지 않았지만, 우리가 사는 곳의 환경이 급속도로 바뀌고 있다. 이런 상황에서 우리가 던져야 할 주된 질문은 이것이다. 교회가 이 새로운 사회에서 성장할 수 있을까?

성경은 분명히 그럴 수 있다고 말한다! 우리가 다가올 상황을 두려워하지 않기 위해서는 나그네의 삶 속에 있는 복을 봐야 한다. 그리고 이 새로운 상황 속에서 열매를 맺도록 우리 자신과 자녀들을 잘 준비시켜야 한다.

이번 장에서는 사도행전 11장 19-30절에서 찾을 수 있는 나그네의 삶에 관한 여섯 가지 성경적 진리를 살피고자 한다. 현재의 문화적 변화를 헤쳐 나가려면 이 진리들을 받아들여야 한다.

나그네의 삶은 복음 전파를 촉진한다

사도행전 11장 19-20절의 처음 세 구절에서 우리는 스데반이 처형되자 크리스천들이 로마 제국 전역으로 흩어진 것을 볼 수 있다. 그들은 예루살렘에서 수 세대에 걸쳐 살면서 적지 않은 자치권과 힘과 특권을 누렸던 사람들이다. 예수님을 따르기 전까지는 말이다. 그들은 곧 그 힘과 안위를 잃었고, 그들 중 다수가 예루살렘에서 도망쳐야 할 지경까지 되었다. 그렇게 그들은 나그네가 되었다.

표면적으로 보면, 하나님의 백성이 이렇게 흩어진 것은 나쁜 소식처럼 보인다. 문화가 변하면, 특히 우리에게 불리한 쪽으로 변하면 두려울 수 있다. 하지만 이 구절에서 하나님의 백성이 흩어진 결과는 하나님 나라를 위한 큰 열매가 맺히는 것이었다. "그중에 구브로와 구레네 몇 사람이 안디옥에 이르러 헬라인에게도 말하여 주 예수를 전파하니 주의 손이 그들과 함께하시매 수많은 사람이 믿고 주께 돌아오더라"(행 11:20-21).

신자들이 나그네가 된 덕분에 복음이 전파되었다. 사람들이 먼저 가지 않으면 복음은 전진하지 않는다. 또한 우리는 이 박해로 인해 복음을 전하려는 의지가 강해졌다는 점을 확인할 수 있다. 크리스천으로서 사회적인 안위를 누리면 복음을 전할 때 소심해질 수 있다. 상대방이 복음을 싫어하면 그 안위를 잃을 위험이 있기 때문이다. 하지만 애초에 안위를 누리지 못하고 있으면 복음을 전할 때 그 걸림돌도 없다. 마찬가지로, 문화 속에서 힘을 유지하려는 마음이 강할수록 남들보다 자기 자신에게 초점을 맞추기 쉽다. 그렇게 되면 남들이 예수님을 알기를 바라는 마음이 약해질 수밖에 없다.

또한 이 초대 교인들이 복음을 전하는 방식에 혁신이 나타난 것을 볼 수 있다. 그전까지는 예루살렘의 새로운 크리스천들, 심지어 흩어진 크리스천들도 주로 유대인들에게만 복음을 전했다. 하지만 안디옥에서 그들은 이방인들에게 복음을 전할 생각을 하게 되었다. 이 문은 베드로를 통해서 열렸다. 사도행전 10장을 보면 고넬료는 기독교로 회심한 첫 번째 이방인이다. 이 초대 교인들은 이방인 회심자를 받아들였을 뿐 아니라, 놀랍게도 그들에게 먼저 모세의 법과 당시 유대 관습을 받아들여 유대인이 되라고 요구하지도 않았다. 이 복음의 혁신은 기독교 신앙의 미래를 형성하게 된다.

이것이 사도행전에 나타난 나그네 삶과 구약에 나타난 더 극단적인 나그네 삶 사이의 공통점이다. 초대 교회에서나 옛 이스라엘에서나 나그네 신세가 되었다고 해서 믿음이 약해지지 않았다. 나그네의 삶이라는 힘들고 새로운 환경에서 오히려 하나님 나라를 위한 열심과 창의력이 더욱 솟아나는 일이 벌어졌다.

하지만 무엇보다도 21절은 이런 사건을 돕고 인도하는 초자연적인 뭔가가 있었다고 분명히 말한다. 누가는 "주의 손이 그들과 함께하시매"라고 기록했다. 이것은 하나님이 매사에 그들 앞서 가셨다는 뜻이다. 그들은 그것을 알았다. 그리고 그것을 보았다. 그리고 그로 인해 복음이 그 어느 때보다 강력하게 퍼져나갔다.

여기서 우리는 나그네의 삶이 복음 전파를 촉진한 것을 볼 수 있다. 그렇다면 지난 몇 백 년 동안 우리가 나그네로서 살지 않고 사회에서 안위와 힘을 누린 탓에 복음 전파가 지체되었다고 보는 것이 논리적이다. 안위와 힘의 자리에 있는 크리스천들은 기본적인 것들을 스스로 통제할 수 있다고 생각하기에 그것들에 대해서 하나님을 의지하지 않는다. 기독교 신앙을 대체로 인정해 주는 사회에서 사는 크리스천들은 명목상의 믿음과 그 사회의 문화 사이에서 선택을 강요받는다. 신앙 때문에 공개적으로 어려움을 당하지 않는 우리 크리스천들은 이를 지켜보는 사람들의 신앙을 격려하거나 그들이 더 나은 신앙을 갖도록 도전할 능력이 좀 부족하다.

우리가 핍박받기를 원해야 한다거나 나그네의 삶을 추구해야 한다는 말은 아니다. 다만, 그런 일이 다가오면 받아들여야 한다. 20세기에 교회가 많았을지는 모르지만, 그 안에 크리스천이 가득했다는 의미는 아니다. 이제 흐름은 변하고 있다. 미국 역사상 가장 크고도 빠른 종교적 변화가 일어나고 있다. 이제 우리는 우리 세대에 복음을 전하기 위해 나그네의 삶을 준비하고 받아들여야 한다.

나그네의 삶은 권력이라는 우상에 맞선다

사도행전 11장 22절은 예루살렘 교회가 어떤 소식을 듣고 그 상황을 파악하기 위해 바나바를 파견했다고 말한다. 전체 교회에 대한 힘과 영향력이 예루살렘에서 안디옥으로 넘어가는 것 같다고 느낀 예루살렘 교회가 얼마나 심기가 불편했을지, 심지어 위협감을 느끼기도 했으리라고 우리는 충분히 상상해 볼 수 있다. 안디옥 교회는 한동안 세상에서 가장 영향력 있는 교회가 된다. 기독교의 중심이 이동하고 있었다.

예루살렘의 교인들이 누렸던 모든 힘이 무너지고 있었다. 그들은 예수님을 믿었기 때문에 옛 문화에서 힘을 잃었을 뿐 아니라 이제 새로운 기독교 문화 속에서도 영향력을 잃어 가고 있었다. 예루살렘의 이 초대 교인들이 이렇게 힘과 영향력을 빼앗기는 상황을 어떻게 다루었을지 우리는 알지 못한다. 하지만 어떻게든 해결해야 했을 것이다. 우리는 바나바가 안디옥에 가서 상황을 확인할 사람으로 선택되었다는 사실을 안다. 그는 그 일의 최적임자였다. 그는 겸손했고, 이 세상에서의 힘보다 하나님 나라를 더 생각하는 사람이었기 때문이다. 그는 이 이방인들이 그들의 문화에 순응하기를 원하지 않았다. 그는 이 이방인들이 그리스도를 닮아 가기를 원했다.

약 3년 전에 나는 논란을 빚을 줄 전혀 예상하지 못했던 설교를했다. "제가 앞으로 이십 년간 올랜드그레이스교회를 목회할 수 있다면, 제 사역의 핵심은 백인 크리스천들이 우리 사회에서 힘을 잃게 하고 그들과 함께 행하는 것입니다." 그러자 교인들이 이렇게 물었다. "왜 그런 말씀을 하십니까? 권력의 중심에 있는 크리스천들은 우리 사회를 보호해 줍니다." 나는 그것이 무슨 말인지 잘 알고 있었다. 예수님은 우리가 주변 문화가 타락하지 않게 보호하는 '세상의 소금'이라고 말씀하신다. 하지만 교회 역사 속에서 이 작용은 교회가 힘 있는 자리가 아니라 낮은 자리로 내려왔을 때 가장 효과적으로 이루어졌다. 초대 교회는 사회 변두리에서 활동했지만 불과 몇 세대 만에 기독교는 로마 제국 전체로 퍼져나가 그 문화의 윤리적 근간을 크게 변화시켰다. 또한 '힘을 가진' 크리스천들이 사회나 복음 전파에 항상 도움이 되었다고 생각하는 것은 순진한 생각이다. 서구에서 미국 원주민에게 행한 불의, 노예 제도, 인종 차별을 조장한 자들은 바로 권좌에 있던 크리스천들이었다.

우리는 우리 도시의 유익을 추구해야 하는데, 힘 있는 자리에 앉지 않고도 얼마든지 그 일을 해낼 수 있다. 하나님은 예레미야를 통해 이스라엘 포로들에게 권력의 가장자리에 있지만 그들이 새로 터전을 삼은 곳의 유익을 추구하라고 명령하셨다. "만군의 여호와 이스라엘의 하나님께서 예루살렘에서 바벨론으로 사로잡혀 가게 한 모든 포로에게 이와 같이 말씀하시니라 … 너희는 내가 사로잡혀 가게 한 그 성읍의 평안을 구하고 그를 위하여 여호와께 기도하라 이는 그 성읍이 평안함으로 너희도 평안할 것임이라"(렘 29:4-7).

권력의 가장자리는 매력적이거나 편안한 곳이 아니다. 하지만 하나님이 그런 곳에서 초대 교회를 통해 강하게 역사하셨으며 지금도 동남아시아에서 그렇게 역사하고 계신다는 사실에서 용기를 얻기 바란다. 우리는 국회에 들어가지 않고도 산 위의 동네가 될 수 있다. 우리는 권좌에 앉지 않고도 소금이 될 수 있다. 미국 문화에 어떤 일이 일어나든 하나님의 나라는 건재할 것이다.

나그네의 삶은 하나님을 의지하게 한다

바나바가 안디옥에 도착해서 보니 하나님의 은혜가 그곳의 크리스천들에게 임해 있었다. 그것을 본 그는 질투심에 사로잡히지 않고 오히려 기뻐했다. 그는 성령으로 충만해서 그들에게 권면했다. "하나님께 끝까지 변함없이 충성하라." 그것이 나그네 삶에서의 유일한 희망이었다.

내 아이들은 아직 내 말을 다 이해할 수 있는 나이가 아니다. 아이들은 내 지시를 좋아하지 않을 때가 많다. 자기 일은 자신이 알아서 할 수 있다고 고집 부릴 때가 많다. 하지만 엄청난 천둥소리가 귀청을 때리거나 영화 내용이 무서워지거나 한밤중에 전기가 나가거나 디즈니랜드에서 길을 잃으면 태도가 싹 달라진다. 그럴 때 아이들이 세상에서 가장 원하는 것은 바로 부모다. 때로 우리는 힘든 상황에 부닥쳐야 희망이 어디서 오는지를 기억할 수 있다. 힘든 상황은 우리의 우선순위를 재빨리 바꿔 놓는다.

가감 없이 말하겠다. 나그네의 삶은 힘들다. 이 점을 분명히 알아야 한다. 현재 아시아와 중동, 아프리카 북부의 크리스천들은 자유가 없고 심지어 목숨을 빼앗기기도 한다. 하지만 나그네의 삶은 우리의 진짜 소망이 어디에 있는지를 기억할 수 있는 상황이다. 조니 에릭슨 타다는 어릴 적에 당한 끔찍한 교통사고로 50년 넘게 휠체어를 타고 있다. 그녀의 말은 내게 충격 그 자체였다.

> 이 휠체어를 하늘에 가져갔으면 정말 좋겠다. 물론 이것이 신학적으로 틀렸다는 것을 안다. 하지만 휠체어를 가져가 천국의 한쪽 구석에 놓고, 영화로워진 완벽한 새 몸을 입은 나는 영화로워진 다리로 내 구주 옆에 서서 그분의 못 자국 난 손을 잡고 말하고 싶다. "예수님, 감사해요." 그러면 그분은 무슨 뜻인지 알 것이다. 그분은 나를 아시기 때문이다. 그분은 지금 우리가 고난 중에 나누고 있는 교제로 인해 나를 알아보실 것이다. 나는 다시 이렇게 말할 것이다. "예수님, 저 휠체어가 보이시죠? 이 세상에서 저희가 환난을 겪을 것이라는 말씀이 맞았어요. 휠체어로 다니는 일은 정말 힘들었거든요. 하지만 제가 저 안에서 약해질수록 주님을 더 깊이 의지하게 되었어요. 그리고 주님을 더 깊이 의지할수록 당신의 강하심을 더 분명히 알게 되었어요. 주님이 제게 저 휠체어라는 힘든 복을 주시지 않았다면 그런 일은 일어나지 않았을 거예요."[1]

그녀의 고난은 나그네 삶으로 인한 것은 아니었지만 우리의 요점을 잘 전달해 준다. 휠체어를 탔든 아니든, 우리는 죄로 인해 망가진 몸속으로 쫓겨난 나그네들이다. 하지만 나그네 삶은 일시적이기에 우리는 결국 새로워진 몸으로 돌아갈 것이다. 우리가 사는 세상이 우리 집이 아니라는 사실을 깊이 인식할 때 우리는 우리를 위해 집을 만드셨고 우리를 그곳으로 인도하고 계신 분을 가장 깊이 의지하게 된다.

나그네의 삶은 새롭고 더 좋은 정체성을 갖게 한다

사도행전 11장을 계속해서 읽어 보면 이 놀라운 구절을 만나게 된다. "안디옥에서 비로소 그리스도인이라 일컬음을 받게 되었더라"(26절). 이 이름은 믿지 않는 이들이 붙여 준 것이다. 초대 교인들은 "도"(the Way) 혹은 "제자들" 같은 이름으로 자신을 칭했다. 하지만 다른 모든 이들에게 그런 이름은 수수께끼와 같은 말이었을 뿐이다. 그전까지는 로마 제국에 유대인들과 이방인들 사이에 거대한 문화적 벽이 있었다. 그런데 이제 두 부류가 함께하는 이 새로운 집단이 탄생했다. 당시에는 그 어떤 것도 이 두 부류를 하나로 융화시키지 못했다. 그래서 이 현상은 철저히 반문화적인 것이었다. 그것이 얼마나 충격적이었던지 안디옥 사람들은 이 집단에 새로운 이름을 붙였다. 바로, 그리스도인. 그리스도의 사람들. 그들의 주된 정체성은 더 이상 인종이 아니었다. 그들의 주된 정체성은 예수님과의 관계였다.

하나님의 백성은 언제나 콘텍스트(상황, 배경)가 아니라 하나님에게서 자신의 정체성을 찾았다. 하나님은 이스라엘 백성이 약속의 땅에 들어간 다음이 아니라 광야의 시내 산에서 그들과 언약을 맺으실 때 그들이 어떤 사람인지 알게 하셨다. 이는 그들의 정체성이 약속의 땅에 들어가는 것을 조건으로 하지 않았다는 뜻이다. 그들은 고향을 떠나서 나그넷길에 올랐어도 정체성을 잃지 않았다. 우리도 마찬가지로 나그네가 되어서도 정체성을 잃지 않는다. 하나님은 우리가 사회 권력의 최정상에 있을 때 우리를 그분의 백성으로 삼지 않으셨다. 사회가 교회를 인정하게 된 뒤에야 비로소 하나님이 우리를 그분의 백성으로 삼으신 것이 아니다. 따라서 애초에 하나님이 약속하신 적 없는 사회적 지위를 잃는다 해도 우리는 그와 상관없이 그분의 백성이다. 초대 교회의 정체성은 로마에 있지 않았다. 초대 교회의 정체성은 힘이나 권력, 안전에 있지 않았다. 그들에게는 그런 것이 전혀 없었다. 그들의 정체성은 예수님 안에 있었다. 그 정체성이 얼마나 철저히 그리스도 안에 있었던지, 크리스천이 아닌 사람들도 그들을 그리스도의 사람들이라 불렀을 정도다.

2020년과 2021년, 인종 간 긴장을 비롯해서 우리 사회와 교회 안에 많은 긴장 상황이 발생했다. 그 시기에 어떤 사람이 나에게 '저런' 유형의 사람들, 즉 백인이 아니거나 문화적으로 자신과 같지 않은 사람들을 위한 교회가 따로 있다고 말했다. 이것은 크리스천이 할 수 있는 가장 크리스천답지 못한 말이다. 이런 말은 그리스도의 사람으로서 우리의 새로운 정체성에 먹칠을 하는 짓이다. 그리스도를 믿으면 하나님은 더 이상 우리의 죄를 보시지 않는다. 그 대신, 예수 그리스도의 의를 보신다. 하나님은 우리의 미래 모습을 사랑하시는 것이 아니라 그냥 우리를 사랑하신다. 우리가 그 사랑을 얻었기 때문이 아니라 예수님이 우리를 대신해서 그 사랑을 얻어 주셨기 때문이다. 이제 우리의 정체성은 하나님께 충성하는 자들이다. 그 정체성은 인종을 비롯해서 우리가 가진 다른 어떤 정체성보다도 크다.

나그네가 되면 대개 우리가 주된 정체성으로 삼았던 다른 모든 것이 우리에게서 떨어져 나간다. 사회적 지위가 떨어져 나간다. 국적이 떨어져 나간다. 돈과 자유와 안전이 떨어져 나간다. 그럴 때 그리스도 안에 있는 우리의 참된 정체성이 더 분명하고 달콤해진다. 그런데 나그네의 삶에서 교회가 그리스도 안에서의 정체성을 유지하기 위해 꼭 기억해야 할 중요한 점이 있다. 그것은 이 구절에서 알 수 있는, 나그네의 삶에 관한 다섯 번째 교훈이다.

나그네의 삶에는 제자 훈련이 필요하다

사도행전 11장 25절에서 우리는 바나바가 사울을 찾아 다소로 가서 그를 데리고 안디옥으로 돌아온 다음, 한 해 내내 그와 함께 교회를 가르친 것을 볼 수 있다. 자신의 힘만으로는 벅차다는 것을 느끼고서 사도 바울을 찾으러 간 바나바의 행동이 실로 훌륭하다. 바나바는 이 새로운 교회를 위한 최고의 선생을 찾기 위해 멀리 다소까지 갈 정도로 제자 훈련을 중시했다.

제자 훈련은 사람들을 키워서 하나님의 나라를 넓히는 것이며, 이 제자 훈련을 받으려면 겸손해야 한다. 이런 경우가 아니라면 내가 귀를 기울이지 않았을 사람들의 말에 귀를 기울이고 그들에게 배우는 자세가 필요하다. 미국 백인 크리스천들은 아마도 처음으로 나그네가 된 기분을 느끼고 있을 것이다. 하지만 다른 인구 집단의 크리스천들은 진작부터 나그네가 된 기분을 느껴 왔다. 우리가 이 시대를 살기 위해 최고의 선생을 얻으려면 수 세대 전부터 나그네의 자리에서 사역해 온 사람들의 말에 귀를 기울이는 편이 현명하다.

우리의 자녀와 손자들이 자랄 세상을 생각하면 제자 훈련이 절실하다. 새로운 크리스천들은 우리 문화가 과거에 제공했던 성경적 기초가 없다. 따라서 교회 지도자들이 설교를 통해 성경을 가르쳐야 한다. 기독교 성인 교육에 많은 투자를 해야 한다. 중고등부 사역이 재미 요소도 갖추어야 하지만 어디까지나 주된 목표는 제자 훈련이어야 한다. 우리가 눈과 귀에 즐거운 예배나 기억에 남을 경험에만 의존하면 그런 목표를 이룰 수 없고, 우리 자녀들이 우리의 근시안으로 인한 대가를 치를 것이다. 우리가 나그네의 삶으로 더 깊이 들어갈수록 진정한 제자 훈련이 더 절실히 필요하다.

나그네의 삶은 후히 베풀게 한다

하나님은 나그네가 된 백성들이 보냄을 받은 곳에서 후히 베풀기를 원하신다. 그 증거로는 앞서 인용한 예레미야서의 구절을 보면 된다. 하나님은 그분의 백성에게 그들이 보냄을 받은 지역의 유익을 위해 기도하고 힘을 쏟으라고 말씀하셨다. 이는 그들의 개인적인 안녕이 함께 사는 사람들의 안녕과 하나로 연결되어 있기 때문이다.

사도행전 11장에 기록된 모습은 여기서 한 걸음 더 나아간다. 어떤 선지자들이 예루살렘에서 안디옥으로 왔는데, 그중 한 명의 이름은 아가보였다. 그는 성령이 충만하여 큰 기근이 찾아올 것이라고 예언했고, 실제로 그 예언대로 되었다. 글라우디오 치리 당시 나일강에 홍수가 나서 이집트 전역의 농사를 망치는 바람에 중동의 곡물 가격이 천정부지로 치솟았다는 기록이 잘 남아 있다. 그때 모든 크리스천은 각자 능력이 되는 대로 그 지역에서 가장 어려운 크리스천들을 도왔다.

나그네의 삶은 이 신자들에게서 후한 마음을 끌어냈다. 나그네로 살면서 특권의식을 품거나 인색해지기는 힘든 법이다. 이런 보기 드문 후함은 다른 신자들에게만 향하지 않았다. 그들은 지역의 다른 주민들, 심지어 불신자들까지 가리지 않고 도왔다. 불신자들은 우리가 후하게 베푸는 모습을 보면서, 우리가 근본적으로 다른 가치체계에 따라 산다는 사실을 알 수 있다. 우리가 우리 자신이 아니라 예수님을 위해서 산다는 사실을 불신자들이 알 수 있고, 이것이 큰 영향력을 발휘한다. 이번 장의 첫머리에서 말했듯이 크리스천들이 나그네가 되면서 복음 전파가 폭발적으로 이루어졌다. 그리하여 불과 4세기 만에 심지어 로마 황제까지 그리스도를 구주로 영접했다.

처음 질문으로 돌아가 보자. 변화하는 이 문화 속에서 교회는 번영할 수 있을까? 그렇다. 하나님은 나그네 상태를 통해 우리를 성화시키고 강하게 하시며 그분의 나라를 넓히신다. 이사야서 24장은 예루살렘이 흔들리게 될 것을 예언한다. 하나님은 그분의 백성이 사는 이 땅의 도시를 흔들어 무너뜨리셨다. 그것은 그들이 흔들리지 않는 하나님 나라의 시민권을 볼 수 있게 만드시기 위함이었다.

그리고 우리는 나그네의 삶을 살면서 하나님의 선하심을 믿을 수 있다. 누구도 예수님과 같은 나그네의 삶은 겪은 적이 없다. 하나님이신 예수님이 자신을 낮춰 종의 형태를 취하셨다. 그분은 영광과 안위와 기쁨이 무한한 하늘 보좌에서 고통과 슬픔과 수치가 가득한 이 세상으로 내려오셨다. 그분의 나그네 삶은 십자가에서 절정에 이르렀다. 히브리서 기자에 따르면 거기서 그분은 "자기 피로써 백성을 거룩하게 하려고 성문 밖에서 고난을 받으셨"다(히 13:12).

예수님이 나그네의 삶을 사신 덕분에 우리는 이 세상에서 버림을 받아 나그네가 되어도 우리를 사랑하시는 하나님께는 버림을 받지 않는다. 그분이 항상 우리와 함께하시고, 언젠가 누구도 나그네로 살지 않는 본향으로 우리를 데려가실 것이다. 복음은 지금 우리가 잠시 나그네의 삶을 사는 이유인 동시에 하늘의 집에서 우리 구주와 함께하는 영생에 관한 소망이다.

15.

치열한 목회 현장에서 분투하는 이들에게

지금 교회를 떠나고 있는 사람들의 숫자는 실로 엄청나다. 그래서 과연 그 많은 사람을 다시 교회로 돌아오게 만들 수 있을까 하는 의구심이 든다. 그들을 버리지 말아야 하지만 성경에 분명히 나타난 가르침도 버리지 말아야 한다. 1700년대부터 계몽운동의 지도자들은 과학의 발전이 성경의 가르침에 위협이 된다고 판단했다. 그것은 성경에 기록된 기적을 과학적으로 증명할 수 없기 때문이다. 그래서 당시 주요 학자들은 나름대로 기독교를 구해 보겠다고 성경에서 과학적 사실과 충돌하는 것을 모두 제거하기로 했다. 그렇게 해서 남은 것은 전혀 기독교가 아니었다. '기독교를 구원하겠다'는 명목으로 초자연적인 요소들을 제거한 것은 유익보다 해가 더 많았다.

우리는 이런 실수를 되풀이하지 말아야 한다. 우리는 교회 앞에 거울을 놓고 우리가 대규모 탈교회 현상에 어떤 원인을 제공하고 있는지를 솔직히 분석해야 한다. 하지만 반대편 극단으로 치달아, 주변 문화에 무조건 순응해서 더 이상 교회라고 부를 수도 없는 공동체로 만들고 거기로 사람들을 인도해서는 곤란하다. 이 마지막 장에서는 이 일을 효과적으로 하기 위해 마음에 새겨야 할 성경의 다섯 가지 권고를 들으면서 반성의 시간을 가져 보자. 이 권고 중 세 개는 예수님의 권고이고, 나머지는 각각 베드로와 바울의 권고다.

사람들이 떨어져 나가도 놀라지 말라

교회를 떠난 사람들 중 일부는 교회로 돌아올 수 있지만 처음부터 진정한 교회에 속하지 않았던 사람들도 있는 것이 현실이다. 예수님은 마태복음 13장에서 제자들에게, 그리고 우리에게 이 점을 경고하셨다. 그 구절에서 예수님은 해변에 즉흥적으로 모인 무리에게 비유로 말씀하심으로 혼란을 일으키셨다. 그것은 그들의 불신에 대한 일종의 심판이었다. 하지만 예수님은 제자들에게는 비유의 의미를 설명해 주셨다. 그 비유들은 그분이 임하게 하시는 나라에 관한 오해를 경고하는 것이었다. 예수님은 그분의 나라가 그들이 예상했던 대로 오지 않아도 놀라지 않기를 원하셨다.

> 예수께서 그들 앞에 또 비유를 들어 이르시되 천국은 좋은 씨를 제 밭에 뿌린 사람과 같으니, 사람들이 잘 때에 그 원수가 와서 곡식 가운데 가라지를 덧뿌리고 갔더니 싹이 나고 결실할 때 가라지도 보이거늘 집주인의 종들이 와서 말하되 주여 밭에 좋은 씨를 뿌리지 아니하였나이까 그런데 가라지가 어디서 생겼나이까 주인이 이르되 원수가 이렇게 하였구나 종들이 말하되 그러면 우리가 가서 이것을 뽑기를 원하시나이까 주인이 이르되 가만 두라 가라지를 뽑다가 곡식까지 뽑을까 염려하노라 둘 다 추수 때까지 함께 자라게 두라 추수 때에 내가 추수꾼들에게 말하기를 가라지는 먼저 거두어 불사르게 단으로 묶고 곡식은 모아 내 곳간에 넣으라 하리라(마 13:24-30)

우리는 교회를 떠나가는 사람들을 이해하고 다루기 위한 방법들을 탐구했다. 하지만 이 그룹의 일부는 애초에 크리스천이 아니었다는 현실을 인정해야 한다. 그런 사람들의 경우, 참모습이 이제 드러난 것뿐이다. 우리 문화에서 크리스천이 되어야 한다는 사회적 압박이 사라지고, 오히려 크리스천임을 내세우지 말아야 한다는 새로운 압박이 강해지자, 애초에 크리스천이 아니었던 사람들은 마침내 마음껏 교회를 떠날 자유를 얻었다. 사람들이 '보이는 교회'(visible church)에서 떨어져 나가도 놀랄 필요가 없다. '보이지 않는 교회'(invisible church)가 세상 모든 신자의 진짜 숫자이며, 보이는 교회는 단순히 눈에 보이는 것일 뿐이다. 이 둘이 중첩되는 부분이 많지만, 보이는 교회의 일부 사람들은 신자가 아니다. 그들은 곡식 옆에서 자라는 가라지일 뿐이다.

가라지가 떨어져 나가는 것은 여러 방식으로 이루어진다. 어떤 이들은 교회에 가는 것이 사회적으로 혹은 정치적으로 불편해지자 본색을 드러낸다. 교회를 싫어하는 예쁜 여자 친구 때문에 교회를 떠나기로 하는 젊은이가 이런 경우다. 코로나19 기간에 주일 아침에 다른 활동을 하는 것에 익숙해져서 예배를 아예 떠난 이들 중 일부도 그런 경우다. 교회가 자신의 정치적 우상을 숭배하지 않는다는 이유로 교회를 떠난 세속 좌파와 세속 우파도 마찬가지다.

우리 자녀들이 어릴 적에 주일학교 교사였던 분이 우리 가족과 같은 소그룹에 속하기도 했었는데, 느닷없이 더 이상 예수님을 믿지 않는다면서 교회와 자기 가족을 떠나기로 결심했다. 당연히 많은 교인이 충격에 빠졌다. 전직 목사 조시 해리스처럼 잘 알려진 인물이 기독교를 떠난 것만 생각해 보아도 그렇다. 이런 일은 많은 사람을 혼란에 빠뜨렸고, 적잖은 사람이 덩달아 교회를 떠나게 되는 결과를 낳았다.

여기서 우리는 이렇게 물을 수밖에 없다. 도대체 무슨 일이 일어난 것인가? 바로 이것이 종들이 던졌던 질문이다. 그들은 주인에게 가서 씨앗이 처음부터 나쁜 것이었는지 물었다. 그들은 씨앗이 순전할 줄 알았지만 그렇지 않았다. 우리는 교회가 순전하리라 생각한다. 하지만 예수님이 돌아오시기 전까지는 그렇지 못하다.

바울은 고린도 교회에 이렇게 말했다. "이것은 이상한 일이 아니니라 사탄도 자기를 광명의 천사로 가장하나니 그러므로 사탄의 일꾼들도 자기를 의의 일꾼으로 가장하는 것이 또한 대단한 일이 아니니라 그들의 마지막은 그 행위대로 되리라"(고후 11:14-15). 사도 요한은 이렇게 썼다. "그들이 우리에게서 나갔으나 우리에게 속하지 아니하였나니 만일 우리에게 속하였더라면 우리와 함께 거하였으려니와 그들이 나간 것은 다 우리에게 속하지 아니함을 나타내려 함이니라"(요일 2:19).

어느 시대 어느 곳에서나 사람들은 교회를 떠날 것이다. 예수님이 그렇게 말씀하셨으니 그런 일이 일어날 때 우리는 놀라거나 과잉 반응을 보이지 말아야 한다.

극단적인 반응은 사람들에게 상처를 준다

극단적인 반응은 사람들에게 상처를 준다. 따라서 우리는 양극단 중 한쪽으로 치우치지 않도록 조심해야 한다. 한쪽 극단은 교회의 순전함을 추구하려는 노력을 두 손 들고 완전히 포기하는 것이다. 다른 쪽 극단은 교회를 완벽하게 순전하게 만들려는 마음 때문에 지나치게 엄격하고 경직된 쪽으로 흐르는 것이다. 최근 아내 안젤라에게 성 중독자 연구에 관한 이야기를 들었다. 그 연구에 따르면 성 중독자의 77%는 지나치게 통제적인 가정에서 자랐다고 응답했다.[1] 성 중독자의 87%는 냉담하고 무관심한 가정에서 자랐다고 응답했다. 극단적으로 방임하는 가정과 극단적으로 통제하는 가정은 모두 다 자녀들에게 해를 끼친다. 교회 안에서도 마찬가지다.

첫 번째 극단은 이렇게 말하는 것이다. "예수님은 어차피 교회에 가라지가 있을 것이라고 말씀하셨어. 그러니 기독교 윤리나 교회 출석을 억지로 권할 필요가 없어. 그들이 부활 같은 것을 믿든지 믿지 않든지, 신경 쓸 필요 없어." 예수님이 우리에게 요구하시는 믿음, 소속, 행위를 온전히 가르치지 않는 것은 곧 그들에게 해를 끼치는 일이다.

제자 훈련은 소홀히 하고 출석 교인 수를 늘리는 일에만 열심을 내는 교회는 어떤 면에서 행위와 소속의 영역을 포기하고 믿음에만 초점을 맞추는 것이다. 신앙에 관해서는 각자 알아서 판단하게 하고 공동체에만 집중하는 교회는 믿음과 행위의 영역을 포기하고 소속에만 초점을 맞추는 것이다. 예수님은 우리 눈 속의 들보를 해결한 뒤에는 남들이 그들 눈 속에 있는 티를 빼내도록 도와주라고 말씀하신다. 이것이 교회 등록을 위한 교육 과정이 있는 이유다. 이것이 제자 훈련이 있는 이유다. 더 강하게 말하자면, 이것이 성경에서 정한 교회의 징계가 있는 이유다.

이와 반대로, 의심의 태도로 사람들을 다루어서도 곤란하다. 모든 사람을 보며 '너 혹시 잡초 아냐? 너 혹시 사탄의 자식 아냐?'라고 의심해서는 안 된다. 행위를 지나치게 강조하면 믿음과 소속의 영역이 제대로 이루어지지 않는다. 이것은 성급하게 잡초를 없애겠다고 알곡의 새싹까지 밟아 버리거나 잡초와 함께 알곡도 뽑아 버리는 것과 마찬가지다.

내 자녀들은 하얀색 밴을 모는 사람이면 다 범죄자인 줄 안다. 예외 없이 다 그렇다. 당신이 커다란 흰색 밴을 몬다면 미안하다. 우리 아이들이 당신을 보면 납치범, 심지어 살인자처럼 쳐다볼 것이기 때문이다. 어느 날 아침 아이들을 태우고 학교에 갔는데 장애인들이 타는 커다란 흰색 밴이 서 있었다. 그런데 딸아이가 그 밴을 보고 말했다. "저거 봐, 아빠. 저 차는 아예 '당신을 납치할 거야!'라고 드러나게 말하는 거잖아." 한쪽 극단으로 치우쳐, 실수로 알곡이 뽑히든 말든, 모든 가라지를 뽑으려는 교회가 이와 같다. 우리는 상황이 분명해지기 전까지 사람들을 좋은 쪽으로 봐 주어야 한다. 의심의 태도는 교만한 것이며 남들에게 해를 끼친다. 그리고 그런 태도를 품은 사람을 고립시킨다.

이런 태도를 가진 사람을 어떻게 알아볼 수 있을까? 상대방이 진정으로 예수님을 따르고 있는지 의심하는 사람은 도덕과 상관없는 문제를 도덕적인 문제로 왜곡하는 경우가 많다. 아내 안젤라가 상담 분야 석사 학위를 따기 위해 다시 공부를 시작하기로 했을 때, 어떤 사람이 나를 한쪽으로 불러 말했다. "더 성장하려는 부인의 열정이 참으로 보기 좋습니다. 하지만 제가 볼 때 여성의 자리는 일터가 아닌 것 같습니다." 그의 말뜻은 이런 것이다. "여자가 사회에서 일을 하면 가정을 소홀히 할까 의심스럽습니다. 그러니 직장일을 도덕적 문제로 삼아야 합니다. 이에 동의하지 않는다면 당신이 진짜 신앙인인지 의심할 수밖에 없습니다." 그는 내 아내에게 선입관을 가졌다. 이렇게 해서는 사람들을 그리스도께로 이끌 수 없다. 이처럼 과도하게 통제적이고 지나치게 행위에 초점을 맞춘 태도는 사람들에게 해를 끼친다.

오늘날 교회를 떠나는 사람 중에는 이 두 극단 중 하나로 치우친 교회에서 상처받은 사람들이 많다. 우리는 균형을 잘 잡아야 한다.

다른 성도를 판단하지 말고 인내심을 발휘하라

예수님이 이 이야기를 하신 것은 제자들이 모든 가라지를 구별하여 뽑아낼 수 있도록 하기 위함이 아니었다. 종들은 당장 가서 가라지를 뽑기를 원한다. 그들은 행동하기를 원한다. 하지만 주인은 이렇게 말한다. "아직은 아니다. 이런 일을 나중에 다룰 전문가가 있다." 이 주인이 무관심하거나 게으른 것이 아니다. 이 주인은 눈앞의 문제를 어떻게 다루어야 할지 가장 잘 안다. 우리 주님도 마찬가지다.

예수님은 마지막 때에 이 문제를 다룰 전문가들이 있다고 말씀하셨다. 이 전문가들은 천사라 불린다. 제자들은 하나님 나라가 빨리 온전히 오기를 원했다. 하지만 예수님은 그 나라가 천천히 올 것이라고 말씀하셨다. 제자들도 조바심이 났는데 우리는 얼마나 더 조바심이 나겠는가. 제자들은 느리게 움직이는 농경 사회에서 살았다. 그들은 밖에 나가서 물고기를 잡거나 먹을 곡식을 키워야 했다. 그 문화에 즉각적인 것이라곤 아무것도 없었다. 우리는 드라이브 스루의 차선이 둘 다 열려 있지 않으면 답답해한다. 식당에서 음식이 조금만 늦게 나와도 짜증을 낸다. 컴퓨터가 웹 사이트를 로딩하는 데 10초만 걸려도 우리는 당장 인터넷 업체에 전화를 건다. 옛날 느린 세상에서 제자들도 인내심을 발휘하기 힘들었다면, 우리는 얼마나 더하겠는가. 하지만 성경이 제시하는 해법은 대개 인내심을 요한다.

조바심은 여러 가지 형태로 찾아온다. 하지만 여기서 예수님은 하나님 나라의 느린 속도에 조바심 내는 것을 경고하고 계신다. 우리는 하나님을 기다리기 싫어한다. 우리는 하나님이 우리의 시간표에 맞춰 주시기를 원한다. 우리는 기도가 즉각적으로 응답되기를 원한다. 우리는 고통과 두려움이 당장 멈추기를 바란다. 우리는 교회들이 쉽고도 빠른 해법을 내놓기를 원한다. 하지만 우리는 누가 잡초인가 찾아보려고 의심의 눈으로 좌우를 둘러볼 필요가 없다. 그저 하나님이 아신다고 믿기만 하면 된다.

경찰차 추격 생방송을 본 적이 있는가? 도망치는 범인은 얼마든지 경찰차를 따돌릴 수 있다고 생각한다. 그는 뒤에서 따라오는 경찰차 한 대를 보고서 코웃음을 친다. 하지만 그는 자기 눈에 보이지 않는 경찰차가 열 대나 더 있고, 공중에는 그가 방향을 틀 때마다 그 방향을 경찰차들에게 알려 주는 헬리콥터가 있는 줄 모른다. 그뿐만 아니라 방송국 헬리콥터들도 있어서 집에 있는 우리를 비롯한 전 국민이 그 추격전을 시청하고 있다. 어느 순간 범인은 자동차를 버리고 분수 뒤로 달려가 숨는다. 그는 아무도 모른다고 생각하지만, 우리 모두 그를 보고 있다. 그가 거기서 무사히 탈출할 가능성은 눈덩이가 뜨거운 태양 아래서 녹지 않는 것만큼이나 불가능한 일이다. 가라지와 늑대도 마찬가지다. 하나님은 그것들을 헬리콥터보다도 더 잘 보고 계시며, 언젠가 경찰이 아니라 천사들이 올 것이다. 그러니 참고 기다리라.

다가올 심판을 제대로 이해하면 그날이 누구에게도 빨리 오기를 원하지 않게 된다. 심판은 재미있는 것이 아니다. 성경은 그 전문가 천사들이 인류에게 하나님의 진노를 쏟아내기 위해 오면 사람들은 그 순간을 맞느니 산이 그들 위에 무너져 내리기를 원할 것이라고 말한다. 이 점을 생각하면 우리는 세상에서 다른 사람들의 영혼을 가장 잘 참아 주는 사람들이 되어야 한다.

사람들을 불로 태워 심판하기를 좋아하는 무시무시한 폭군과 자녀들의 호감을 사려고 자녀들이 해 달라는 대로 다 해 주는 호락호락한 부모 사이를 오가는 존재로 하나님을 묘사하기가 쉽다. 그러나 하나님은 의로우신 '동시에' 은혜로우시다. 인내하시는 '동시에' 공의로우시다. 단호하신 '동시에' 오래 참으신다. 하나님은 모든 면에서 완벽하시다.

혹시 이 사실을 자주 잊어버린다면, 하나님이 우리를 얼마나 아끼시며 우리를 죄에서 구원하기 위해 어떤 일까지 하실 수 있는지를 보여주기 위해 갈보리에서 얼마나 단호하고도 신속하게 행동하셨는지를 생각해 보라. 성부 하나님은 우리가 그분의 나라로 들어갈 수 있도록 우리가 받아 마땅한 모든 진노를 아들에게 쏟아내셨다.

우리가 심판의 날까지 기다릴 필요는 없다. 왜냐하면 가라지와 늑대가 스스로 정체를 드러낼 수 있기 때문이다. 그리고 성경은 그런 상황을 다룰 방법을 우리에게 주었다.

우리는 또 다른 중요한 이유로도 인내심을 발휘해야 한다. 가라지가 곡식으로 변할 수도 있기 때문이다. 우리도 항복했을 때 곡식이 되었다. 단, 우리는 경찰관에게 잡혀 감옥으로 끌려가는 무법 운전자가 아니라 우리를 하늘나라로 데려가시는 아버지 하나님의 사랑받는 자녀로서 항복했다. 이 외에도 많은 이유로 우리는 인내심을 발휘해야 한다.

성도를 돌보고 양육하라

베드로는 장로들에게 이렇게 권고했다. "너희 중에 있는 하나님의 양 무리를 치되 억지로 하지 말고 하나님의 뜻을 따라 자원함으로 하며 더러운 이득을 위하여 하지 말고 기꺼이 하며 맡은 자들에게 주장하는 자세를 하지 말고 양 무리의 본이 되라"(벧전 5:2-3). 교회 지도자들이 교회를 떠난 교인들에게 연락을 취하지도 않고, 심지어 그들이 교회를 떠나갔는지 모르는 경우도 많다. 교회 지도자들이 할 일은 분명하다. 양 떼를 치라.

사도 바울을 비롯한 신약 기자들의 머릿속에는 '자기 교인을 모르는 목사'라는 개념 자체가 아예 없었을 것이다. 우리는 알지 못하는 사람들을 양육할 수 없다. 우리가 알지 못하는 문제를 다룰 수는 없다. 양 떼를 치는 일은 설교 시간에도 이루어지지만, 대개는 관계적인 제자 훈련 속에서 이루어진다.

내 자녀들은 기독교 학교에 다닌다. 한번은 그 학교 교장에게 건강한 학교를 유지하는 가장 중요한 요소가 무엇인지 물어본 적이 있다. 그의 대답은 "학생들을 지키는 능력"이었다. 학교 안에 있는 사람들에게 집중하면 나머지 일들을 저절로 움직인다. 이 원칙은 교회에서도 마찬가지다. 하나님은 특정한 교회 지도자들에게 교회 밖에서까지 사역할 기회를 주시지만, 그것이 자기 교인들에게 진정한 목사가 되지 못하는 것에 대한 변명이 될 수는 없다. 목사가 자신의 교회를 홀로 감당할 수 없는 경우에는 하나님이 주신 양 떼를 함께 돌보기 위한 지도자들을 세워야 한다.

양 떼를 치는 것은 미국에서 복음주의가 부상하면서 자주 무시되는 측면 중 하나다. 우리는 성공을 규모와 동일시한다. 하지만 그것은 하나님이 성경에서 말씀하신 성공이 아니다. 따라서 교회 지도자들은 자신에게 이렇게 물어야 한다. "나는 내 양 떼를 잘 알아서 바울의 권고를 제대로 따르고 있는가?"

또한 베드로는 양 떼를 어떻게 칠지도 말해 주었다. 우리가 맡은 양 떼를 억지로 끌고 가지 말고 본을 보여 주라는 것이다. 알다시피 많은 이가 지도자들의 부패한 리더십과 형편없는 인격으로 인해서 교회를 떠나갔다. 교회 지도자들은 평신도보다 하나님 앞에서 더 큰 책임이 있다. 우리는 그 부르심에 충성할 것인가? 그렇다면 교인들이 복을 받고, 우리를 위한 쇠하지 않는 영광의 면류관이 예비될 것이다.

성도를 온전하게 하라

교회가 스포츠 팀이라면 양 떼를 치는 것은 방어이고 양 떼를 온전하게 하는 것은 공격이라고 볼 수 있다. 바울은 양 떼가 밖으로 나가 예수 그리스도의 복음을 전할 수 있도록 지도자들이 그들을 온전하게 할 때 하나님의 나라가 성장한다고 보았다. 이 점은 그가 에베소 교회에 보낸 편지에서 더없이 분명하게 나타난다. "그가 어떤 사람은 사도로, 어떤 사람은 선지자로, 어떤 사람은 복음 전하는 자로, 어떤 사람은 목사와 교사로 삼으셨으니 이는 성도를 온전하게 하여 봉사의 일을 하게 하며 그리스도의 몸을 세우려 하심이라 우리가 다 하나님의 아들을 믿는 것과 아는 일에 하나가 되어 온전한 사람을 이루어 그리스도의 장성한 분량이 충만한 데까지 이르리니"(엡 4:11-13).

어떻게 하면 성도들을 온전하게 할 수 있을까? 가장 중요한 것은 '기도'다. 우리 주변에는 매 순간 우리의 지도자들이 무너지고, 우리의 자녀가 엇나가고, 우리가 예수님 외에 다른 온갖 것에 빠지기를 바라는 세력들이 있다. 나는 주기도문과 관련해서 이 점에 관해 많은 생각을 했다. 제자들은 예수님께 와서 "기도를 … 우리에게도 가르쳐 주옵소서"라고 요청했다(눅 11:1). 내가 꽤 오랫동안 목회를 해 왔는데, 그동안 이런 부탁을 한 번도 들어 본 적이 없다는 것을 아는가? 나는 자녀 양육에 관해 가르쳐 달라는 요청은 받은 적 있다. 성경 어디에 공룡에 관한 이야기가 나오느냐는 질문은 받아 본 적이 있다. 고양이가 죽으면 어떻게 되는지 알려 달라는 사람도 있었다. 하지만 내게 기도하는 법을 알려 달라고 요청한 사람은 없었던 것 같다.

초대 교회의 문화는 무엇이 달랐기에 그들은 기도하는 법을 알기를 원했을까? 우선, 그들은 부유하지 못했다. 오늘날 우리는 마트에만 가면 뭐든 살 수 있고 햄버거 가게에 가면 미리 준비된 음식을 받을 수 있는데, 왜 일용할 양식을 위해서 기도하겠는가? 즐길 것이 끝이 없는데 언제 기도할 시간이 있겠는가? 아주 가끔 우리가 기도에 관해서 생각하기라도 하면, 휴대폰에서 알림이 울리며 인스타그램에서 새로 유행하는 댄스를 알려 준다. 물론 하나님은 이것을 이해하신다! 존 파이퍼는 이렇게 말한 적이 있다. "트위터와 페이스북의 큰 효용은 마지막 날에 우리가 기도하지 않은 것이 시간이 없어서 그런 것이 아니라는 점을 증명해 주는 것 아닐까?"[2]

폴 밀러는 《일상 기도》에서 이렇게 말했다. "당신이 기도하지 않고 있다면 필시 그것은 시간과 돈과 재능만 있다면 성공할 수 있다고 속으로 자신하고 있기 때문일 것이다."[3] 내가 전에 목회한 교회에 밀러가 와서 기도에 관한 콘퍼런스를 진행한 적이 있다. 그때 그가 처음으로 한 일은 우리에게 조용히 기도하라고 한 것이었다. 그 시간은 영원처럼 길게 느껴졌다. 사람들은 기도할 거리가 떨어진 사람이 자기뿐인지 확인하기 위해 실눈을 뜨고 주변을 두리번거렸다. 밀러가 얼마나 오랫동안 기도하게 했는지 아는가? 40분이었다. 대부분의 교인에게 그 시간은 너무나 긴 시간이었다. 이것은 우리 문화에 관해 많은 것을 말해 준다.

사람들이 예수님께로 나아오는 것은 주로 설교나 훌륭한 예배 음악을 통해서가 아니다. 한 도시의 복음화는 훈련받고 보냄을 받은 성도들을 통해 이루어진다. 미식축구 감독은 승리가 선수들을 잘 훈련하는 데 달려 있다는 사실을 안다. 교회 안에서도 비슷한 원칙이 작용한다. 하나님의 나라를 확장하는 길은 전혀 새로운 뭔가를 창출하는 것이 아니라 아주 오래된 뭔가로 돌아가는 것이다.

갈림길에 선 교회

오늘날 미국 교회는 갈림길에 서 있다. 하나님 나라는 계속 전진할 것이지만 이 나라에서는 하나님 나라가 앞으로 어떻게 될지 불투명하다. 이 갈림길에서 첫 번째 길은 사회에서 힘과 영향력을 얻기 위해 싸우는 길이다. 이 길을 선택하면 정당들과 논객들에게 궁극적인 희망을 두게 된다. 소셜 미디어를 통해 우리가 살고 있는 문화에 대한 경멸을 쏟아내게 된다. 교리를 타협하고 성경에 관한 관점을 수시로 바꾸면서 겨우 예수님을 따르는 삶과 비슷한 것만 유지하게 된다. 과거 속에서 살아간다. 현실을 부정하며 살아간다. 이 길은 복음 전파의 힘을 약화한다. 이 길은 교회를 세상에 필요 없는 존재로 전락시킨다.

두 번째 길은 우리의 나그네 상태를 받아들여, 힘의 중심지가 아니라 변방에서 영향력을 발휘하는 것이다. 그러기 위해서 교회와 교회 지도자들은 신앙고백에 근거를 두고 그리스도처럼 선교의 비전을 실천하고 있는지 철저히 돌아보아야 한다. 우리가 교회 안팎의 사람들과 어떻게 상호작용하고 있는지 깊이 돌아보아야 한다. 계속해서 성령으로 충만하고 끊임없이 기도해야 한다. 겸손한 마음을 갖추어야 한다. 이 길만이 교회가 번영하고 교인들이 세워지고 예수님이 이 나라와 이 시대에 영광을 받으시는 길이다.

우리는 희망이 있다고 믿는다. 자녀 양육, 대학교 사역과 인종 차별 철폐, 사람들의 정신 건강, 건강한 제도, 옳은 교리, 우리 삶 속의 성령의 열매까지 모든 영역에서 많은 기회가 있다. 전진하기 위한 길은 쉽지 않지만 단순하다. 기독교와 미국 가치관의 결합은 감사해야 마땅한 좋은 것들을 낳았다. 우리는 종교적 자유를 얻었다. 세상에 복음을 전하고 성경을 가르칠 돈과 기술을 얻었다. 미래의 지도자들을 훈련할 신학교들을 얻었다. 이렇게 축복받은 것을 인정하지 않는다면, 우리는 배은망덕한 사람일 것이다.

하지만 이 결합은 다른 면에서 우리를 방해했다. 이 결합은 성경에 약속되지 않은 자유의 우상들을 만들어 냈다. 교회의 규모에 비해 인격이 부족한 유명 목회자들을 양산했다. 정당들과 야합하게 했고 이는 거룩하지 않은 일이다. 그로 인해 교회는 기본적인 기독교 윤리 문제에서 타협할 수밖에 없었고, 이 나라의 분열이 교회들의 분열로 이어지는 결과를 낳았다. 우리는 하나님이 우리를 다른 길로 부르고 계신다고 믿는다.

미국에서 수많은 사람이 교회를 떠나는 현실의 무게는 우리가 그 현실을 부정하고 싶게 만든다. 하지만 우리는 떠나는 이들을 바라보며 그저 이렇게 말하지 말아야 한다. "그들은 원래 이상한 사람들이야." "그들이 이상한 교회에 다녔기 때문에 교회를 떠난 것뿐이야." 그렇게 쉽게 말하고서 그냥 살던 대로 살면 안 된다. 이 무게를 절감하고 긍정적인 회복 방안을 마련할 때까지 자리에 앉아 고민해야 한다.

감사하게도 우리는 성경에서 위로를 받을 수 있다. BC 587년 예루살렘의 멸망으로 유대인들이 추방당했을 때 하나님은 에스겔 선지자에게 환상을 보여 주셨다. 많은 해석자를 혼란스럽게 했던 이 환상은 하늘의 보좌가 바퀴들 위에 놓여 성전에서 바벨론 쪽 방향인 동문으로 나가는 환상이었다.

우리는 흔히 이것을 끔찍한 환상으로 생각했다. 하나님의 영광이 성전을 떠나는 광경을 그리고 있으니까 말이다. 어떤 의미에서는 실제로 그렇다. 이 환상은 하나님 백성의 성에 임한 절대적인 파괴를 의미한다. 하지만 다른 의미에서는 위로가 된다. 하나님이 '바퀴들'이 달린 보좌에 앉아 계시기 때문이다. 이는 백성이 성에서 끌려 나갈 때 하나님이 하늘 위에 가만히 계시지 않았다는 뜻이다. 하나님은 그분의 백성이 포로로 동쪽으로 끌려가도록 허락하실 때 그분의 보좌와 모든 영광을 들고 그들을 따라가셨다.

신약, 특히 마태복음 28장 19-20절에서 우리는 우리를 따라오시는 하나님의 모습을 다시 발견할 수 있다. 단, 이번에는 하나님의 백성이 완전히 다른 상황에 있다. 이번에는 하나님께서 이해하기 힘들 만큼 초월적인 환상을 보여 주시지 않았다. 이번에는 분명하고 단순한 약속 하나를 주셨다. 이번에는 하나님의 백성이 끌려가고 있지 않다. 그들은 보냄을 받고 있다. 그들은 벌을 받는 것이 아니라 임명을 받는다. 공감하실 수 있고(히 4:15) 온유하신(마 11:29) 몸 안에 있던 하나님의 모든 영광이 그들을 따를 것이다(골 1:19). 그리고 이번에 그들은 흔들릴 수 있는 성을 영구적으로 떠나 흔들릴 수 없는 나라를 향해 갈 것이었다(히 12:27-28). 그들은 다시 나그네가 되었다(벧전 1:1). 오늘날 나그네로서 우리는 우리가 떠나온 성보다 덜 영광스러운 성의 재건을 바라는 것이 아니다(스 3:12). 우리는 예수님 얼굴의 영광으로 빛나는, 더 위대하고 아름다운 성인 새로운 시온을 바라본다(계 21:23).

우리는 이 하늘의 성이 있고 긍휼이 많으신 구주와 위로자가 되시는 그분의 영이 함께 계시니, 수많은 이들이 교회를 떠나는 현상을 애써 부정하려고 할 필요가 없다. 그들이 참된 친구가 아니었다거나, 그 일로 마음이 아프지 않다거나, 우리는 완벽하고 모든 것이 그들의 잘못이라고 말할 필요가 없다. 더 큰 위로가 있으니, 우리는 대규모 탈교회로 인한 큰 슬픔을 인정하고 느낄 수 있다. 우리는 영혼의 닻이 되는 이 소망을 가졌기 때문이다.

우리는 이 현상에 대한 책임이 무엇이든 인정하고 받아들일 수 있다. 그것은 우리의 모든 수치와 형벌을 이미 다른 분이 감당하셨다는 사실을 알기 때문이다. 우리가 저지른 최악의 실패에도 불구하고 왕께서 돌아오실 때 교회는 흠 없는 신부로서 그분 앞에 설 것이다(엡 5:27). 그것은 우리의 죄가 진짜가 아니었기 때문이 아니라 그 죄의 값이 이미 다 치러졌기 때문이다(사 1:18).

나아가서, 우리가 그리스도와 그분의 복음으로 위로를 받는다는 것은 언젠가 하나님의 은혜로 돌아올지 모르는 이들에게 제시할 것이 있다는 뜻이다. 그들 중 일부는 반드시 돌아올 것이고, 그럴 때 우리가 해야 할 일은 탕자의 형처럼 뒤로 물러서서 의심과 질투의 눈초리로 대하는 것이 아니다. 그 순간까지 우리가 아직 여기에 있다면 모든 것을 내려놓고 아버지와 함께 달려가서 그들을 환영하며 집으로 영접해야 마땅하다. 교회 안에 남아 있다는 것은 아버지의 자녀라는 뜻이며, 우리의 아버지는 탕자에게 달려가는 아버지이시다. 우리에게 남아 있을 은혜와 달려갈 은혜를 달라고 기도하자.

대규모 탈교회는 미국 교회의 가장 중요한 순간이자 가장 큰 기회가 될 수 있다. 교회 지도자로서 우리는 이것을 하나님을 섬기기 위한 일생일대의 기회로 여겨야 한다.

"아직도 거리가 먼데 아버지가 그를 보고 측은히 여겨 달려가 목을 안고 입을 맞추니"(눅 15:20)

감사의 말

나(짐)는 이 연구와 저술을 위해 지원과 조언을 아끼지 않은 아내 안젤라에게 감사한다. 올랜도에 있는 리폼드신학교의 학생이자 장차 정신 건강 전문가가 될 아내가 이 주제에 관해 제공해 준 시각은 실로 귀했다. 글을 쓰는 고된 작업을 인내로 지켜봐 준 네 자녀, 터너, 콜린스, 아이비, 제임스에게, 그리고 이 아이들을 내내 돌봐주신 우리 부모님께도 감사드린다.

내(마이클)가 밤낮없이 조사하고 집필하는 동안 조언과 인내로 지지해 준 아내 사라와 우리 자녀 조이와 런던에게 감사한다. 조사 결과를 책으로 내라고 격려하고 출판의 복잡한 과정을 잘 헤쳐 나가도록 도와준 콜린 핸슨과 저스틴 홀컴에게 감사한다. 이 책에 담긴 탁월한 데이터 분석과 해석, 연구 모범 사례, 통찰력에 대해 라이언 버지 박사에게 감사한다. 연구 설계, 규정 준수, 다른 역사적 조사와 이 연구 사이의 공통

언어 사용을 담당해 준 폴 주페 박사에게 감사한다.

이 프로젝트를 믿어 주고, 탁월한 편집, 마케팅, 홍보로 지원해 준 카일 로한과 알렉시스 드 위스를 비롯한 존더반 리플렉티브 팀에 감사한다. 이탈 교인 프로필에 관한 가상의 이야기를 본문의 내용과 일관되게 만들어 준 러네이 잭슨에게 특히 감사한다. 개념과 원고와 피드백을 제공해 준 조너선 프루돔, 로버트 잭슨, 스카일러 플라워스에게 감사한다. 원고에 대해 유용한 피드백을 해 준 켈리 심슨, 존 엘리스, 마이클 에이치슨, 브렌다 리 밀러에게 감사한다.

팀 켈러와 존 프레임의 삶과 사상과 본보기, 그리고 그들이 교회에 기여한 바에 감사한다.

주

머리말

1. Kate Shellnutt, "Joel Hunter Is Done Pastoring His Orlando Megachurch," *Christianity Today*, 2017년 8월 2일, https://www.christianitytoday.com/news/2017/august/joel-hunter-stepping-down-northland-senior-pastor-orlando.html.
2. Barna Report Orlando, Daytona Beach, Melbourne 2017-2018 Report.
3. 2018 Barna Report on Metro Orlando.
4. 사회과학 전 분야에서 동료들의 심사를 받는 학술지들의 논문 수백 편이 퀄트릭스의 데이터를 사용하고 있다. 학자들은 퀄트릭스의 데이터를 매우 품질 좋은 데이터로 여긴다.
5. Roger Finke and Rodney Stark, *The Churching of America, 1776–2005* (New Brunswick, NJ: Rutgers University Press, 2005), 23, fig. 1.2. 《미국 종교 시장에서의 승자와 패자》(서로사랑 역간).
6. Finke and Stark, 23, fig. 1.2.

1장

1. 이 책에서는 미국 성인 중에서 교회를 떠난 사람의 숫자를 4천만 명으로 잡도록 하겠다. 그렇게 보면 미국 성인 중에서 교회를 떠난 사람의 비율은 15.5퍼센트다.
2. "U.S. Adult Population Grew Faster Than Nation's Total Population from 2010 to 2020," United States Census Bureau, https://www.census.gov/library/stories/2021/08/united-states-adult-population-grew-faster-than-nations-total-population-from-2010-to-2020.html; Jeffrey M. Jones, "U.S. Church Membership Falls below Majority for First Time," Gallup, 2021년 3월 29일, https://news.gallup.com/poll/341963/church-membership-falls-below-majority-first-time.aspx.
3. 1776년 이전 기독교를 믿은 사람들과 교회 출석에 관한 정확한 데이터는 찾기 힘들지만, 로저 핑크와 로드니 스타크가 *The Churching of America, 1776–2005* 라는 훌륭한 책을 써 냈다.
4. Finke and Stark, 29.
5. Finke and Stark, 29.
6. Finke and Stark, 23.
7. Finke and Stark, 23. fig. 1.2.
8. Finke and Stark, 23. fig. 1.2.
9. "1870 Fast Facts United States," United States Census Bureau, https://www.census.gov/history/www/through_the_decades/fast_facts/1870_fast_facts.html.
10. "1890 Fast Facts United States," United States Census Bureau, https://www.census.gov /history/www/through_the_decades/fast_facts/1890_fast_facts.html; "1900 Fast Facts United States," United States Census Bureau, https://www.census.gov/history/www/through_the_decades/fast_facts/1900_fast_facts.html. 1895년 인구는 1890년과 1900년 인구 조사 결과의 평균을 낸 것이다.
11. Finke and Stark, *The Churching of America,* 23에 있는 〈표 1-2〉를 풀이한 것.
12. Finke and Stark, 23. fig. 1.2. : 1776년 미국인의 17퍼센트가 교회에 다녔다(제1차 대각성 운동으로 무려 250만 명의 교인이 더해지면서 출석 교인 수는 두 배로 증가했다.) 제2차 대각성 운동으로 출석 교인 수가 10퍼센트 증가했다(1,490만 명의 교인이 추가되면서 1870년에서 1890년에 35퍼센트에서 45퍼센트로). 빌리 그레이엄 전도 협회 측에 따르면 전 세계적인 빌리 그레이엄 십자군 운동으로 무려 320만 명의 교인이 더해졌다. https://web.archive.org/web/20081203122410/http://cincinnati.com/billygraham/p_man.html.
13. Ryan Burge, "'OK Millennial': Don't Blame the Boomers for Decline of Religion in America," *Religion News Service*, 2021년 8월 30일, https://religionnews.

com/2021/08/30/ok-millennial-dont-blame-the-boomers-for-decline-of-religion-in-america/.

14. Camille Ryan, “Computer and Internet Use in the United States: 2016,” United States Census Bureau, 2018년 8월, https://www.census.gov/content/dam/Census/library/publications/2018/acs/ACS-39.pdf.

15. Jeffrey M. Jones, “U.S. Church Membership Falls Below Majority for First Time,” Gallup, 2021년 3월 29일, https://news.gallup.com/poll/341963/church-membership-falls-below-majority-first-time.aspx.

16. Aaron Earls, “Protestant Church Closures Outpace Openings in U.S.,” Lifeway Research, 2021년 5월 25일, https://research.lifeway.com/2021/05/25/protestant-church-closures-outpace-openings-in-u-s/.

17. Scott Thumma, “Twenty Years of Congregational Change: The 2020 Faith Communities Today Overview,” Hartford Institute for Religious Research, 2021, https://faith communitiestoday.org/wp-content/uploads/2021/10/Faith-Communities-Today-2020-Summary-Report.pdf, 5.

18. Thumma, 5, fig. 2.

19. 1인당 소득 35,383달러에 4천만을 곱한 숫자. “QuickFacts United States,” United States Census Bureau, https://www.census.gov/quickfacts/fact/table/US/SEX255221.

20. “Church and Religious Charitable Giving Statistics,” Nonprofits Source, https://nonprofitssource.com/online-giving-statistics/church-giving/.

21. PRRI Staff, “The 2020 Census of American Religion,” PRRI, 2021년 7월 8일, https://www.prri.org/research/2020-census-of-american-religion/#:~:text=More%20than%20four%20in%20ten%20(41%25)%20identify%20as%20Protestant, Jewish%2C%20Muslim%2C%20and%20Hindu.

22. Daniel K. Williams, “White Southern Evangelicals Are Leaving the Church,” *Christianity Today*, August 2, 2022, https://www.christianitytoday.com/ct/2022/august-web-only/church-attendance-sbc-southern-evangelicals-now-lapsed.html.

23. Williams. “그들은 흑인들에 대한 ‘우선적 고용’에 4대1 차이 이상으로 반대했다. 마찬가지로, 그들은 ‘아일랜드인과 이탈리아인, 유대인을 비롯한 많은 소수 인종이 그들의 노력으로 편견을 극복하고 성공했다. 흑인들도 그렇게 해야 한다’라는 진술에 동의했다. 흑인들이 대체로 ‘백인들보다 나쁜 직장, 낮은 수입, 나쁜 집’을 가진 이유를 묻는 말에 거의 절반은 ‘단지 가난에서 벗어날 의욕이나 의지력이 없기’ 때문이라고 말했다.”

24. Williams.

25. “Political Polarization in the American Public,” Pew Research Center, 2014년 6월 12일, https://www.pewresearch.org/politics/2014/06/12/political-polarization-in-the-american-public/.

26. Lee Rainie와 Andrew Perrin, “Key Findings about Americans’ Declining Trust in Government and Each Other,” Pew Research Center, 2019년 7월 22일, https://www.pewresearch.org/fact-tank/2019/07/22/key-findings-about-americans-declining-trust-

in-government-and-each-other/.

27. Rainie와 Perrin.

28. Timothy Dalrymple, "The Splintering of the Evangelical Soul," *Christianity Today*, 2021년 4월 16일, https://www.christianitytoday.com/ct/2021/april-web-only/splintering-of-evangelical-soul.html.

29. Russell Moore, "When the South Loosens Its Bible Belt," *Christianity Today*, 2022년 8월 11일, https://www.christianitytoday.com/ct/2022/august-web-only/russell-moore-white-evangelicals-bible-beltsouth-church.html.

30. "As Partisan Hostility Grows, Signs of Frustration with the Two-Party System," Pew Research Center, 2022년 8월 9일, https://www.pewresearch.org/politics/2022/08/09/as-partisan-hostility-grows-signs-of-frustration-with-the-two-party-system/.

31. "Faith-Inspired Nonprofits Provide 40 Percent of Social Safety Net Spending but Can Still Be Overlooked by Donors, according to New Bridgespan Group Research," Bridgespan Group, 2021년 1월 28일, https://www.bridgespan.org/about-us/for-the-media/faith-inspired-nonprofits-provide-40-percent-of-so#:~:text=Reality%3A%20Data%20from%20Giving%20USA,nongovernmental%20organizations%20are%20faith%2Dinspired.

32. Tyler J. VanderWeele, "Religious Communities and Human Flourishing," *Current Directions in Psychological Science* 26, no. 5 (October 2017): 476-81, https://pubmed.ncbi.nlm.nih.gov/29170606/.

2장

1. Carlos Lozada, "The Great Acceleration," *Washington Post*, 2020년 12월 18일, https://www.washingtonpost.com/outlook/2020/12/18/coronavirus-great-acceleration-changes-society/.

2. Thomas Kidd, "Why American Church Membership Is Plummeting," TGC, 2021년 4월 1일, https://www.thegospelcoalition.org/blogs/evangelical-history/why-americas-church-membership-rate-is-cratering/.

3. Tim Alberta, "How Politics Poisoned the Evangelical Church," Atlantic, 2022년 5월 10일, https://www.theatlantic.com/magazine/archive/2022/06/evangelical-church-pastors-political-radicalization/629631/.

4. Michael Graham with Skyler Flowers, "The Six Way Fracturing of Evangelicalism," Mere Orthodoxy, 2021년 6월 7일, https://mereorthodoxy.com/six-way-fracturing-evangelicalism/.

5. 아시아계 미국인들의 탈교회 현상을 깊이 파헤치지 않고서는 그들이 그토록 빠른 속도로 교회를 떠나고 있는 이유를 실증적으로 파악할 수 없다. 이것은 더 많은 연구가 필요한 분

야다.

6. "casually dechurched"(우연히 교회를 떠난 사람)와 "dechurched casualties"(교회를 떠난 사상자들)라는 용어는 그레이스 바이블 교회 부목사인 스카이어 플라워스(Skyler Flowers)에게 빚지고 있다.
7. Bob Jones Sr., *Things I Have Learned: Chapel Talks* (Greenville, SC: Bob Jones University Press), 75-76.
8. Ryan Burge, "There's No Crisis of Faith on Campus," *Wall Street Journal*, 2022년 2월 24일, https://www.wsj.com/articles/theres-no-crisis-of-faith-on-campus-11645714717.
9. 버지는 자신의 책에서 이 문제를 더 깊이 다룬다. *20 Myths about Religion and Politics in America* (Minneapolis: Fortress, 2022).
10. W. Bradford Wilcox and Wendy Wang, "The Power of the Success Sequence," American Enterprise Institute, 2022년 5월 26일, https://www.aei.org/research-products/report/the-power-of-the-success-sequence.
11. Ying Chen, Eric S. Kim, and Tyler J. VanderWeele, "Religious-Service Attendance and Subsequent Health and Well-Being Throughout Adulthood: Evidence from Three Prospective Cohorts," *International Journal of Epidemiology* 49, no. 6 (December 2020): 2030-40, https://doi.org/10.1093/ije/dyaa120.
12. S. Li, M. J. Stampfer, D. R. Williams, and T. J. VanderWeele, "Association of Religious Service Attendance with Mortality among Women," *JAMA Intern Med* 176, no. 6 (2016): 777-85, doi:10.1001/jamainternmed.2016.1615.
13. Daniel K. Williams, "White Southern Evangelicals Are Leaving the Church," *Christianity Today*, 2022년 8월 2일, https://www.christianitytoday.com/ct/2022/august-web-only/church-attendance-sbc-southern-evangelicals-now-lapsed.html.
14. Ryan Burge (@ryanburge), "2008년, 공화당을 지지하는 복음주의자들 중 3분의 2는 일주일에 한 번 이상으로 교회에 출석한다고 대답했다. 그러나 지금은, 가까스로 절반을 넘는 51%로 줄어들었다. 교회 출석이 일주일에 한 번을 초과하는 출석 교인 수는 32%에서 18%로 거의 절반 가까이 떨어졌다. 2008년에는 12%가 1년에 한 번 미만 교회에 출석했으나, 그 수치가 지금은 27%다." Twitter, 1:24 p.m. 2023년 2월 13일, 1:24 p.m., https://twitter.com/ryanburge/status/1625199296206278671.
15. 스티븐 안솔라비히어(Stephen Ansolabehere), 브라이언 샤프너(Brian F. Schaffner), 샘 룩스(Sam Luks)가 제시한 데이터, 〈협동 의회 선거 조사〉, 하버드대학교, http://cces.gov.harvard.edu. 표는 라이언 버지가 만들었음.
16. "In U.S., Far More Support Than Oppose Separation of Church and State," Pew Research Center, 2021년 10월 28일, https://www.pewresearch.org/religion/2021/10/28/in-u-s-far-more-support-than-oppose-separation-of-church-and-state.
17. Joshua Crossman, "The Great Opportunity," Pinetops Foundation, 2017년 9월, https://www.greatopportunity.org/.

3장

1. 연구 설계와 표본 크기 같은 정보를 더 알고 싶다면 머리말을 보시오.
2. 여기서 "보편적"(catholic)이라는 단어는 로마가톨릭 같은 교회의 한 유형이 아니라 글로벌 교회 혹은 전 세계 교회를 지칭한다.
3. 니케아 신경은 https://www.ccel.org/creeds/nicene.creed.html에 게재되어 있다.
4. 교회를 떠난 복음주의자들의 세 번째 하위 그룹. 이들 중 누구도 복음주의 교회로 돌아갈 적극적인 의사가 없다.
5. BIPOC는 흑인(Black), 원주민(indigenous), 유색인종(people of color)을 뜻한다.
6. 이 개념은 아브라함 카이퍼와 헤르만 바빙크의 저작들에 관해서 제임스 에글린턴과 직접 대화를 나누고 팀 켈러와 이메일을 주고받으면서 형성된 것이다.
7. 웨스트민스터 소요리 문답, 문 88, Proclamation, PCA, 2016년 9월 8일, http://proclamationpca.com/blog/2016/9/7/westminster-shorter-catechism-88.
8. 여러 교단에서 훌륭한 신경, 고백, 신앙의 진술을 찾을 수 있다. 예를 들어, 영국 국교의 39개 신조, 웨스트민스터 신앙고백과 대요리문답과 소요리문답, 1689년 2차 런던 침례교 신앙고백, 네덜란드 신앙고백, 하이델베르크 요리문답, 도르트 신경 등이 있다. 최근에는 뉴햄프셔 신앙고백, 침례교 신앙과 메시지 2000, 뉴 시티 요리문답이 있다.
9. 이 주제에 관해서는 13장에서 더 자세히 살펴볼 것이다.

4장

1. 여전히 교회에 다니는 복음주의자들의 55%는 남동부에 사는 반면, 남동부에 사는 DME는 29%밖에 되지 않는다.
2. 탈교회와 관련해서 출구 차선의 비유를 소개해 준, 친구 제레미 셔크(Jeremy Schurke)에게 감사한다. 그 출구 차선 비유는 우리가 이 진입 차선의 개념을 형성하는 데 도움이 되었다.
3. "Church Membership," TGC, https://www.thegospelcoalition.org/topics/church-membership/.
4. Jim Davis and Skyler Flowers, "Why Our Church Will Unplug from Streaming," TGC, 2021년 5월 27일, https://www.thegospelcoalition.org/article/why-church-will-unplug/.

5장

1. 그들은 푸틴(16%)과 러시아의 우크라이나 침공(12%)에 대해서도 지지율이 낮다. 이는 약자들에 대한 공감과 권력자들에 대한 불신을 보여 주는 것으로 보인다.
2. W. Bradford Wilcox and Wendy Wang, "The Power of the Success Sequence," American Enterprise Institute, 2022년 5월 26일, https://www.aei.org/research-products/report/the-power-of-the-success-sequence.

6장

1. 이 알고리즘은 우리가 교회를 떠난 각 복음주의자 응답자에 대해 수집한 6백 개 이상의 데이터 중 20개를 고려했다.
2. W. E. B. Du Bois, *The Souls of Black Folk* (New York: Dover, 1994), 2.
3. CNN(27%), 폭스 뉴스(27%), MSNBC(14%).
4. 페이스북(일주일에 18시간), 유튜브(일주일에 18시간), 인스타그램(일주일에 17시간), 왓츠앱(일주일에 18시간).
5. 평균 5.5명의 절친한 친구들.
6. 평균 4.9명의 진정한 친구들.
7. 교회를 떠난 가톨릭 신자들의 경우에는 6위(11%).
8. 명목상 크리스천들의 경우에는 10위(15%).
9. 명목상 크리스천들의 경우에는 4위(17%).

7장

1. 주류 개신교(Mainline Protestants), 이 그룹에는 다음 일곱 개 교단이 속해 있다: 미국장로교(PCUSA), 미국침례교, 연합감리회, 성공회, 연합그리스도교, 그리스도제자회, 미국복음주의루터교. (미국에서 복음주의·근본주의와 대립하고, 다원주의·자유주의 신학과 사회 복음 쪽으로 기운다. - 편집자 주)
2. 이유는 불분명하다. 이 부분에서 연구가 더 필요하다.

PART 3

어떻게 돌아오게 할 것인가

8장

1. Winston Churchill, "Speech on the Evacuation at Dunkirk," Encyclopedia.com, https://www.encyclopedia.com/arts/encyclopedias-almanacs-transcripts-and-maps/speech-evacuation-dunkirk.
2. "Protestant Church Closures Outpace Openings in U.S.," Lifeway Research, 2021년 5월 25일, https://research.lifeway.com/2021/05/25/protestant-church-closures-outpace-openings-in-u-s/.
3. Lisa Green, "New Churches Draw Those Who Previously Didn't Attend," Lifeway Research, 2015년 12월 8일, https://research.lifeway.com /2015/12/08/new-churches-draw-those-who-previously-didnt-attend/.

9장

1. 이번 장 전체는 조너선 프루돔(Jonathan Prudhomme)과의 많은 대화에서 비롯했다. 나(마이클)는 이 장의 개요를 썼고, 우리(마이클과 조너선)는 원래 이 장을 논문으로 발표할 생각이었고, 조너선이 논문의 대부분을 썼다. 그런데 다 쓰고 나니 이 책에 포함하는 것이 더 적절해 보였다. 이 장의 대부분을 조너선이 썼다는 점을 분명히 밝힌다.
2. John Calvin, *Institutes of the Christian Religion*, ed. F. L. Battles, trans. J. T. McNeill (Louisville: Westminster John Knox, 1960), 1:35.
3. Glen Scrivener, *The Air We Breathe: How We All Came to Believe in Freedom, Kindness, Progress, and Equality* (Charlotte, NC: Good Book Company, 2022), 194, Kindle.
4. Scrivener, 194.
5. 회의주의자들, 비판자들, 의도치 않게 교회를 떠난 사람들, 피해자가 되어 교회를 떠난 사람들.
6. Scrivener, 194.
7. 이 개념은 친구 러네이 잭슨(Renee Jackson)과의 대화에서 얻은 것이다.
8. Joshua Chatraw, *Telling a Better Story: How to Talk about God in a Skeptical Age* (Grand Rapids: Zondervan Reflective, 2020), 19-20, Kindle.
9. Scrivener, *Air We Breathe*, 7, 강조는 내가 한 것이다.
10. Rebecca McLaughlin, *The Secular Creed*, TGC Podcast, https://youtu.be/noM26VfBbBc.

11. Chatraw, *Telling a Better Story*, 19.

12. Andrew Marin, *Us versus Us: The Untold Story of Religion and the LGBT Community* (Colorado Springs: NavPress, 2016), 65, Kindle.

13. Marin, 5, 강조는 내가 한 것이다. 이 부분에서 우리는 다음 책에 빚지고 있다. Michael Horton, *Recovering Our Sanity: How the Fear of God Conquers the Fears That Divide Us* (Grand Rapids: Zondervan, 2022. 이 책 덕분에 앤드루 마틴의 책을 알게 되었다.

14. Martin, 65.

15. Timothy Keller, *How to Reach the West Again* (New York: Redeemer City to City, 2020), 40. 《탈기독교시대 전도》(두란노 역간).

16. Keller, 18.

17. Keller, 20, 강조는 원문 그대로.

18. 이 부분은 내(마이클)가 마이클 켈러(Michael Keller)와 나눈 대화, 그리고 마크 세이어즈(Mark Sayers)가 그의 책 *A Non-Anxious Presence: How a Changing and Complex World Will Create a Remnant of Renewed Christian Leaders* (Chicago: Moody, 2022)에서 말한 광범위한 개념들이 큰 도움이 되었다.

19. 역사적인 정치 연합에서부터 교단과 기독교 사역 네트워크, 지역 협회까지 다양한 집단을 생각해 볼 수 있다.

20. Rainbo Hultman, Stephen D. Mague, Qiang Li, et al., "Dysregulation of Prefrontal Cortex-Mediated Slow-Evolving Limbic Dynamics Drives Stress-Induced Emotional Pathology," *NIH National Library of Medicine* 91, no. 2 (2016년 7월 20일): 439-52, https://pubmed.ncbi.nlm.nih.gov/27346529/.

10장

1. Ryan Burge, "'OK Millennial': Don't Blame the Boomers for Decline of Religion in America," Religion News Service, 2021년 8월 30일, https://religionnews.com/2021/08/30/ok-millennial-dont-blame-the-boomers-for-decline-of-religion-in-america/.

2. "Six Reasons Young Christians Leave Church," Barna, 2011년 9월 27일, https://www.barna.com/research/six-reasons-young-christians-leave-church/.

3. "Six Reasons Young Christians Leave Church."

11장

1. 이 구조는 내가 여러 곳에서 들은 것이다.

2. Joshua Chatraw, *Telling a Better Story: How to Talk about God in a Skeptical Age* (Grand Rapids: Zondervan Reflective, 2020), 19, Kindle.

3. Mike Cosper, "The Things We Do to Women," *Christianity Today*, 2021년 7월 26일, https://www.christianitytoday.com/ct/podcasts/rise-and-fall-of-mars-hill/mars-hill-mark-driscoll-podcast-things-we-do-women.html.

4. Cosper.

5. Cosper.

6. Justin Nortey, "More Houses of Worship Are Returning to Normal Operations, but In-Person Attendance Is Unchanged Since Fall," Pew Research Center, 2022년 3월 22일, https://www.pewresearch.org/fact-tank/2022/03/22/more-houses-of-worship-are-returning-to-normal-operations-but-in-person-attendance-is-unchanged-since-fall/.

7. Jim Davis and Skyler Flowers, "Why Our Church Will Unplug from Streaming," TGC, 2021년 5월 7일, https://www.thegospelcoalition.org/article/why-church-will-unplug/.

8. The John Jay College of Criminal Justice, "The Nature and Scope of Sexual Abuse of Minors by Catholic Priests and Deacons in the United States 1950-2002," US Conference of Catholic Bishops, 2004년 2월, https://www.usccb.org/sites/default/files/issues-and-action/child-and-youth-protection/upload/The-Nature-and-Scope-of-Sexual-Abuse-of-Minors-by-Catholic-Priests-and-Deacons-in-the-United-States-1950-2002.pdf.

9. Sexual Abuse Task Force, "Guidepost Solutions' Report of the Independent Investigation," Guidepost Solutions, May 22, 2022, https://www.sataskforce.net/updates/guidepost-solutions-report-of-the-independent-investigation.

10. Ann Voskamp, "Shame dies when stories are told in safe places," Twitter, 2016년 10월 3일, 9:52 a.m., https://twitter.com/annvoskamp/status/782941512061575168?lang=en.

11. Jonathan Leeman and Collin Hansen, *Rediscover Church: Why the Body of Christ Is Essential* (Wheaton, IL: Crossway, 2021), 143.

PART 4
세상이 기다리는 교회,
세상이 신뢰하는 교회로

12장

1. Jeff Horwitz, "Facebook Executives Shut Down Efforts to Make the Site Less Divisive," *Wall Street Journal*, 2020년 5월 26일, https://www.wsj.com/articles/

facebook-knows-it-encourages-division-top-executives-nixed-solutions-11590507499.

2. Patrick Miller, "'I Lost My Mom to Facebook,'" TGC, 2022년 8월 24일, https://www.thegospelcoalition.org/article/lost-mom-facebook-shepherd-algorithms/.

3. '시시포스의 일'은 완성하기 불가능한 일을 말한다. 이 표현은 호머의 《일리아드》에 나오는 시시포스라는 인물에게서 비롯했다. 시시포스는 신들에게 언덕 위로 끝없이 돌을 굴리는 천형을 받았다. 돌을 언덕 위까지 올리면 다시 굴러 떨어져 그 일을 무한히 반복해야 했다.

4. Timothy Keller, "Tim Keller Explains the Gospel," Acts 29, 2008년 12월 12일, https://www.acts29.com/tim-keller-explains-the-gospel/.

5. Keller.

6. Rodney Stark, *The Rise of Christianity: How the Obscure, Marginal Jesus Movement Became the Dominant Religious Force in the Western World in a Few Centuries* (Princeton, NJ: Princeton University Press, 1996; repr., San Francisco: HarperSanFrancisco, 2020), 211. 《기독교의 발흥》(좋은씨앗 역간).

7. Timothy Keller, *How to Reach the West Again* (New York: Redeemer City to City, 2020), 21-32.

8. James K. A. Smith, *You Are What You Love* (Grand Rapids: Brazos, 2016), 7. 《습관이 영성이다》(비아토르 역간).

13장

1. Mark Lane, "NFL 2023 Salary Cap: Which Teams Have the Most, Least Space?," Yahoo! Sports, 2023년 2월 24일, https://sports.yahoo.com/nfl-2023-salary-cap-teams-110038797.html.

2. J. D. Shaw, "Pergamum: Living in the World," Grace Bible Church, 2017년 5월 21일, https://gracebibleofoxford.com/messages/that-you-may-believe/.

3. David Mathis, "Let's Revise the Popular Phrase 'In, but Not Of,'" Desiring God, 2012년 8월 29일, https://www.desiringgod.org/articles/lets-revise-the-popular-phrase-in-but-not-of.

4. John Stott, *The Spirit, the Church, and the World: The Message of Acts* (Downers Grove, IL: InterVarsity, 1990), 86.

5. Timothy George, "Installation of Timothy George as Founding Dean," Beeson Divinity School, 2019년 2월 21일, https://www.beesondivinity.com/blog/2019/timothy-george-installation.

14장

1. Joni Eareckson Tada, *Hope ... The Best of Things* (Wheaton, IL: Crossway, 2008), 29.

15장

1. 플로리다주 올랜도 리폼드신학교에서 인간의 성에 관한 팀 버크홀더(Tim Burkholder)의 강의를 듣고서 이 문제에 관심을 두게 되었다. 원래 이 연구는 Patrick Carnes, *Don't Call it Love: Recovery from Sexual Addiction* (New York: Bantam, 1992), table 5-1, p. 146에 소개되어 있던 것이다.
2. John Piper, "One of the great uses of Twitter and Facebook will be to prove at the Last Day that prayerlessness was not from lack of time," Twitter, 2009년 10월 20일, 5:02 p.m., https://twitter.com/johnpiper/status/5027319857?lang=en.
3. Paul Miller, *A Praying Life: Connecting with God in a Distracting World* (Colorado Springs: NavPress, 2009), 47. 《일상 기도》(도서출판 CUP 역간).

표 목록